The Balzac Review / Revue Balzac

2020, nº 3

The Balzac Review / Revue Balzac

Le corps / *The Body*

Sous la direction d'Aude Déruelle

PARIS
CLASSIQUES GARNIER
2020

Université Roma Tre
Département de Sciences politiques
Via G. Chiabrera, 199
I - 00145 Rome
Les articles spontanément soumis à la rédaction doivent être envoyés à :
thebalzacreview@gmail.com

Tous les textes reçus par *The Balzac Review / Revue Balzac* sont soumis à une double expertise anonyme (*double blind*), effectuée par le comité de lecture.

ISBN 978-2-406-10719-4
ISSN 2646-2044

SOMMAIRE/*SUMMARY*

DOSSIER

LE CORPS / *THE BODY*

VARIA/*VARIA*

RUBRIQUE/*COLUMN*

DOSSIER

LE CORPS / *THE BODY*

ABRÉVIATIONS/*ABBREVIATIONS*

Lov	Bibliothèque Lovenjoul. Exemple : ***Lov. A. 231, f° 19 v°***, Bibliothèque Lovenjoul, armoire A, cote 231, folio 19 verso
CH	*La Comédie humaine*, édition publiée sous la direction de Pierre-Georges Castex, Paris, Gallimard, « Bibliothèque de la Pléiade », 1976-1981, 12 vol.
OD	*Œuvres diverses*, édition publiée sous la direction de Pierre-Georges Castex, Paris, Gallimard, « Bibliothèque de la Pléiade », 1990-1996, 2 vol.
PR	*Premiers romans*, édition établie par André Lorant, Paris, Robert Laffont, « Bouquins », 1999, 2 vol.
NC	*Nouvelles et contes*, édition établie, présentée et annotée par Isabelle Tournier, Paris, Gallimard, « Quarto », 2005-2006, 2 vol.
CHH	*Œuvres complètes*, édition nouvelle établie par la Société des Études balzaciennes [sous la direction de Maurice Bardèche], Paris, Club de l'Honnête Homme, 1955-1963, 28 vol.
BO	*Œuvres complètes illustrées*, édition inachevée, publiée sous la direction de Jean-A. Ducourneau, Paris, Les Bibliophiles de l'Originale, 1965-1976, 26 vol.
Corr.	*Correspondance*, édition établie, présentée et annotée par Roger Pierrot et Hervé Yon, Paris, Gallimard, « Bibliothèque de la Pléiade », 2006-2017, 3 vol.
LH	*Lettres à Madame Hanska*, édition établie par Roger Pierrot, Paris, Laffont, « Bouquins », 1990, 2 vol.
AB	et millésime *L'Année balzacienne*. Revue annuelle du Groupe d'Études Balzaciennes. Garnier (1960-1982) ; PUF (1983-).

INTRODUCTION

« S'il est une qualité que l'on s'accorde à reconnaître aux créatures balzaciennes, c'est bien le relief actif de l'existence, disons banalement le don de *vie* » (Richard, 1970, p. 9). Jean-Pierre Richard réitère là un constat régulièrement renouvelé. Dans une des analyses majeures de l'art de Balzac parues la décennie suivant la mort de l'auteur[1], Théophile Gautier reconnaissait que « jamais, en effet, tant de créatures vivantes » n'étaient sorties « d'un cerveau humain » (1859, p. 70). Et de mettre en valeur cette innovation romanesque, au regard des pâles héros encore trop conventionnels de Staël : « Ô Corinne, toi qui laisses, au cap Misène, pendre ton bras de neige sur ta lyre d'ivoire, tandis que le fils d'Albion, drapé d'un superbe manteau neuf et chaussé de bottes à cœur parfaitement cirées, te contemple et t'écoute dans une pose élégante, Corinne, qu'aurais-tu dit de semblables héros ? Ils ont pourtant une petite qualité qui manquait à Oswald, – ils vivent, et d'une vie si forte qu'il semble qu'on les ait rencontrés mille fois » (*ibid.*, p. 66-67). Enfin des héros qui vivent, donc, loin des « personnages de ces récits tout psychologiques », qui « ne mangeaient, ni ne buvaient, ni ne logeaient, ni n'avaient de compte chez leur tailleur », qui « se mouvaient dans un milieu abstrait comme celui de la tragédie » et dont les héroïnes étaient « non moins immatérielles » (*ibid.*, p. 62-63). Zola prolonge ces réflexions dans ses *Romanciers naturalistes* : « Prenez un personnage de Stendhal : c'est une machine intellectuelle et passionnelle parfaitement montée. Prenez un personnage de Balzac : c'est un homme en chair et en os, avec son vêtement et l'air qui l'enveloppe. Où est la création la plus complète, où est la vie ? Chez Balzac, évidemment ». Car Balzac a deviné « qu'il n'y a pas seulement un cerveau dans l'homme » : « Si vous retranchez le corps, si vous ne tenez pas compte de la physiologie, vous n'êtes plus même dans la vérité, car sans descendre dans les problèmes

1 Voir Vachon, 2007.

philosophiques, il est certain que tous les organes ont un écho profond dans le cerveau, et que leur jeu, plus ou moins bien réglé, régularise ou détraque la pensée » (1881, p. 88-89).

Comme le pointe Zola, ce « don de vie » est lié au fait que le personnage de Balzac est « en chair et en os », ou, en d'autres termes, qu'il a un *corps* – et les mots de Jean-Pierre Richard ouvrent son analyse des « corps et décors balzaciens ». Ce sont bien les corps des personnages qui offrent à la *mimèsis* romanesque une puissance inégalée, ces corps qui semblent faire saillie hors du monde en deux dimensions de la fiction, pour doter les personnages d'une vie vraie et réelle. Une telle « inscription du corps », selon le titre de l'ouvrage de Bernard Vannier (1972), donne sa pleine mesure à « l'effet-personnage[2] ». Le corps, qui jusqu'alors était source d'un comique farcesque, revêt ainsi chez Balzac une tout autre envergure – même si l'auteur ne dédaigne pas les ressources du drolatique (l'héritage rabelaisien, d'ordre érotico-scatologique) ou du grotesque, par « l'insistance marquée sur le registre du bas matériel et corporel » (Rosen, 1982, p. 140).

On comprend que la critique soit souvent revenue sur cette nouveauté romanesque, dans des optiques certes diverses, qui toutefois permettent dans leur ensemble de saisir le corps comme ce point d'articulation entre divers discours (poétique, rhétorique, esthétique, certes, mais aussi scientifique, historique et philosophique), « de voir le corps romanesque comme un des lieux névralgiques du texte » balzacien (Jallat, 1985, p. 88).

L'entrée la plus naturelle pour une analyse du corps balzacien est celle du *portrait* – le « portrait physique apparaît en effet comme l'un des moyens essentiels pour assurer la présence du personnage » (Vannier, 1972, p. 15). Il s'agit de mettre au jour une écriture doublement codée par un ordre poétique et rhétorique (la *proposographie*) et un horizon pictural. Bernard Vannier est l'un des premiers à avoir théorisé ces séquences balzaciennes de portraits, afin d'analyser « l'un des référents en apparence les plus concrets, le corps des personnages », ce qui le conduit à mettre en regard la chair des corps et la « chair même du texte » (*ibid.*, p. 8). Régine Borderie, dans son ouvrage *Balzac peintre de corps.* La Comédie humaine *ou le sens du détail*, a poursuivi et élargi cette réflexion sur cette poétique du portrait balzacien, en cherchant

2 Sur cette notion, voir Kempf, 1968 ; Hamon, 1977 ; Jouve, 1992.

notamment à montrer comment Balzac, « si soucieux de détails physiques » (2002, p. 14), a retravaillé le legs de la tradition rhétorique. Dans le cadre de perspectives poétiques et théoriques longuement débattues sur l'*ut pictura poesis* (de Horace au pittoresque romantique en passant par la remise en question de Lessing), on a pu étudier comment le roman dote ses personnages d'un corps comme issu de l'univers pictural. « Ces êtres de chair sont des *tableaux vivants* » ; « derrière les visages, les corps, il y a des tableaux, des sculptures, dont ils sont, à leur insu, comme les actualisations charnelles » (Vouilloux, 1999, p. 143), tels le colonel Chabert, qui fait l'effet d'« un portrait de Rembrandt, sans cadre » (*CH*, III, p. 321), ou Véronique Sauviat : « Quiconque a vu la sublime petite Vierge de Titien dans son grand tableau de la Présentation au Temple, saura ce que fut Véronique dans son enfance » (*Le Curé de village*, *CH*, IX, p. 648). Une telle « mimèsis seconde » (Barthes, 1970, p. 61) livre des modèles au roman en convoquant, sinon une bibliothèque ou une encyclopédie (selon les concepts d'Umberto Eco[3]), du moins un musée permettant d'activer tant un processus de représentation que de visualisation – pour « tout faire voir », selon les termes de Baudelaire à propos de Balzac (Baudelaire, 1976, p. 120).

La Comédie humaine regorge en effet de ces séquences où le portrait s'organise autour d'une référence picturale, voire d'une liste de références. Dans cette perspective, le personnage autorisé ou garant[4] convoqué par le récit pour le légitimer est logiquement le *peintre*, qui tire sa « spécificité d'un travail sur la "chose vue", laquelle intéresse aussi l'écrivain à plus d'un titre » (Vouilloux, 1999, p. 133). Ainsi du peintre « qui cherche ici-bas un type à la céleste pureté de Marie, qui demande à toute la nature féminine ces yeux modestement fiers devinés par Raphaël » et qui le trouve chez Eugénie Grandet (*CH*, III, p. 1076) ou de Joseph Bridau apercevant la rabouilleuse : « Voilà, s'écria Joseph, une belle femme ! et c'est rare !... Elle est faite, comme on dit, à peindre ! Quelle carnation ! Oh ! les beaux tons ! quels méplats, quelles rondeurs, et des épaules ! C'est une magnifique Cariatide ! Ce serait un fameux modèle pour une Vénus-Titien. » (*La Rabouilleuse*, *CH*, IV, p. 435) On se reportera à l'analyse de Bernard Vouilloux sur les différentes modalités d'apparition de cette référence picturale dans le texte balzacien à

3 On renvoie aux différents livres d'Umberto Eco, dont *Lector in fabula* (1979).

4 Voir Hamon, 1982, p. 156. En ce qui concerne Balzac, on se reportera à Couleau, 2007.

l'occasion des portraits : réflexion esthétique, comparaisons avec des tableaux, vocabulaire spécialisé de la peinture (1999, p. 134).

C'est enfin cette référence picturale qui fonde la beauté[5] des personnages : « La beauté (contrairement à la laideur) ne peut vraiment s'expliquer : elle se dit, s'affirme, se répète en chaque partie du corps mais ne se décrit pas. [...] Il ne reste plus alors au discours qu'à asserter la perfection de chaque détail et à renvoyer "le reste" au code qui fonde toute beauté : l'Art » (Barthes, 1970, p. 40). Et ce même si Balzac s'autorise une mention ironique, dans son « Avant-propos », sur sa propre pratique : « Pour créer beaucoup de vierges, il faut être Raphaël. La littérature est peut-être, sous ce rapport, au-dessous de la peinture. » (*CH*, I, p. 17) Car le romancier se plaît à convoquer et retourner le modèle pictural en un même mouvement, les vierges raphaélesques se révélant souvent des courtisanes, telles Esther ou la petite Olympe Bijou : « Mlle Olympe Bijou, petite fille de seize ans, montra le visage sublime que Raphaël a trouvé pour ses vierges, des yeux d'une innocence attristée par des travaux excessifs, des yeux noirs rêveurs, armés de longs cils, et dont l'humidité se desséchait sous le feu de la Nuit laborieuse, des yeux assombris par la fatigue ; mais un teint de porcelaine et presque maladif ; mais une bouche comme une grenade entrouverte, un sein tumultueux, des formes pleines, de jolies mains, des dents d'un émail distingué, des cheveux noirs abondants » (*La Cousine Bette*, *CH*, VII, p. 362-363). Enfin, on peut noter comme une scission entre les références italiennes, suggérant la beauté, et les références hollandaises, imprimant le sceau de la réalité (Vouilloux, 1999, p. 140).

Dans ce troisième numéro de *The Balzac Review/Revue Balzac*, plusieurs contributions relèvent de cette première approche du corps balzacien. Céline Duverne explore la manière dont le portrait féminin rompt avec les canons du beau, faisant émerger une poéticité du texte en prose. Madeleine Wolf revient sur l'un des récits qui interroge frontalement l'articulation entre littérature et peinture en problématisant la question de la représentation, *Le Chef-d'œuvre inconnu*. Florence Terrasse-Riou analyse la manière dont en retour le texte balzacien peut nourrir des représentations picturales, à travers l'œuvre de Louise Bourgeois, et notamment son tableau sur *Eugénie Grandet*.

5 Sur la beauté des personnages, on se référera à Vannier, 1972.

Après le pinceau, le scalpel, « l'avide scalpel du dix-neuvième siècle » selon les termes de *La Muse du département* (*CH*, IV, 649). La deuxième entrée pour l'analyse du corps balzacien s'attache à sa pratique de la *physiologie*, voire de l'*anatomie*. Le roman prend alors pour horizon non plus la peinture, mais la science ou plutôt les *sciences* du corps, dont le champ se reconfigure à la fin du XVIIIe siècle[6] – et le personnage garant est en l'occurrence l'*observateur*, souvent anonyme et convoqué pour son regard pénétrant, voire le *médecin*, ce qui a façonné l'un des plus célèbres personnages de *La Comédie humaine*, Bianchon. La *physiologie* (qui a d'abord été l'étude des organismes vivants) est intimement liée, chez Balzac, dans la continuité des travaux de Gall et de Lavater, à une *physiognomonie*, qui consiste à lire les indices physiques pour en déduire le caractère et la psychologie : ainsi par exemple, chez le père Grandet, la « loupe veinée » et les « protubérances significatives » du front (*Eugénie Grandet*, *CH*, III, p. 1036) ou, chez Lucien de Rubempré, les « hanches conformées comme celles d'une femme [...] indice [...] rarement trompeur » (*Illusions perdues*, *CH*, V, p. 145). De là cette ambition d'analyser scientifiquement les manifestations du corps, telle la démarche. Tout détail corporel – on se rappelle que Baudelaire vante chez Balzac le « goût prodigieux du détail » (Baudelaire, 1976, p. 120) – doit ainsi être minutieusement scruté puis analysé – ce qui a pu donner lieu, par ricochet, à des tentatives critiques systématisantes, comme l'ouvrage de Pierre Abraham (1931), sur les corps des personnages, déterminés par la couleur de leurs yeux, de leurs cheveux, etc.

Est-ce à dire que la « Muse physiologique », selon les mots de la *Physiologie du mariage* (*CH*, XI, p. 1076), foncièrement pointilliste, attentive aux détails corporels, vus comme autant d'indices sur la psychologie des personnages, contrarie l'effet d'ensemble et de globalité recherché par la *mimèsis* picturale ? Il ne s'agit pas d'opposer ces deux approches qui nourrissent conjointement le texte balzacien, mais bien de penser, en poursuivant les réflexions de Régine Borderie, l'articulation entre le pictural et le physiognomonique dans le corps des personnages. Comme le dit Gautier : « Il préférait la physionomie à la beauté. Dans ses portraits de femme, il ne manque jamais de mettre un signe, un pli, une ride, une plaque rose, un coin attendri et fatigué, une veine trop apparente, quelque détail indiquant les meurtrissures de la vie, qu'un poète, traçant

6 On pourra se reporter à la synthèse de Cussac, 2009.

la même image, eût à coup sûr supprimé, à tort sans doute » (Gautier, 1859, p. 131). C'est aussi cette « Muse physiologique », révélatrice des détails physiques, qui permet de « singulariser les personnages de fiction en les arrachant à l'abstraction des portraits que saturent les stéréotypes du beau », puisque « tout détail est laid » (Vouilloux, 1999, p. 139).

Bien plus, l'analyse physiologique contribue à ce fameux « don de vie » des corps balzaciens, contrairement à ce que pourrait laisser penser l'image de la « table de la dissection » (Zola, 1881, p. 86). Faguet a montré comment Balzac « a excellé dans l'art » de donner aux personnages « telles et telles habitudes de corps, de gestes, de paroles, de physionomie, dont les manifestations se répètent identiques ou quasi-identiques et qui marquent ainsi (le seul écueil à éviter étant la monotonie) les secrets rapports qui unissent notre corps à notre âme, nos mouvements à nos instincts, nos allures à nos préoccupations ordinaires, nos gestes familiers à nos pensées accoutumées ». Car « cela, c'est *faire vivre* le personnage de concert, en harmonie perpétuelle avec lui-même et, par conséquent, le rendre continûment vraisemblable [...] ce qui lui donne la ressemblance avec les hommes que nous voyons *vivre véritablement* autour de nous[7] ». Loin de tuer le personnage, le scalpel physiologique lui offre donc l'ossature des *causes* et des *effets*. Balzac « voit dans tout son détail l'*habitude* et l'*habitus* que donnent aux hommes leur profession, leurs origines, leur éducation, leurs relations et leur idée fixe ou prédominante. Il sait la manie caractéristique et comme le pli qu'un homme a pris peu à peu dans son atelier, son bureau, son greffe, sa boutique et qu'il a gardé ineffaçable. Il sait le pli plus profond, et comme disait Sainte-Beuve, la gerçure[8], que l'idée prédominante ou l'idée fixe met sur le visage et pour ainsi parler sur toute la personne du passionné » (Faguet, 1913, p. 102-103). Ce système de l'analyse des détails physiques débouchant sur une explication du personnage, est si fort, chez Balzac, que l'auteur peut se permettre ici et là des discrépances ironiques entre le physique et le caractère, telle la « figure moutonne » de la fière amazone qu'est Laurence de Cinq-Cygne (*Une ténébreuse affaire*, *CH*, VIII, p. 633)[9].

7 Je souligne.

8 « le tic familier, le sourire révélateur, la gerçure indéfinissable, la ride intime et douloureuse » (Sainte-Beuve, 1836, p. 387).

9 On ne reviendra pas, dans ce contexte, sur l'opposition entre Balzac visionnaire et Balzac réaliste, on se contentera de reprendre les mots de Taine : « l'observation du romancier

Mais cette « Muse physiologique » est inquiète : elle dénude les plaies, fouille les viscères pour exposer au grand jour les maux et les vices. Ainsi du portrait du notaire Roguin, ce « grand et gros homme bourgeonné » et dont le « visage offrait, aux yeux d'un habile observateur, les tiraillements, les fatigues de plaisirs cherchés » : car « lorsqu'un homme se plonge dans la fange des excès, il est difficile que sa figure ne soit pas fangeuse en quelque endroit ; aussi les contours des rides, la chaleur du teint étaient-ils, chez Roguin, sans noblesse ». Le diagnostic est sans appel : « on entrevoyait chez lui l'impureté d'un sang fouetté par des efforts contre lesquels regimbe le corps » (*César Birotteau*, *CH*, VI, p. 85). L'évolution est d'ailleurs sensible au fil des décennies, avec le passage d'une lecture analytique du corps, dans une perspective physiologique, à une vision pathologique du corps comme lieu de pulsions irrépressibles selon une approche nettement plus déterministe et pessimiste qui ouvre la voie au naturalisme de la seconde moitié du siècle. Le discours du corps « se pathologise », pourrait-on dire, dans les dernières années de la création balzacienne qui mettent en scène un érotomane, Hulot, un gourmand invétéré, Pons, et une hystérique, Vanda : le détail physiologique tourne au *symptôme*, l'anatomie se fait clinique – la notion même de symptôme, de fait, évolue au fil du siècle ; quoique pouvant paraître anodins, les signes physiques révèlent *in fine* un état grave (Vigarello, 2016, p. 99). On comprend que cet aspect des corps balzaciens ait suscité l'intérêt de la critique : citons, entre autres, *La Nosographie de l'humanité balzacienne* (1959) de Moïse Le Yaouanc, et une analyse sémiotique de Lucienne Frappier-Mazur sur le corps malade (1982). Dans la continuité de ces travaux, le présent numéro accueille une contribution de Marie-Christine Garneau sur la vérole et la petite vérole.

Il resterait peut-être à mieux mesurer l'émergence (ou non) chez Balzac de la cénesthésie, cette perception de soi indépendante des sens, qui s'imposerait dans la seconde moitié du siècle, à partir de Flaubert pour le roman[10]. Mais dans *Louis Lambert*, ne trouve-t-on pas ces mots, à propos de cet homme, le « spécialiste », essentiellement intuitif, doté d'une perception accrue : « *il agit, il voit et il sent par son INTÉRIEUR* » (*CH*, XI, p. 688) ?

---

n'est qu'une divination ; il n'aperçoit pas les sentiments comme l'anatomiste aperçoit les fibres ; il les conjecture d'après le geste, la physionomie, l'habit » (1865, p. 162).

10 Voir Vigarello, 2016, p. 128 ; Cabanès, 1991, t. I, p. 335.

Les détails physiques disséminés dans les portraits, rappelés aussi au cours des récits, peuvent susciter toutefois une autre lecture, et se prêter à une autre approche herméneutique : du scalpel, on passe à la « loupe », objet dont s'arme le poète comique pour ausculter la société (*Les Employés*, *CH*, VII, p. 919). Le corps n'est pas tant alors un des lieux discursifs de la science, que le lieu d'encodage d'une réflexion d'ordre *socio-historique* et d'un savoir *sociologique*[11]. Le personnage autorisé dans cette lecture des corps peut être *l'homme de loi*, qui peuple *La Comédie humaine* sous forme d'avocats, d'avoués et de notaires, et qui vient offrir pour ainsi dire une assise légale à la perspective historienne du discours auctorial. Dans le portrait du colonel Chabert, si le « médecin » scrute « les dégradants symptômes par lesquels se caractérise l'idiotisme », un « avoué aurait trouvé de plus en cet homme foudroyé les signes d'une douleur profonde, les indices d'une misère qui avait dégradé ce visage » (*Le Colonel Chabert*, *CH*, III, p. 321-322).

Certes, Balzac reprend la perspective traditionnelle d'un corps propre à chaque classe, et où un détail trahit l'origine sociale. Ainsi, le pied de Florine, dont les mains et les bras sont d'une « souveraine », révèle malgré elle sa roture : « Mais elle avait le pied gros et court, signe indélébile de sa naissance obscure. » (*Une fille d'Ève*, *CH*, II, p. 317) Mireille Labouret a pu montrer qu'en réalité le corps aristocratique, et notamment celui des femmes, manifeste une « double appartenance charnelle à la nature et à la culture », puisque la « science de l'attitude dite aristocratique » s'inculque « de génération en génération avec les armes et le nom », afin de permettre à la noblesse de poursuivre ses « fonctions de représentation » sans limites (Labouret, 2002, p. 9). Le monde est une « comédie des signes » (Lyon-Caen, 2006) qui demande un bon observateur pour décrypter « figures et messages » (Yücel, 1972). C'est toute la différence entre les « femmes *comme il en faut* » et « la *femme comme il faut* » : « Il n'est pas facile pour les étrangers [...] de reconnaître les différences auxquelles les observateurs émérites les distinguent, tant la femme est comédienne, mais elles crèvent les yeux aux Parisiens ». Et d'énumérer les détails caractéristiques : « agrafes mal cachées », « souliers éraillés », « rubans de chapeau repassés » (*Autre étude de femme*, *CH*, III, p. 694-695). Contre l'indifférenciation sociale de la France révolutionnée, s'érige au cœur même du texte balzacien une logique de différenciation romanesque et politique qui scrute les corps,

11 Voir Del Lungo & Glaudes, 2018.

analyse les gestes[12], soupèse le moindre détail vestimentaire. D'une étude du corps, et des dons gracieux ou disgracieux de la nature, certes modifiés par les habitudes, le travail, par toute cette science des riens et des gestes aristocratiques, on passe alors à l'analyse de son enveloppe, le vêtement. Ainsi se comprend la passion de Balzac pour la *mode*, qui revêt le corps en autant de signes à décrypter, qui s'érige en une vraie « *vestignomonie* », selon le *Traité de la vie élégante* (*CH*, XII, p. 251). Le romancier affine « la lecture des signes les plus ténus qui laissent deviner sous le masque et le déguisement de la fonction sociale, la vérité de la condition originelle » : les romans de Balzac sont des études de mœurs qui ont jeté avant l'heure « les bases d'une véritable sémiologie du social » (Gaillard, 1985, p. 15). De nombreuses études ont ainsi pu traquer chez Balzac l'émergence de ce que Carlo Ginzburg (1989) a conceptualisé comme le « paradigme indiciaire[13] ».

Le détail physique peut également faire signe vers une lecture plus globale de la France révolutionnée, le texte romanesque étant par exemple régulièrement travaillé par les imaginaires de la guillotine et du corps du roi. Il s'agit alors de mettre en évidence le lien entre corps individuel et *corps social*, dans une perspective volontiers sociocritique. Les modalités de cette correspondance sont diverses. Métonymiques, lorsqu'un corps vaut pour l'ensemble du corps social – ainsi des visages blafards de la population parisienne dans le préambule de *La Fille aux yeux d'or* qui témoignent des mécanismes sociaux déréglés de la capitale. Allégoriques, si on pense au fameux rêve de Marat, qui voit la France comme un grand corps malade dévoré par les animalcules du peuple et dans lequel, chirurgien, il opère à vif[14]. Le lien peut se concréter dans le symbole, dont le fonctionnement est plus dense et plus opaque, sans qu'une correspondance terme à terme ne soit possible – tels le corps malade et supplicié de Vanda, dans *L'Envers de l'histoire contemporaine*, qui offre une représentation sensible des stigmates de la Révolution sous la monarchie de Juillet[15], ou encore la blessure de Chabert, qui représente l'amnésie de la Restauration vis-à-vis du passé impérial. Le texte balzacien recèle une nosographie non plus de l'humanité, mais de la société contemporaine, ou pour le dire en des termes balzaciens, une « pathologie de la vie sociale ». Balzac joue aussi de décalages dans

12 Voir Kerlouégan, 2016.
13 Voir entre autres Massol, 2006.
14 Voir *Sur Catherine de Médicis*.
15 Voir Massol, 2007.

ces logiques de l'*incarnation* : l'impuissant du Bousquier qui représente la classe montante de la bourgeoisie remodèle l'image d'une Restauration impuissante, et impotente, personnifiée en son souverain Louis XVIII, puisque le chevalier de Valois, vestige de la France de l'Ancien Régime, est, quoique d'un grand âge, doté d'une remarquable verdeur. Évoquons, pour clore ce point, les analyses de l'érotique balzacienne dans ses plis herméneutiques révélant des mécanismes sociaux (voir les travaux de Nicole Mozet et de Pierre Laforgue, ainsi que Frappier-Mazur & Roulin, 2001).

« Le corps balzacien, lourdement sémiotisé, occupe une fonction structurante dans le champ symbolique, celui de la langue et des valeurs, celui des rapports sociaux de sexe ainsi que celui du pouvoir » (Nesci, 2007, p. 70). Dans la continuité de ces travaux sur la dimension proprement socio-historique des détails physiques, Laélia Véron explore ici les modalités du langage du corps, et plus particulièrement les liens entre communication verbale et paraverbale, tandis que Jean-Marie Roulin voit dans les corps marqués par le temps de *Sarrasine* l'inscription d'un nouveau régime d'historicité.

Ainsi le roman balzacien procède-t-il non seulement à la « mise en évidence de la matérialité du corps » (Rosen, 1982, p. 140), mais il se donne également « pour tâche de faire parler les faits, les corps, les gestes », en interrogeant « ce qui s'inscrit de sens dans toute matérialité » (Neefs, 1979, p. 142). De cette attention portée à la matière[16] procède peut-être le procès en *lourdeur* (tant critiquée) qu'a dû subir le texte balzacien maintes et maintes fois, l'inscription des corps dans des récits qui refusent le romanesque de l'idéal diaphane et éthéré venant pour ainsi dire incarner cette dimension pesante, dans le style et dans l'idée, du roman balzacien[17]. C'est à cette matérialité que peut s'attacher une dernière analyse des corps balzaciens. Le roman entre cette fois en dialogue avec la *philosophie*, dont on connaît l'importance dans *La Comédie humaine*, quoique ses « Études philosophiques », dont l'enjeu était pourtant cher à l'auteur, soient de nos jours un peu trop souvent délaissées.

C'est bien en effet un *matérialisme* que dessine en creux la poétique du corps romanesque dans *La Comédie humaine* : l'attention constante aux

16 On pourra se reporter au numéro de *AB* de 2009, *Balzac : matières et sensations*.

17 Sur cette accusation de lourdeur, voir, entre autres, l'étude de Taine, qui la formalise (1865, p. 113 par exemple).

causes, qu'elles soient biologiques, sociales, historiques, déconstruit l'idée d'une causalité transcendante unique[18]. Le corps est ce noyau qui ancre définitivement le roman balzacien dans la prose du réel. *En creux*, car Balzac s'en défend, dans l'« Avant-propos », en arrimant toute son œuvre, par un geste maintes fois commenté, sans doute parce qu'il est en partie un pari idéologique, à la vérité éternelle de la Religion, mais aussi dans des fictions contemporaines de ce texte, *Ursule Mirouët* et *Le Curé de village*. Le dernier homme en noir convoqué – rappelons que cet habit symbolise « le deuil [...] de toutes les illusions » (*Le Colonel Chabert*, *CH*, III, p. 373) – pour juger des passions physiques de l'humanité est de fait le prêtre. On ne saurait toutefois voir dans ces déclarations du début des années 1840 un retrait du corporel dans la poétique balzacienne du personnage. L'attention aux configurations anatomiques, à leurs significations pathologiques et sociales, ne s'atténue pas au fil de l'écriture de *La Comédie humaine*, et si l'on peut mettre au jour des évolutions, ces réflexions auctoriales n'oblitèrent jamais le fait que le personnage n'est pas seulement un « cerveau », pour reprendre les mots de Zola. C'est là l'une des tensions chères aux amateurs de l'univers balzacien, si peu univoque – le roman étant justement ce genre qui permet à ces regards opposés et ces voix concurrentes de coexister et de se confronter, en vue de faire réfléchir le lecteur[19].

Il convient, dans ce contexte, de faire une place à la manière dont Balzac pense le couple âme *vs* corps, antagonisme dont Hugo avait fait le nœud du « drame », le dernier âge esthétique. Certains ont dissocié le romancier réaliste du philosophe idéaliste, suivant la dichotomie entre « Études de mœurs » et « Études philosophiques » : lorsque « Balzac quittait son microscope, il était swedenborgien » (Taine, 1865, p. 166). Mais ne peut-on penser ensemble le matérialisme et le spiritualisme ? Séraphîta « corporise » pour ainsi dire le système de Swedenborg. La perspective balzacienne est plutôt, dans l'opposition entre l'âme et le corps, d'effacer la frontière, afin d'ausculter ce qui se joue dans l'entre-deux. « Enfin, de quoi mourut le fort de la Halle qui, sur le port, dans un défi d'ivresse, leva une pièce de vin ; puis, qui, gracieusement ouvert, sondé, déchiqueté brin à brin par messieurs de l'Hôtel-Dieu, a complètement frustré leur science, filouté leur scalpel, trompé leur curiosité, en ne

18 Voir Ebguy, 2001, p. 1.

19 Sur cette tension, on renvoie à l'ouvrage de Bierce, 2019, et notamment aux pages 337 à 384.

laissant apercevoir la moindre lésion ni dans ses muscles, ni dans ses organes, ni dans ses fibres, ni dans son cerveau ? Pour la première fois peut-être, M. Dupuytren, qui sait toujours pourquoi la mort est venue, s'est demandé pourquoi la vie était absente de ce corps. La cruche s'était vidée. » Le modèle médical est ici dépassé – peu auparavant Balzac parle de « la force dissipée par la femme nerveuse qui fait craquer les délicates et puissantes articulations de son cou, qui se tord les mains, en les agitant » (*Théorie de la démarche*, *CH*, XII, p. 272). Le *fluide*, le fluide vital si souvent évoqué par Balzac, c'est bien en effet le corporel au-delà du corps, ce qui rend perceptible la « porosité des frontières de la matière » (Edelman, 2001, p. 1). Et ce fameux fluide, contribue également à insuffler la vie aux créatures balzaciennes, le « don de vie » selon les mots de Jean-Pierre Richard. Dans ce contexte, il n'est pas étonnant de voir le romancier scruter les pertes de fluide vital, qui mènent les personnages peu à peu ou brusquement à leur trépas (on songe bien sûr à *La Peau de chagrin*) : pouvoir perdre la vie reste le privilège des vivants.

Dans la continuité de ces réflexions, Élisabeth Plas étudie ici le corps des animaux, sans âme, ou presque, tandis que Bertrand Marquer revient sur le paradoxe des « corps impondérables », expression qui désigne les fluides traversant le corps humain, magnétique ou électrique, bref tout ce qui échappe au scalpel de l'anatomiste.

Le corps, central dans le dispositif de la *mimèsis* balzacienne, est aussi un lieu textuel où se confrontent différentes approches du roman, en lien avec les enjeux divers soulevés par la poétique du personnage à l'œuvre dans *La Comédie humaine*. Le présent numéro entend ainsi, après une attention portée à l'intériorité[20], revenir sur cet aspect essentiel du roman balzacien : il ne s'agit nullement, on l'aura compris, de clore ce périmètre de recherche, mais de rappeler la vivacité de cet objet d'étude, à l'égal peut-être des créatures dotées de vie du roman balzacien.

Aude DÉRUELLE
Université d'Orléans – POLEN

20 *The Balzac Review* / *Revue Balzac*, n° 2, 2019.

ÉTUDES CITÉES

Abraham Pierre, 1931, *Recherches sur la création intellectuelle : créatures chez Balzac*, Paris Gallimard.

Barthes Roland, 1970, *S/Z*, Paris Seuil.

Baudelaire Charles, 1976, « Théophile Gautier » (1859), *Œuvres complètes*, II, Paris Gallimard (« Bibliothèque de la Pléiade »), p. 103-128.

Bierce Vincent, 2019, *Le Sentiment religieux dans* La Comédie humaine. *Foi, ironie et ironisation*, Paris Classiques Garnier.

Borderie Régine, 2002, *Balzac, peintre de corps.* La Comédie humaine *ou le sens du détail*, Paris SEDES.

Cabanès Jean-Louis, 1991, *Le corps et la maladie dans les récits réalistes (1856-1893)*, Paris Klincksieck, 2 t.

Couleau Christèle, 2007, *Balzac. Le roman de l'autorité*, Paris Honoré Champion.

Cussac Hélène (dir.), 2009, *Les Discours du corps au* XVIIIe *siècle : littérature – philosophie – histoire – science*, Presses universitaires de Laval.

Del Lungo Andrea & Glaudes Pierre, 2018, *Balzac, l'invention de la sociologie*, Paris Classiques Garnier.

Ebguy Jacques-David, 2001, « Introduction », *in* Éric Bordas, Jacques-David Ebguy & Nicole Mozet (dir.), *Un matérialisme balzacien ?*, site du GIRB, http://balzac.cerilac.univ-paris-diderot.fr/materialisme.html (consulté le 25 avril 2020).

Eco Umberto, 1979, *Lector in fabula*, Paris Grasset.

Edelman Nicole, 2001, « Matérialisme et magnétisme animal : les limites du corps en question », *in* Éric Bordas, Jacques-David Ebguy & Nicole Mozet (dir.), *Un matérialisme balzacien ?*, site du GIRB, http://balzac.cerilac.univ-paris-diderot.fr/materialisme.html (consulté le 25 avril 2020).

Faguet Émile, 1913, *Balzac*, Paris Hachette & Cie.

Frappier-Mazur Lucienne & Roulin Jean-Marie (dir.), 2001, *L'Érotique balzacienne*, Paris SEDES.

Frappier-Mazur Lucienne, 1982, « Sémiotique du corps malade dans *La Comédie humaine* », *in* Claude Duchet & Jacques Neefs (dir.), *Balzac. L'invention du roman*, Paris Belfond, p. 15-41.

Gaillard Françoise, 1985, « La cinétique aberrante du corps social au temps de Balzac », *Littérature*, n° 58, p. 3-18.

Gautier Théophile, 1859, *Honoré de Balzac*, Paris Poulet-Malassis.

Ginzburg Carlo, 1989 [1986], *Mythes emblèmes traces. Morphologie et histoire*, Paris Flammarion.

Hamon Philippe, 1977, « Pour un statut sémiologique du personnage », *Poétique du récit*, Paris Seuil, p. 115-180.

Hamon Philippe, 1982, « Un discours contraint », *Littérature et réalité*, Paris Seuil, p. 119-181.

Jallat Jeannine, 1985, « Petite poétique du corps empêché », *Littérature*, n° 60, p. 73-88.

Jouve Vincent, 1992, *L'effet-personnage dans le roman*, Paris PUF.

Kempf Roger, 1968, *Sur le corps romanesque*, Paris Seuil.

Kerlouégan François, 2016, « Du code des convenances au roman balzacien : les gestes sociaux dans *Illusions perdues* », *Revue des sciences humaines*, José-Luis Diaz (dir.), *Balzac et l'« homme » social*, n° 323, p. 111-132.

Labouret Mireille, 2002, *Balzac, la Duchesse et l'idole. Poétique du corps aristocratique*, Paris Honoré Champion.

Le Yaouanc Moïse, 1959, *Nosographie de l'humanité balzacienne*, Paris Maloine.

Lyon-Caen Boris, 2006, *Balzac et la comédie des signes. Essai sur une expérience de pensée*, Presses Universitaires de Vincennes.

Massol Chantal, 2006, *Une poétique de l'énigme. Le récit herméneutique balzacien*, Genève Droz.

Massol Chantal, 2007, « Corps naturels, corps politiques dans *L'Envers de l'histoire contemporaine* », *in* Boris Lyon-Caen & Marie-Ève Thérenty (dir.), *Balzac et le politique*, Saint-Cyr-sur-Loire Christian Pirot, p. 97-107.

Neefs Jacques, 1979, « La localisation des sciences », *in* Claude Duchet (dir.), *Balzac et* La Peau de chagrin, Paris C.D.U. et SEDES, p. 127-142.

Nesci Catherine, 2007, *Le Flâneur et les flâneuses. Les femmes et la ville à l'époque romantique*, Grenoble ELLUG.

Richard Jean-Pierre, 1970, « Corps et décors balzaciens », *Études sur le romantisme*, Paris Seuil, p. 7-150.

Rosen Elisheva, 1982, « Le grotesque et l'esthétique du roman balzacien », *in* Claude Duchet & Jacques Neefs (dir.), *Balzac. L'invention du roman*, Paris Belfond, p. 139-157.

Sainte-Beuve Charles-Augustin, 1836, « Diderot » (1831), *Critiques et portraits littéraires*, Paris Eugène Renduel, t. I, p. 386-430.

Taine Hippolyte, 1865, « Balzac », *Nouveaux essais de critique et d'histoire*, Paris Hachette, p. 63-170.

Vachon Stéphane, 2007, *1850. Tombeau d'Honoré de Balzac*, Montréal, XYZ éditeur/Saint-Denis, Presses universitaires de Vincennes.

Vannier Bernard, 1972, *L'Inscription du corps : pour une sémiotique du portrait balzacien*, Paris Klincksieck.

Vigarello Georges, 2016, *Le Sentiment de soi. Histoire de la perception du corps. XVIe-XXe siècles* [2014], Paris Seuil.

Vouilloux Bernard, 1999, « La peinture dans l'écriture. Esquisse d'une typologie », *Balzac et la peinture*, catalogue de l'exposition du Musée des Beaux-Arts de Tours, Farrago, p. 133-151.
Yücel Tahsin, 1972, *Figures et messages dans* La Comédie humaine, Paris Mame.
Zola Émile, 1881, *Les Romanciers naturalistes*, Paris G. Charpentier.

CORPS IMPONDÉRABLES

Balzac, Taine, Zola

> Vous avez vu parfois une lourde chenille aux pattes multipliées, aux dents infatigables, s'endormir et se transformer dans l'épais réseau qu'elle s'est tissé ; il en sort péniblement un papillon pesant, empêtré et nourri par les débris de sa chrysalide, et que ses ailes magnifiques et énormes emportent au plus haut de l'air. Tel est Balzac, soutenu et alourdi par la vigueur grossière de son tempérament, par l'entassement de sa science, et dont le génie ne se dégage qu'à force de patience, après mille retards, avec des imperfections visibles, par l'accumulation et le triomphe de la volonté. (Taine, 1866b, p. 97)

La métaphore utilisée par Taine pour qualifier le « génie » de Balzac visait en premier lieu à contrebalancer la critique appuyée des lourdeurs de son style, conséquence d'un penchant coupable pour la « dissertation » et le « commentaire », cette « peste » nuisant à la légèreté du récit[1]. L'image de la métamorphose est cependant loin d'être anecdotique, sous la plume de Taine. Elle semble renvoyer aux ambivalences de l'incarnation pratiquée par un écrivain du corps, chez qui la physiologie est hantée par la représentation concrète de ce que l'on nomme encore les « fluides impondérables », ces « substances qui ne sont saisissables sous aucune des formes affectées par la matière » (*Séraphîta*, *CH*, XI, p. 822), et qui sont au cœur des phénomènes de la lumière, de la chaleur, de l'électricité ou encore du magnétisme[2]. Balzac, dont la « lourde nature corporelle » entrerait en conflit avec son

1 Voir Taine, 1866a, p. 25 : « Qu'est-ce que Balzac apercevait dans sa *Comédie humaine* ? Toutes choses, direz-vous ; oui, mais en savant, en physiologiste du monde moral, en docteur "ès sciences sociales", comme il s'appelait lui-même ; d'où il arrive que ses récits sont des théories, que le lecteur entre deux pages de roman trouve une leçon de Sorbonne, que la dissertation et le commentaire sont la peste de son style. » Ce passage est ensuite repris par Zola, qui le discute dans ses *Romanciers naturalistes*.

2 Balzac parle plus volontiers de « substances impondérables » (p. 822) ou de « la nature des impondérables » (*La Recherche de l'Absolu*, *CH*, X, p. 754) mais, comme le laisse entendre l'ébauche *Les Martyrs ignorés* (*CH*, XII, p. 737), les deux termes sont pour lui synonymes : « Il existe en ce moment à Londres un chimiste anglais réputé fou parce qu'il tente des expériences sur la pensée, considérée comme une substance lumineuse,

« invention native » (Taine, 1866b, p. 92), n'a en effet de cesse de « donner un corps aux choses invisibles » (*ibid.*, p. 164), en un équilibre périlleux entre la lourdeur du concret, qui donne consistance aux idées, et la légèreté donnée par « l'intuition », cette « faculté dangereuse et supérieure » qui donne à penser (*ibid.*, p. 163). Chenille et papillon, l'auteur de *La Comédie humaine* hésiterait constamment, en somme, entre une extension maximale du concept de corps (capable de rendre compte de l'impondérable, d'en assumer l'expression) et la négation de ce qui fait son principe (une matérialité dont il faudrait se défaire, pour la remplacer par la subtilité de l'intuition). Cette oscillation expliquerait que, contrairement à Zola, l'auteur de *La Comédie humaine* « n'aperçoi[ve] pas les sentiments comme l'anatomiste aperçoit les fibres », mais qu'il les « conjecture » (*ibid.*, p. 162) à partir de ce qui s'en dégage de manière fugace. Lié à l'immatériel, mais aussi à l'imperceptible, le corps tel que Balzac le conçoit, notamment dans ses *Études philosophiques* et ses *Études analytiques*, constituerait dans ces conditions un paradoxal support d'incarnation : des « théories » abstraites qui, selon Taine (1866a, p. 25), menacent de lui restituer sa lourdeur, mais aussi d'une forme de subtilité que l'impondérable (à la fois *imprévu* et *imperceptible*) permettrait de figurer. Le geste, tout autant que l'anatomie, est en effet une modalité de lecture du corps dans la physiologie balzacienne, qui privilégie en outre les manifestations fugaces d'un en-dedans que seule la perspicacité d'un regard clinique permet de percevoir.

Faire de l'impondérable une caractéristique du corps balzacien revient par conséquent à interroger son inscription dans la « physiologie transcendante » du romancier (Cabanès, 1991, t. I, p. 99), mais aussi, peut-être, à éclairer sous un autre jour les « différences » que Zola constatait entre « Balzac et [lui] » (Zola, 2003, p. 40).

ANATOMIE DES CORPS IMPONDÉRABLES

Tout à sa critique d'un écrivain « [u]n peu grossier d'imagination », Taine (1866b, p. 163) rappelait dans ses pages les plus sévères que l'auteur

conséquemment colorée, de la nature des fluides impondérables, analogue à l'électricité mais plus subtile. »

des *Études philosophiques* faisait de l'âme « un fluide matériel éthéré, analogue à l'électricité » (*ibid.*, p. 164). Loin d'être fantaisiste à l'époque où Balzac écrit, cette conception fait écho à l'immense « machinerie fluidique » (Cabanès, 1991, t. I, p. 102[3]) que mobilisait une physiologie encore largement vitaliste, et que pouvait étayer l'ambiguïté de la nomenclature utilisée dans les traités de chimie.

Source avérée de *La Recherche de l'Absolu*[4], le baron Louis Jacques Thénard consacre ainsi le second chapitre de son *Traité de chimie* aux « quatre corps impondérables » que sont « le fluide de la chaleur ou le calorique, le fluide lumineux, le fluide électrique et le fluide magnétique ». S'il prend soin de préciser que « [l]eur impondérabilité rend leur existence douteuse », c'est pour immédiatement indiquer qu'il les traitera, par commodité, « comme s'ils étaient des corps réels », « parce que [cette hypothèse] est plus commode pour exposer les faits » (1813, p. 22). Le *Dictionnaire des sciences naturelles* (1818, t. X, p. 547) témoigne de la même ambiguïté : le rédacteur, Michel-Eugène Chevreul[5], souligne le risque de confusion lié à l'emploi du terme de « corps », auquel il dit préférer celui d'« *agent* », mais consacre dans le même temps l'expression, qui fait l'objet d'une entrée propre. Si donc les « corps impondérables » sont présentés comme bien distincts « des corps proprement dits » (*ibid.*), la chimie qui inspire Balzac tend, elle aussi, à incarner l'invisible pour le rendre manifeste.

On comprend dès lors que la notion de « corps », étendue aux « forces[6] » qui le traversent, ait pu fournir au romancier un modèle général d'appréhension des phénomènes, et la clé du « système » – selon l'« Introduction » de Félix Davin aux « Études de mœurs au XIXe siècle » (*CH*, I, p. 1151) – dont son œuvre entend être le reflet. Elle lui permettait en effet de concilier l'existence d'un monde dit « spirituel » avec une

3 Jean-Louis Cabanès applique cette expression aux *Rapports du physique et du moral* de l'idéologue Cabanis, pour montrer son influence sur l'imaginaire de Balzac, mais aussi et surtout la porosité des représentations véhiculées par les différentes théories physiologiques du premier tiers du siècle.

4 Voir Ambrière, 1999, en particulier p. 321.

5 Ce chimiste fut lui aussi considéré comme une source possible de *La Recherche de l'Absolu*, notamment dans l'article que George Barral publie dans *Le Petit Bleu* de Bruxelles le 12 mars 1907. Cette interprétation est néanmoins remise en question par Madeleine Ambrière (*ibid.*, p. 314).

6 C'est précisément parce que le terme « agent » peut qualifier ces « forces » que Chevreul le préfère à celui de « corps » (*ibid.*).

théorie de la matérialité de la pensée, en faisant du corps non une simple enveloppe, mais la concrétion d'une « SUBSTANCE ÉTHÉRÉE, *base commune de plusieurs phénomènes connus sous les noms impropres d'*Électricité, Chaleur, Lumière, Fluide galvanique, magnétique, etc. », une « Substance », synthétise Louis Lambert dans la première de ses « Pensées », dont « *[l]'universalité des transmutations* [...] *constitue ce qu'on appelle vulgairement la Matière* » (*CH*, XI, p. 684[7]). Ainsi que l'ont montré Henri Gauthier (1984[8]) et Jean-Louis Cabanès, la conception organique de l'univers qui sous-tend la vision balzacienne fait donc du corps humain un « médiateur absolu », « l'espace d'interférence et de référence », à partir duquel « des "couples" antagonistes » deviennent « des notions étroitement solidaires » (Cabanès, 1991, t. I, p. 111). Les *Études philosophiques*, « où les sentiments et les systèmes humains se personnifient » (préface du « Livre mystique », *CH*, XI, p. 502), associent ainsi « corps impondérables » et « corps proprement dits », selon les mots du *Dictionnaire des sciences naturelles*, pour traquer, comme dans *Séraphîta*, « l'empreinte » de leur « relation » et « donner un corps à la pensée » (*CH*, XI, p. 808[9]). Dans *La Recherche de l'Absolu*, ce sont les « traces » laissées par « l'action du fluide électrique », associée au « principe absolu », que Balthazar Claës reconnaît dans « les phosphates, les sulfates et les carbonates » retrouvées dans le « corps »

7 Voir sur ce point Max Andréoli (2009) qui rappelle que le parti-pris matérialiste balzacien est formulé dès son *Discours sur l'immortalité de l'âme* : « L'âme doit avoir une substance et l'on n'a jamais réfléchi sur ce singulier assemblage d'idées : *substance immatérielle.* Que les philosophes qui l'ont inventé m'expliquent ce que c'est car qui dit substance dit matière. Or qu'est-ce que de la matière sans matière ? » (*OD*, I, p. 542, cité p. 11-12)

8 Voir par exemple la synthèse éclairante des p. 112-113 : « L'homme matériel, *corpus* et *mens*, matière opaque et compacte par le corps, matière translucide et impondérable par l'esprit, s'intègre à la chaîne générale des êtres, tous originaires de la même substance, tous soumis aux mêmes lois de la vie. Sa nature le met en contact avec le tout et chaque partie du tout. Elle rend apte à comprendre les lois physiques auxquelles il est soumis, comme de correspondre aux forces occultes de l'univers et de communiquer avec les esprits par la partie subtile de son être. [...] Tout phénomène n'est que mode d'action d'une substance identique indéfiniment diversifiée. »

9 Voici l'extrait exact : « Confondons en un seul monde ces deux mondes inconciliables pour vos philosophies et conciliés par le fait. Quelque abstraite que l'homme la suppose, la relation qui lie deux choses entre elles comporte une empreinte. Où ? sur quoi ? Nous n'en sommes pas à rechercher à quel point de subtilisation peut arriver la Matière. Si telle était la question, je ne vois pas pourquoi celui qui a cousu par des rapports physiques les astres à d'incommensurables distances pour s'en faire un voile, n'aurait pu créer des substances pensantes, ni pourquoi vous lui interdiriez la faculté de donner un corps à la pensée ? Donc votre invisible univers moral et votre visible univers physique constituent une seule et même Matière. »

de cette même « *pensée* » (*CH*, X, p. 719-720[10]). Mais c'est sans doute dans *Les Martyrs ignorés* qu'est formulée de la manière la plus explicite cette physiologie de l'impondérable calquée sur l'anatomie :

> Pour moi, la pensée était un fluide de la nature des impondérables qui a en nous son système circulatoire, ses veines et ses artères ; par son affluence sur un seul point, il agit comme une bouteille de Leyde, et peut donner la mort ; un homme peut le tarir dans sa source par un mouvement moral qui dépense tout, comme on peut tarir celle du sang en s'ouvrant l'artère crurale. (*CH*, XII, p. 745)

Essentiellement conçu comme « un réservoir, un point d'appui nécessaire, une enveloppe » (*CH*, III, p. 828[11]), le corps selon Balzac est par conséquent le lieu où s'éprouve la réalité d'un fluide auquel le romancier entend restituer sa matérialité. L'anatomie n'a pour le romancier de sens que mise en relation avec l'impondérable qui la traverse. La physiologie lui sert ainsi à bâtir une véritable philosophie de la force vitale[12] étroitement liée à une « poétique de l'énergie » dont Arlette Michel (1984) a montré qu'elle se concrétisait par le mouvement. À la fois générateur de gestes et de pensée, présent « dans l'ordre corporel » et « dans l'ordre spirituel » (*ibid.*, p. 50), ce mouvement conforte l'analogie rectrice du « système » balzacien entre corps impondérables et corps anatomiques. Il permet en outre de nuancer le rôle de la physionomie dans l'herméneutique balzacienne du corps, bien qu'elle y joue un rôle prépondérant.

---

10 « L'homme, qui représente le plus haut point de l'intelligence et qui nous offre le seul appareil d'où résulte un pouvoir à demi créateur, *la pensée !* est, parmi les créations zoologiques, celle où la combustion se rencontre dans son degré le plus intense et dont les puissants effets sont en quelque sorte révélés par les phosphates, les sulfates et les carbonates que fournit son corps dans notre analyse. » Et Claës précise sa pensée : « Ces substances ne seraient-elles pas les traces que laisse en lui l'action du fluide électrique, principe de toute fécondation ? L'électricité ne se manifesterait-elle pas en lui par des combinaisons plus variées qu'en tout autre animal ? N'aurait-il pas des facultés plus grandes que toute autre créature pour absorber de plus fortes portions du principe absolu, et ne se les assimilerait-il pas pour en composer dans une plus parfaite machine, sa force et ses idées ! Je le crois. L'homme est un matras. »

11 C'est ainsi que le qualifie le « mystérieux swedenborgiste » dans *Ursule Mirouët.*

12 Voir sur ce point Moïse Le Yaouanc, qui a précisément analysé les équivalences que Balzac établit entre *Pensée*, *Volonté*, *homme intérieur*, *vis humana*, *forces*, *vitalité*, « pour désigner le fluide dont dispose un individu » (1959, p. 131).

ALCHIMIE DU GESTE : LA « SCIENCE DES RIENS »

Le souci du détail définit ce « peintre de corps » qu'est Balzac (Borderie, 2002), et régit son herméneutique du portrait. Centré sur la physiognomonie héritée de Lavater, l'ouvrage que Régine Borderie lui consacre laisse cependant de côté le corps en mouvement, bien que celui-ci participe de « l'extension du domaine des apparences interprétables » pratiquée par le romancier (*ibid.*, p. 53[13]). Or le mouvement que matérialise le geste est également pour Balzac une manifestation de l'impondérable. Au-delà de l'imprévu qu'il peut manifester, il offre au « texte expressif » que constitue « l'enveloppe corporelle » (Cabanès, 1991, t. I, p. 120) une forme de labilité ou de mobilité qui trahit le jeu fondamental des fluides.

L'observation que Balzac présente comme à l'origine de sa *Théorie de la démarche* est à cet égard révélatrice[14] : la « dépense de fluide vital » (*CH*, XII, p. 268) engendrée par la « force » ou « l'énergie » engagée par un homme faisant un mouvement pour retrouver son équilibre y est associée à la manifestation d'un corps impondérable (un « invisible fluide », p. 270) dont l'écrivain entend, à travers son traité sur la démarche, analyser les implications concrètes :

> Je résolus de constater simplement les effets produits en dehors de l'homme par ses mouvements, de quelque nature qu'ils fussent, de les noter, de les classer ; puis, l'analyse achevée, de rechercher les lois du beau idéal en fait de mouvement, et d'en rédiger un code pour les personnes curieuses de donner une bonne idée d'elles-mêmes, de leurs mœurs, de leurs habitudes : la démarche étant, selon moi, le prodrome exact de la pensée et de la vie. (*CH*, XII, p. 274-275)

La « prodigieuse éloquence » que prête Balzac à une démarche « prise comme *ensemble des mouvements humains* » (*CH*, XII, p. 294) a de prime abord tout d'une science totale. Liée à la force vitale (elle est « le prodrome

---

13 Régine Borderie (2002, p. 50) mentionne simplement, sans lui consacrer de véritable développement, que « la démarche, peu traitée par l'essayiste [Lavater], mais au moins notée par lui [...] devient, avec le maintien, les manières, un objet important pour Balzac, qui lui a même consacré un traité selon l'esprit de son époque. »

14 Ce passage a déjà été analysé par Arlette Michel (1984, p. 50).

exact de la pensée et de la vie »), elle participe des études philosophiques entreprises dans *La Comédie humaine*[15]. Mais la démarche relève également du « déchiffrement des signes de surface » (Cabanès, 1991, t. I, p. 120) permettant une physiognomonie – « la démarche est la physionomie du corps », rappelle Balzac, après Lavater (*CH*, XII, p. 262). Celle-ci a en outre des implications sociales : ceux qui, « par la grâce moqueuse de Louis-Philippe, sont les derniers pairs de France venus », sont ainsi démasqués « lorsqu'ils passent sur le boulevard » (*CH*, XII, p. 279), tout comme la « femme comme il faut » dont Balzac loue, dans *Les Français peints par eux-mêmes*, « l'ondulation gracieuse » et « *la coupe de la démarche* » (Curmer, 2003, t. I, p. 56[16]). Mais ce déchiffrement peut également fonctionner en sens inverse, comme dans *Physiologie du mariage*, où la « quantité d'énergie ou de volonté » dépensée est mise en relation avec la condition sociale :

> Un boxeur la dépense en coups de poing, le boulanger à pétrir son pain, le poète dans une exaltation qui en absorbe et en demande une énorme quantité, le danseur la fait passer dans ses pieds. (*CH*, XI, p. 1027)

Dans un cas comme dans l'autre, les « hiéroglyphes perpétuels de la démarche humaine » (*Théorie de la démarche*, *CH*, XII, p. 261) mettent en relation le corps physique et l'impondérable, que celui-ci renvoie au fluide qui le traverse ou au mouvement lui-même, dont il s'agit de décrypter la subtile signification.

C'est donc en réalité davantage à une « science des riens » (*CH*, XII, p. 268) que se rattache la *Théorie de la démarche*, et à une physiologie du précaire et du fugace, inspirée par la lecture du *De motu animalium* de Giovanni Alfonso Borelli :

> À suivre, dans son ouvrage, le mouvement de nos leviers et de nos contrepoids, à voir avec quelle prudence le créateur nous a donné des balanciers naturels pour nous soutenir en toute espèce de pose, il est impossible de ne pas nous considérer comme d'infatigables danseurs de corde. (*CH*, XII, p. 273)

L'impondérable n'est plus ici relié à une forme de transcendance, mais dit le caractère aérien du corps physique. Devant ces « infatigables

---

15 La *Théorie de la démarche*, qui envisage conjointement la démarche des idées et la démarche du corps, commence significativement par une citation mise en exergue de l'*Histoire intellectuelle de Louis Lambert*.

16 « Quand une Anglaise essaie de ce pas, elle a l'air d'un grenadier qui se porte en avant pour attaquer une redoute. À la femme de Paris le génie de la démarche ! », précise Balzac.

danseurs de corde », la philosophie le cède à l'esthétique, à cette recherche du « beau idéal » que nourrit la *Théorie*, et dont relève aussi la scrutation de l'impondérable. Aussi le fluide est-il également affaire de *rendu*, comme dans le portrait de « La femme comme il faut » admirée de Balzac :

> Doit-elle à un ange ou à un diable cette ondulation gracieuse qui joue sous la longue chape de soie noire, en agite la dentelle au bord, répand un baume aérien, et que je nommerais volontiers la brise de la Parisienne ? (Curmer, 2003, t. I, p. 56)

Cette même « grâce indéfinissable » se retrouve dans le portrait de Séraphîta, dont « la pose aérienne que les sublimes peintres ont tous donnée aux Messagers d'en haut » (*CH*, XI, p. 755) fait le lien entre les dimensions esthétique et philosophique de l'impondérable.

Bien qu'elle ait pu être rattachée à une forme de pesanteur (la « peste » des théories « corporisées[17] »), l'incarnation visée par Balzac fait donc la part belle à l'immatériel, que ce dernier se traduise en termes d'herméneutique du corps ou d'appréciation esthétique de son rendu. Caractéristique de la physiologie telle que Balzac l'entend, cette importance de l'impondérable le distingue très nettement de l'auteur des *Rougon-Macquart*, qui pourtant ne plaçait pas sur ce terrain l'analyse de leurs « différences ».

PHYSIOLOGIE DE L'IMPONDÉRABLE : DIFFÉRENCES ENTRE BALZAC ET ZOLA

Dans le célèbre texte qu'il consacre à ce qui le distingue de l'auteur de *La Comédie humaine*, Zola notait que « [s]a grande affaire [était] d'être purement naturaliste, purement physiologiste » (2003, p. 42). Par cette précision, le jeune romancier visait cependant moins la perspective spiritualiste de Balzac qu'il ne cherchait à mettre à distance une œuvre dont il jugeait l'ambition sociologique trop marquée[18]. Dans *Les Romanciers*

---

17 Dans sa préface au *Livre mystique*, Balzac précise qu'il a voulu « corporis[er] un système enseveli dans les ténèbres » (*CH*, XI, p. 507).

18 « Je ne veux pas peindre la société contemporaine, mais une seule famille, en montrant le jeu de la race modifiée par les milieux. Si j'accepte un cadre historique, c'est uniquement pour avoir un milieu qui réagisse ; de même le métier, le lieu de résidence sont des

naturalistes, Zola prend même position contre le jugement sévère de Taine, pour faire le portrait d'un Balzac « dans une salle de dissection, le scalpel à la main », réalisant un travail fondé sur la seule « observation de la créature humaine » (1881, p. 86[19]). Il insiste alors sur l'importance des notations sensorielles dans *La Comédie humaine*, qu'il rapproche ainsi du roman expérimental, marqué par l'influence du « milieu[20] ».

De l'avant-texte des *Rougon-Macquart* à l'essai sur les romanciers naturalistes, Zola semble donc vouloir passer sous silence la place laissée par Balzac à l'immatériel, et à une physiologie de l'impondérable dont on peut simplement déduire qu'elle relève, pour Zola, du « perpétuel afflux d'idées » qui fait que « les pensées s'entassent, souvent contraires », au point de miner « la netteté du plan scientifique » (*ibid.*, p. 72). Ce silence s'explique par des raisons stratégiques et idéologiques, et fausse la perception du corps balzacien, en favorisant notamment la réduction des « forces » à la mécanique des passions illustrée exemplairement par *La Cousine Bette*[21], et en limitant leur mouvement au « *circulus* vital » emprunté à Claude Bernard (Zola, 1902, p. 27[22]). Le romancier naturaliste cherche ainsi à rendre l'herméneutique balzacienne conforme à la sienne, bien que le déchiffrement physiologique repose sur un tout autre système.

---

milieux. Ma grande affaire est d'être purement naturaliste, purement physiologiste. » (Zola, 2003, p. 41-42).

19 « M. Taine note la nature du tempérament littéraire de Balzac et la donne sans raison comme le défaut fatal de sa formule. Ce qui est vrai, c'est que Balzac partait en savant de l'étude du sujet ; tout son travail était basé sur l'observation de la créature humaine, et il se trouvait ainsi amené, comme le zoologiste, à tenir un compte immense de tous les organes et du milieu. Il faut le voir dans une salle de dissection, le scalpel à la main, constatant qu'il n'y a pas seulement un cerveau dans l'homme, devinant que l'homme est une plante tenant au sol et décidé dès lors, par amour du vrai, à ne rien retrancher de l'homme, à le montrer dans son entier, avec sa vraie fonction, sous l'influence du vaste monde. » (1881, p. 86-87)

20 Dans la conclusion du développement qu'il consacre à Balzac, Zola note que, malgré le « tohu-bohu incroyable de ses opinions », « il suffit qu'il soit notre véritable père, qu'il ait le premier affirmé l'action décisive du milieu sur le personnage, qu'il ait porté dans le roman les méthodes d'observation et d'expérimentation » (*ibid.*, p. 73).

21 « Le problème », note Zola dans l'introduction du *Roman expérimental*, « est de savoir ce que telle passion, agissant dans tel milieu et dans telles circonstances, produira au point de vue de l'individu et de la société ; et un roman expérimental, la *Cousine Bette* par exemple, est simplement le procès-verbal de l'expérience, que le romancier répète sous les yeux du public. » (1902, p. 8)

22 « Le circulus social est identique au circulus vital : dans la société comme dans le corps humain, il existe une solidarité qui lie les différents membres, les différents organes entre eux, de telle sorte que, si un organe se pourrit, beaucoup d'autres sont atteints, et qu'une maladie très complexe se déclare. »

Si les outils peuvent être identiques, il s'agit en effet pour Zola de fouiller une chair à laquelle il confie l'essentiel de son « éloquence[23] ». La physiologie naturaliste est fondamentalement une physiologie de la profondeur, qui suppose un romancier archéologue[24]. Balzac fait à l'inverse du corps un « *speculum concentrationis*[25] » articulant microcosme et macrocosme, observation clinique et analogie empirique. À en croire la *Théorie de la démarche*, le bon physiologue doit

> [...] posséder ce coup d'œil qui fait converger les phénomènes vers un centre, cette logique qui les dispose en rayons, cette perspicacité qui voit et déduit, cette lenteur qui sert à ne jamais découvrir un des points du cercle sans observer les autres et cette promptitude qui mène d'un seul bond du pied à la tête. (*CH*, XII, p. 277)

Quand donc l'auteur des *Rougon-Macquart* envisage le corps comme une archive, celui de *La Comédie humaine* y voit essentiellement une caisse de résonance[26]. L'observation clinique a certes joué un rôle modélisateur dans la formation de Balzac, mais elle ne constitue qu'un tremplin pour le « chercheur d'absolu » désireux d'« associer physiologie et philosophie, analyse médicale et vision globale » (Cabanès, 1991, t. I, p. 107). Elle se révèle en réalité incapable de rendre compte de cet impondérable dont Balzac fait la véritable finalité de la physiologie : « cette méthode implique que l'objet de la connaissance se fige. Il faut le contempler pour

23 C'est cette « éloquence » que Louis Ulbach (1868) reprochait à l'auteur de *Thérèse Raquin* : « Il s'est établi depuis quelques années une école monstrueuse de romanciers, qui prétend substituer l'éloquence du charnier à l'éloquence de la chair, qui fait appel aux curiosités les plus chirurgicales, qui groupe les pestiférés pour nous en faire admirer les marbrures, qui s'inspire directement du choléra, son maître, et qui fait jaillir le pus de la conscience. »

24 Voir sur ce point Jacques Noiray, 2008, p. 123 : « "Fouiller" les chairs, ce n'est pas seulement les ouvrir pour le plaisir d'une jouissance érotico-morbide déguisée en projet scientifique. C'est aussi poursuivre, au plus profond de la matière, une vérité qui se dérobe. L'écrivain qui "creuse" le réel reproduit le geste de l'archéologue creusant le sol pour y découvrir les signes enfouis d'une civilisation disparue. » Dans l'ouvrage qu'elle consacre aux « aveux du corps » chez Zola, Sophie Ménard fait également de la « méthode naturaliste » une « archéologie de la chair et du vivant » (2014, p. 19).

25 Ce terme est employé par Leibniz dans sa *Monadologie*, et revient dans la préface de *La Peau de chagrin*.

26 Pour le dire avec les mots de François Dagognet (2007, p. 97), dont Jean-Louis Cabanès s'inspire pour caractériser la poétique du roman réaliste, le « Corporel sensible » dont les deux romanciers font la matière d'une herméneutique du réel prend, sous la plume de Zola, davantage la forme d'un « Corps archive » et, chez Balzac, celle d'un « Corps résonateur ». Voir Cabanès, 1991, en particulier t. I, p. 223.

le décomposer, il faut l'immobiliser pour l'analyser. Or, pour Balzac, la vie est mouvement et synthèse toujours nouvelle » (*ibid.*). Le « danseur de cordes » balzacien ne peut être « disséqu[é] fibre par fibre[27] », mais seulement saisi dans l'équilibre des mouvements qui l'animent. Le *fluide* dont Balzac fait une qualité physiologique est aussi à comprendre comme une manière de concevoir le corps, et de saisir sa vérité.

Dans un article publié dans *Le Pays* du 30 avril 1862, Barbey d'Aurevilly profitait d'un obscur roman d'Armand Pommier, *La Dame au manteau rouge*, pour remettre à sa place « cette chose moderne et envahissante qui entre partout et pénètre tout, et monte jusque dans le roman : la Physiologie ! ». Loin de préfigurer un règlement de compte, ce constat permettait au polémiste de rappeler que ce qu'il considérait comme une « grande étude des forces et des impondérables, n'[était] pas d'abord nécessairement matérialiste » : « ce que Balzac », précise-t-il en un hommage appuyé, « avait compris » (2016, p. 263).

Le rôle fondamental des fluides dans l'appréhension balzacienne du corps confirme cette interprétation, qui permet en outre de rappeler la plasticité de la physiologie. Celle-ci, en effet, est pour l'auteur de *La Comédie humaine* à la fois une science de l'organisme et un principe d'organisation, une voie d'accès au corps et une manière de le faire résonner dans un système plus global. La lourdeur que Taine prête à l'incarnation balzacienne est donc toute rhétorique : elle ne renvoie pas à la prééminence de la chair, comme chez Zola, mais découle de la fonction centrale, et proprement figurale, que Balzac confie au corps : incarner un système où l'impondérable rejoint le détaillement de la matière, pour donner forme à une philosophie où spiritualisme et matérialisme[28] se répondent.

Bertrand MARQUER
Université de Strasbourg
UR 1337 CERIEL - IUF

27 L'image est récurrente chez Zola, qui l'emploie notamment pour qualifier le « romancier analyste » auquel il assimile Hector Malot, dans une des « Causeries littéraires » rédigée pour *Le Figaro* (« Causeries littéraires. Un roman d'analyse », 18 décembre 1866).

28 Sur le matérialisme balzacien, voir Bordas, Ebguy & Mozet, 2011.

ÉTUDES CITÉES

Ambrière Madeleine, 1999 [1968], *Balzac et « La Recherche de l'Absolu »*, Paris PUF (« Quadrige »).

Ambrière Madeleine, 1984, « Balzac et l'énergie », *Romantisme*, n° 46, p. 43-48.

Andréoli Max, 2009, « Balzac : de la substance à la sensation », *AB* 2009, p. 7-24.

Barbey d'Aurevilly Jules, 2016, « *La Dame au manteau rouge*, par M. Armand Pommier » (*Le Pays*, 30 avril 1862), *Barbey d'Aurevilly journaliste. Articles et chroniques* (Pierre Glaudes éd.), Paris Flammarion (« GF »).

Bordas Éric, Ebguy Jacques-David, Mozet Nicole (dir.), 2011, *Un matérialisme balzacien ?*, actes du séminaire « Balzac » de l'Université Paris Diderot – Paris 7 (année 2007-2008) et des journées d'études organisées les 30 et 31 mai 2008, http://balzac.cerilac.univ-paris-diderot.fr/materialisme.html (consulté le 25 avril 2020).

Borderie Régine, 2002, *Balzac, peintre de corps. « La Comédie humaine » ou le sens des détails*, Paris SEDES.

Cabanès Jean-Louis, 1991, *Le Corps et la maladie dans les récits réalistes (1856-1893)*, Paris Klincksieck, 2 t.

Chevreul Michel-Eugène, 1818, « Corps impondérables », *Dictionnaire des sciences naturelles*, Strasbourg F.G. Levrault, t. X. Curmer Léon (éd.), 2003 [1840-1842], *Les Français peints par eux-mêmes*, Paris La Découverte (« Omnibus »), 2 t.

Dagognet François, 2007 [1982], *Faces, Surfaces, interfaces*, Paris Vrin.

Gauthier Henri, 1984, *L'Image de l'homme intérieur chez Balzac*, Genève-Paris Droz.

Le Yaouanc Moïse, 1959, *Nosographie de l'humanité balzacienne*, Paris Librairie Maloine.

Ménard Sophie, 2014, *Émile Zola et les aveux du corps. Les savoirs du roman naturaliste*, Paris Classiques Garnier (« Études romantiques et dix-neuviémistes »).

Michel Arlette, 1984, « La poétique balzacienne de l'énergie », *Romantisme*, n° 46, p. 49-60.

Noiray Jacques, 2008, « Zola, mémoire et vérité de la chair », *Émile Zola. Mémoire et sensations* (Véronique Cnockaert dir.), Montréal XYZ (« Documents »), p. 119-129.

Taine Hippolyte, 1866a, *Essais de critique et d'histoire* (2e éd.), Paris L. Hachette.

Taine Hippolyte, 1866b, *Nouveaux essais de critique et d'histoire* (2e éd.), Paris L. Hachette.

Thénard Louis-Jacques, 1813, *Traité de chimie élémentaire, théorique et pratique*, Paris Chez Crochard.

Ulbach Louis, dit Ferragus, 1868, « La littérature obscène », *Le Figaro*, 23 janvier.

Zola Émile, 1881, *Les romanciers naturalistes*, Paris G. Charpentier.

Zola Émile, 1902 [1880], *Le roman expérimental*, Paris G. Charpentier.

Zola Émile, 2003, *La Fabrique des Rougon-Macquart*. Édition des dossiers préparatoires, publiés par Colette Becker avec la collaboration de Véronique Lavielle, Paris Honoré Champion, vol. 1.

QUAND LE CORPS PARLE

Communication paraverbale et non verbale dans *La Comédie humaine*

Tout peut faire signe dans Balzac. Le détail devient un signe qui s'inscrit dans un système lorsqu'il « leste », comme le dit Philippe Berthier, « d'exemplarité expérimentale l'étude de cas » (1998, p. 20). Une « science » peut alors naître à partir de ces « riens » (*Théorie de la démarche*, *CH*, XII, p. 268) et tous les aspects de la vie quotidienne semblent participer à un système de signes : on peut établir une sémiotique aussi bien du personnage, des objets, des vêtements, que des corps. Dans la critique balzacienne, cette sémiotique des corps a le plus souvent été étudiée sous l'angle du portrait, du corps parlant mais immobile[1], avec cependant des exceptions notables : Florence Terrasse-Riou (2000) a, par exemple, rappelé l'importance communicationnelle de la sémiotique non verbale dans le monde balzacien, qu'il s'agisse de la manière d'apporter une tasse de thé, de l'art de la danse, ou du jeu des regards. Comprendre les interactions langagières dans Balzac suppose de prendre en compte la dimension non verbale du langage, à laquelle appartient le langage corporel. La communication balzacienne est multisémiotique et multiverbale[2] : elle passe aussi bien par le verbal (les mots), le non verbal (les gestes) que le paraverbal (l'intonation, le débit), certains phénomènes, comme le rire, se situant à la frontière du verbal et du non verbal, du langage corporel et du langage articulé.

L'idée d'un langage du corps n'est pas nouvelle, elle apparaît aussi bien dans la culture classique philosophique que rhétorique (l'attention portée à l'*actio* est d'ailleurs toujours très présente dans les manuels de rhétorique du XIXe siècle). Cette idée est renouvelée, à l'époque de

1 On peut citer, à propos de la représentation du corps dans l'univers balzacien, l'ouvrage de Vannier (1972), qui reprend en partie celui de Bonard (1969) ; Le Huenen (1980) ; Frappier-Mazur (1982) ; Borderie (2002).

2 Nous reprenons les termes de Kerbrat-Orecchioni (1996, p. 26).

Balzac, par les régimes herméneutiques en vogue (la phrénologie, la physiognomonie, la vogue des codes et des physiologies), régimes que l'auteur de *La Comédie humaine* imite, intègre et ironise. Une des questions qui traverse ces différentes approches du langage corporel est celle de la distinction entre les langages contrôlé et non-contrôlé. Ainsi, Moreau de la Sarthe (1771-1826) théorise la différence entre le geste naturel et le geste comme mouvement volontaire, qui doit être travaillé (il ne cite pas Diderot, mais on pense bien évidemment au *Paradoxe sur le comédien*). Pour Philippe Dufour, cette tension entre sincérité et duplicité est un aspect fondamental de ce qu'il appelle le dialecte corporel dans le roman du XIXe siècle. Selon lui « Balzac restera balloté entre le rêve d'une pureté rousseauiste et l'amère reconnaissance du mensonge rhétorique » (2004, p. 59). Sans psychologiser ainsi cette ambiguïté, on peut cependant reconnaître, avec lui, une « équivoque du signe non verbal » balzacien (*ibid.*, p. 60), signe qui paraît quelquefois supplanter le verbal quand il s'agit d'exprimer la sincérité, l'authenticité, l'expressivité et d'autres fois être factice, relever d'un jeu d'acteur ou d'actrice[3].

Que révèle le corps ? Le corps, dans l'univers balzacien, est-il métonymique ? Dans ce cas, il renverrait à une cohérence extérieure, il serait un des signes d'un système de sens cohérent[4], qu'il s'agisse d'exprimer la signification d'un caractère (dans le cas de Gaudissart, par exemple, le corps révèle – parmi d'autres signes – le caractère du personnage : la gaudisserie[5]) ou de mécanismes sociaux qui dépassent le niveau individuel[6]. Est-il sémaphorique ? Dans ce cas, il exprimerait un signe, qui pourrait être aussi bien en concordance qu'en discordance avec d'autres

3 Le geste ou le coup d'œil peut sembler quelquefois être l'expression même de la sincérité la plus profonde, par exemple lorsque La Brière a « un mouvement respectueux plein de cette vive éloquence particulière au geste et qui surpasse celle des plus beaux discours » (*Modeste Mignon*, *CH*, I, p. 663), et quelquefois être factice, comme lorsque Béatrix manipule Calyste en s'essuyant les yeux, « faisant ce que dans la rhétorique des femmes on doit appeler une antithèse en action » (*Béatrix*, *CH*, II, p. 865).

4 Sur la manière dont le travail d'« élucidation » peut devenir travail de « pénétration », selon une sémiotique des corps qui assimile « les surfaces observées dans le roman » à « des répertoires de signes linguistiques », voir Lyon-Caen (2003, p. 291).

5 « Calembours, gros rire, figure monacale, teint de cordelier, enveloppe rabelaisienne ; vêtement, corps, esprit, figure s'accordaient pour mettre de la gaudisserie, de la gaudriole en toute sa personne. » (*L'Illustre Gaudissart*, *CH*, IV, p. 565)

6 Sur les modalités de signification métonymique du corps, on peut renvoyer, par exemple, au lien établi au début de *La Fille aux yeux d'or* entre la « physionomie cadavéreuse » de la population parisienne et le fonctionnement social de la ville (*CH*, V, p. 1039).

signes, verbaux et non verbaux. Il faut souligner cette possible discordance : un sujet parlant ne contrôle pas forcément tout son langage, un personnage peut, par exemple, mentir (au niveau verbal) tout en laissant échapper la vérité par un geste (au niveau non verbal).

Nous étudierons ce langage du corps, en nous attachant aux effets de concordance et de discordance entre niveaux verbal, paraverbal et non verbal, d'un point de vue non pas psychologique mais social. Il s'agira d'analyser dans cet article non pas ce que le langage du corps révèle quant à l'état intérieur des personnages, mais en quoi il participe à la construction et au sens des interactions sociales, en quoi il peut être un facteur d'intégration ou d'exclusion, en quoi il contribue à la désignation et à la redistribution des places sociales. Nous nous plaçons dans la perspective de François Kerlouégan dans son travail sur les gestes sociaux dans *Illusions perdues*, lorsqu'il déclare que c'est « le regard social qui pèse sur ces gestes qui leur donne leur qualité de geste social » et insiste sur la nécessité, pour une étude sociale du corps, de considérer ce corps non pas comme immobile mais « en interaction avec un autre corps et regardé, contrôlé, jaugé par cet autre corps », puisque le « "geste social" [...] suppose un destinataire » (2016, p. 113). Cependant, nous ne le suivrons pas lorsqu'il déclare que, pour que le geste ne soit pas seulement public mais social, il doit être « contrôlé » (*ibid*[7].). Un geste spontané, irréfléchi, comme le geste de Lucien lorsqu'il montre du doigt Eugène de Rastignac à l'Opéra n'est pas seulement public : il est social, car il est révélateur de sa classe, et car il suscite un jugement de classe, le mépris de Mme d'Espard et la honte de Mme de Bargeton. Le geste, l'inflexion, le regard que le personnage n'arrive pas à dompter ou à façonner à sa guise sont aussi des marqueurs sociaux. Ce qui donne son caractère social au geste, c'est moins l'intention du locuteur-personnage que le contexte (social) dans lequel il s'inscrit, l'effet (social) qu'il produit et le jugement (social) qu'il suscite. C'est donc dans cette perspective, interactionnelle et sociocritique, que nous étudierons le langage du corps dans l'œuvre balzacienne.

Avant d'étudier l'effet social du langage corporel, il convient de souligner à quel point ce langage est déterminé socialement. Dans le

7 Nous nous permettons par ailleurs de ne pas partager entièrement l'avis de l'auteur de cet article, selon lequel il y aurait peu de gestes non contrôlés dans *La Comédie humaine*.

monde de *La Comédie humaine*, chaque corps peut parler, mais chaque classe sociale a un rapport particulier au corps et à son expressivité. Comme le souligne François Kerlouégan, les classes aristocratiques se distinguent par leur « grande maîtrise du corps », leur aptitude à « dompter les manifestations naturelles » (*ibid.*, p. 117) de ce corps : « en réaction contre l'usage bourgeois – et donc moderne – du corps, d'un corps devenu outil de production [...] le geste aristocratique se fige dans une *pose* » (*ibid.*, p. 119). Alors que le corps aristocratique se contente d'être, le corps bourgeois, et qui plus est, le corps prolétaire, tire son sens du fait qu'il se transforme et se confronte, par le travail, à la matière. Le corps bourgeois ou prolétaire qui est, comme le dit Balzac, « marqu[é] au sceau du travail » (*César Birotteau*, *CH*, VI, p. 175), rappelle sans cesse ce rapport à la matière – un souci qui paraît terriblement vulgaire pour l'aristocrate. Cette opposition entre un corps aristocratique maîtrisé, qui fait de la discrétion physique un art, et un corps bourgeois lourd, trop présent, est notamment visible dans *César Birotteau*. Les toilettes des bourgeoises sont « lourdes, solides », elles font d'autant plus ressortir « la légèreté, la grâce » des dames de la haute société (*CH*, VI, p. 173). Le corps de ces commerçants enrichis, est caractérisé par l'excès : ils « s'amus[ent] *trop* », leurs « regards [sont] *inconsidérément* curieux » (nous soulignons, *CH*, VI, p. 175). Avant même que ces bourgeois ne s'expriment et que leur classe ne se manifeste dans leur manière de parler (par le ton de leur voix, par leur façon de rire, par leur vocabulaire), leurs corps parlent, et parlent trop, trop fort. Cet excès se manifeste par leurs postures, mais aussi par leurs toilettes : M. et Mme Matifat sont chargés d'or, visibles de loin, on aperçoit ainsi à « cinquante pas » la « chaîne et [le] paquet de breloques » sur le « ventre rondelet » de Matifat, dont la femme est ironiquement qualifiée de « Catherine II de comptoir » (*CH*, VI, p. 174). L'embonpoint, marque des besoins et des plaisirs du corps, est, aux yeux des aristocrates, une autre marque de cet excès vulgaire du corps bourgeois. Ainsi Mlle de Fontaine sourit en entendant Mme Matifat appeler son mari « mon gros » – tout en lui recommandant d'éviter le « mauvais genre » de se jeter sur les glaces (*CH*, VI, p. 174). N'oublions pas que, dans *Le Bal de Sceaux*, lorsque la fière Émilie établit un catalogue qui permet de distinguer les classes sociales supérieures des inférieures, le poids est un critère important : la « maigreur, cette grâce du corps » est une « clause de rigueur » alors que l'embonpoint « lui semblait un malheur chez les femmes ; mais chez un homme, c'était un crime » (*CH*, I, p. 123). Certes, le narrateur présente ce système avec quelque ironie, et il est difficile de partager les critères de la jeune fille lorsqu'on sait qu'une phrase comme « Oh ! mon Dieu, voyez combien ce monsieur est gras » est chez elle « la plus haute expression de mépris » (*CH*, I, p. 123). Mais Émilie ne fait que caricaturer un critère de distinction bien réel. L'aristocrate existe au-delà du corps, cette guenille pourrait-on dire en reprenant Molière, par son ascendance, par sa lignée. Le bourgeois, lui, comme le prolétaire, jouit, fait, agit, par et grâce à son corps. C'est à ce corps bourgeois qu'Émilie est confrontée lorsqu'elle aperçoit Maximilien en train de rendre la monnaie à une lingère : il n'a pas cette « grâce du corps » (désincarnée) qu'elle recherche, mais une « grâce mercantile » (*CH*, I, p. 156.), une grâce tournée vers l'interaction commerciale, loin de son idéal immatériel.

L'opposition entre des mondes sociaux qui ne parlent pas le même langage, qu'il soit verbal ou corporel, est au cœur de l'intrigue de *La Maison du chat-qui-pelote*. Le mariage entre Augustine, fille de boutiquiers, et Théodore, noble et poète, est une mésalliance « de mœurs et de rang » aussi bien que « d'esprit » (*CH*, I, p. 77). Augustine et les siens ne parlent pas le même langage que Théodore. On remarque d'ailleurs que, selon le narrateur, le signe qui aurait dû faire deviner à Théodore que la distance entre lui et sa future épouse allait être infranchissable est aussi bien verbal que paraverbal : c'est le discours du père Guillaume sur la spéculation, mais c'est aussi le « gros rire franc excité par le vin de Champagne » (*CH*, I, p. 70) qui l'accompagne. Le rire, qui secoue le corps, est un signe d'excès et de non-maîtrise de soi, c'est un marqueur bourgeois[8]. L'incapacité d'Augustine à maîtriser le langage (qu'il soit verbal ou non verbal) du cercle de son époux est flagrante lorsqu'elle est confrontée à sa rivale, la duchesse de Carigliano. Augustine, qui voulait s'« instruire des artifices » (*CH*, I, p. 84) de la duchesse est incapable de comprendre les subtilités de son langage. Ce langage, trop loin de sa classe sociale, lui reste étranger. On remarque que cette incompréhension se manifeste d'abord au niveau non verbal : Augustine admire

8 La manifestation idéal-typique de ce rire social est le rire de Philéas de Beauvisage (retranscrit entre parenthèses par le narrateur), qui ponctue quasiment toutes ses phrases. Selon le narrateur, il sert à « relev[er] les plaisanteries vulgaires dont se paient les bourgeois » (*Le Député d'Arcis*, *CH*, VIII, p. 731).

l'arrangement de l'appartement de la duchesse, elle tâche « de deviner le caractère de sa rivale par l'aspect des objets épars », mais est confrontée à un langage « impénétrable dans le désordre comme dans la symétrie » (*CH*, I, p. 85). Lorsque les deux femmes sont en présence, Augustine se révèle incapable d'être à la hauteur de la duchesse, qui maîtrise toute la gamme du langage, verbal comme non verbal. Ainsi, la duchesse apparaît à la jeune Mme de Sommervieux dans toute sa puissance de séduction, « voluptueusement couchée sur une ottomane en velours vert » (*CH*, I, p. 86). La duchesse de Carigliano sait, comme Mme d'Espard ou Mme de Langeais, faire parler son corps, en séduisant et en intimidant tout à la fois, en travaillant sa posture, mais aussi le décor qui mettra en valeur ce corps, en choisissant avec soin aussi bien les meubles, que la couleur des étoffes ou l'intensité de la lumière. Ce n'est pas un art réservé aux femmes : Augustine est confrontée à la duchesse, mais aussi à d'Aiglemont. Or sans dire un mot, le jeune homme ne cesse de communiquer. Tout un dialogue se noue ainsi entre lui et la duchesse par un jeu de regards, dialogue qui est retranscrit et commenté par le narrateur. D'Aiglemont parle, grâce à sa toilette, sa posture, sa manière de nouer ses rubans et de badiner avec sa cravache. Il manifeste ce qu'Augustine n'a pas : « une aisance et une liberté » (*CH*, I, p. 86) qui lui viennent non seulement de sa beauté, mais aussi de sa position et de son éducation sociales. Car Augustine n'est pas moins belle que ses deux interlocuteurs, mais elle ne sait pas acquérir leur langage verbal et non verbal, elle ne sait pas parler sans mot dire comme la duchesse. Lorsqu'elle obtient le tableau qui la représente et que Sommervieux avait peint, elle cherche bien à reprendre possession de son corps et à copier les artifices qu'elle a pu observer chez la duchesse : elle fait une toilette qui la rend semblable au tableau, elle met en place un système de lumière complexe. Mais son mari ne la voit pas, il ne voit que la duchesse, c'est ce corps qu'il veut peindre, et Augustine ne tardera pas à mourir de chagrin.

Augustine est confrontée à toutes les subtilités d'un langage qu'elle a d'autant plus de mal à saisir qu'il est aussi bien non verbal que verbal : si elle parvient à échanger verbalement avec la duchesse, elle ne parvient aucunement à modifier ce qu'on peut appeler, en adoptant un vocabulaire bourdieusien, son *hexis*, c'est-à-dire la manifestation corporelle de son *habitus* (l'*habitus* désignant la manière dont l'individu a intégré sa trajectoire corporelle, qui devient la base de ses actions[9]). Le monde de *La Comédie humaine* met en scène aussi bien des trajectoires sociales de personnages ambitieux que les difficultés qu'éprouvent ces mêmes personnages à maîtriser ou masquer leur *hexis*. Une action révélatrice de cette difficulté est celle de lorgner. Comme le dit François Kerlouégan, le jeu d'observation avec le lorgnon n'est pas un geste « gracieux et désincarné », c'est un geste social car c'est une « gestuelle active, offensive : celle de l'exclusion » (2016, p. 119). Le fait même de posséder un lorgnon est un marqueur social. Ainsi, c'est, entre autres, ce lorgnon, et « la façon dont il prenait son lorgnon », qui font de Charles Grandet une « créature descendue de quelque région séraphique » pour Eugénie (*Eugénie Grandet*, *CH*, III, p. 1058-1059). Précisons que, comme tout geste social, c'est un geste qui joue sur la frontière (périlleuse) entre inclusion et exclusion. Lorgner, c'est exclure ; être lorgné(e) c'est être exclu(e). Celui ou celle qui lorgne ne considère pas l'autre comme un sujet, avec lequel il peut interagir, mais comme un objet qu'il regarde. C'est l'habitude d'Émilie de Fontaine qui se permet de « braqu[er] impertinemment son lorgnon sur une personne qui se trouvait à deux pas d'elle, et faisait ses réflexions comme si elle eût critiqué ou loué une tête d'étude, une scène de genre » (*Le Bal de Sceaux*, *CH*, I, p. 134). Ainsi la duchesse de Langeais se permet-elle, la première fois qu'elle voit Montriveau, de lorgner « fort impertinemment, comme elle eût fait d'un portrait qui reçoit des regards et n'en rend pas » (*La Duchesse de Langeais*, *CH*, V, p. 940). De même, lorsque Lucien salue la marquise d'Espard, celle-ci ne lui rend pas son salut (l'égalité dans l'échange suppose une égalité sociale qu'elle tient à nier), mais le lorgne. Par ce geste, elle signifie que Lucien peut être un objet de curiosité mais en aucun cas un interlocuteur. Regarder les autres « du haut de sa cravate, ou à travers un lorgnon » (*La Fille aux yeux d'or*, *CH*, V, p. 1073) est un geste de supériorité, qui peut être psychologique (comme pour Mme de Langeais et Montriveau) ou social (comme pour Mme d'Espard et Lucien). Le lorgnant et le lorgné peuvent être côte à côte et être irrémédiablement séparés par ce geste qui symbolise une séparation entre deux mondes. Lorgner, c'est paradoxalement nier la présence de l'autre tout en le regardant, c'est refuser une interaction qui suppose la reconnaissance de l'existence de

9 Pour une définition plus précise de l'*habitus* et de l'*hexis* on pourra consulter Bourdieu (1980).

l'autre. Mais s'essayer à l'art de lorgner peut être aussi un jeu dangereux lorsque l'assise psychologique ou sociale de celui ou de celle qui lorgne n'est pas établie. Ainsi Mme de Sérizy prétend-elle n'éprouver que de l'indifférence envers Lucien en lui tournant le dos et en lorgnant la salle, mais le poète s'aperçoit du « tremblement des jumelles » (*Splendeurs et Misères des courtisanes*, *CH*, VI, p. 653). De même, Mme de Nucingen joue à l'aristocrate en lorgnant la salle, mais cette prétention lui attire les foudres de Mme de Beauséant, qui fait remarquer à Rastignac : « Voyez comment elle prend et quitte son lorgnon ! Le Goriot perce dans tous ses mouvements » (*Le Père Goriot*, *CH*, III, p. 153). Au moment même où Mme de Nucingen se croit distinguée, son origine sociale continue à parler malgré elle, pour le plus grand plaisir de Mme de Beauséant. Delphine fait partie de ces bourgeoises, qui essaient de copier les grandes dames, et qui « en prenant [leurs] chapeaux, espèrent avoir [leurs] manières » (*CH*, III, p. 117).

Certains gestes, comme le fait de lorgner son interlocuteur plutôt que de lui répondre, sont des gestes parlants. Ce sont des gestes d'exclusion. Mais lorsqu'interaction il y a, le langage corporel se contente-t-il de doubler le langage verbal ? Le corps peut-il parler seul ? Celles qui maîtrisent les variations infinies du langage, les grandes dames du monde balzacien, jouent sur toutes les gammes du langage. Ce jeu est social puisqu'il s'agit toujours d'assurer sa place par rapport à celle de l'autre, soit en accueillant cet autre dans son intimité soit, et c'est le plus fréquent, en le maintenant à distance.

Les grandes dames savent moduler leur langage pour passer d'une tonalité à l'autre. Ainsi, dans *La Duchesse de Langeais*, Montriveau est-il prisonnier aussi bien des « petites phrases en forme de flèches » (*CH*, V, p. 977) d'Antoinette que de ses inflexions de voix, ses gestes, ses regards. Mais ce langage multisémiotique est d'autant plus déstabilisant que, lorsqu'il est dit par une grande dame, le même mot peut avoir une signification différente selon la modulation ou le geste qui l'accompagne. C'est ce que souligne le narrateur balzacien :

> Les femmes du monde, par leurs cent manières de prononcer la même phrase, démontrent aux observateurs attentifs l'étendue infinie des modes de la musique. L'âme passe tout entière dans la voix aussi bien que dans le regard,

> elle s'empreint dans la lumière comme dans l'air, éléments que travaillent les yeux et le larynx. Par l'accentuation de ces deux mots : « Pauvre femme ! » la marquise laissa deviner le contentement de la haine satisfaite, le bonheur du triomphe. (*Splendeurs et Misères des courtisanes*, *CH*, VI, p. 875)

Le syntagme « Pauvre femme ! » pourrait avoir une signification empathique mais il prend, par le choix de l'intonation de la marquise, un sens cruel. On voit que le langage non verbal n'est pas un simple accompagnement du langage verbal : il participe pleinement à l'élaboration du message communiqué, puisqu'il peut modifier son sens. Les coquettes, comme Émilie de Fontaine dans *Le Bal de Sceaux*, savent jouer sur cette modalisation pour déstabiliser leurs interlocuteurs. Ainsi Émilie communique-t-elle moins par le verbal que par le non verbal et le paraverbal. C'est l'intonation de ses propos (et non ses propos eux-mêmes) qui témoigne de son rapport (de proximité ou de distance) avec son interlocuteur[10], c'est un « fécond répertoire » corporel (les « airs de tête » et les « gestes féminins ») qui peuvent expliquer ce que peuvent vouloir dire ses « demi-mots » (*CH*, I, p. 120). Émilie utilise toutes les modalités possibles de la communication non verbale, mais elle joue aussi sur l'interaction de ces différents moyens de communication, si bien que son interlocuteur, pour décoder son message, doit toujours se référer à un autre signe. Ainsi, l'« expression de fierté » qu'elle porte sur son visage ne peut être comprise qu'en fonction d'un autre signe non verbal, « la fixité » ou « la douceur de son regard », « l'immobilité » ou « les légères inflexions de ses lèvres », « la froideur ou la grâce de son sourire » (*CH*, I, p. 120-121). Non seulement verbal et non verbal peuvent être en discordance, mais les gestes non verbaux eux-mêmes peuvent ne pas correspondre entre eux. Émilie, qui a exploré toutes les possibilités de langage corporel devant son miroir, joue à envoyer sans cesse un autre message. Notons cependant que, une fois de plus, ce jeu langagier peut se retourner contre le locuteur, ou en l'occurrence la locutrice. Lorsqu'Émilie est elle-même déstabilisée par une situation (en voyant son prétendant vendre des gants), elle continue à maîtriser le niveau verbal de son langage (en lançant des piques et des épigrammes), mais elle ne contrôle plus le niveau paraverbal et non verbal. Ce sont

10 « Quand Émilie voulait s'emparer d'un cœur, sa voix pure ne manquait pas de mélodie ; mais elle pouvait aussi lui imprimer une sorte de clarté brève quand elle entreprenait de paralyser la langue indiscrète d'un cavalier. » (*CH*, I, p. 121)

ainsi son rire, « convulsif », mais surtout son corps qui la trahissent : son visage devient « sillonné de tons jaunes, de tâches rouges », les « teintes blanches de ses joues » se mettent à « verdi[r] ». Au moment même où Émilie cherche à « dérober son trouble à ses sœurs » (*CH*, I, p. 157), son corps parle, malgré elle.

Si l'intonation peut jouer sur une gamme expressive particulièrement riche, que dire du regard ? Il y a tout un langage du regard dans l'œuvre balzacienne. Le regard peut tout d'abord accompagner un mot ou une expression. C'est le cas dans le dialogue entre Rastignac et Mme de Beauséant au début du *Père Goriot* : « "– Ma cousine... répondit Eugène. Hein ?" fit la vicomtesse en lui jetant un regard dont l'impertinence glaça l'étudiant » (*CH*, III, p. 108). Le matériau verbal est, dans cet échange, extrêmement réduit, puisque l'énoncé n'est qu'une interjection à fonction énonciative (il interrompt l'énoncé précédent, et par là même, le met à distance). Plus que le contenu de la réplique, c'est la posture énonciative et la double modalité paraverbale et non verbale (l'insolence du ton et du regard) qui constituent la raillerie de la réponse de la comtesse. On note que ce langage, bien peu verbal, est cependant parfaitement compréhensible et efficace. Rastignac comprend bien le sens de la réaction de la duchesse, puisqu'il se corrige en l'appelant « Madame » (*CH*, III, p. 108). Notons qu'une autre grande dame, Mme de Listomère, emploiera le même procédé pour elle aussi maintenir à distance, dans un autre contexte, le même Rastignac. Lorsqu'elle lui avoue que M. de Listomère n'est pas dans sa confidence (information qui pourrait être en sa défaveur), elle prononce ces mots avec « un accent ferme et doux », ainsi qu'un « regard imposant » qui font comprendre à Eugène qu'il était « trop pressé de se poser dans sa cravate » (*Étude de femme*, *CH*, II, p. 178). Le regard et l'intonation peuvent donc aussi bien suppléer au verbal que le supplanter. Mais, même sans le secours de l'intonation, le regard peut contenir une infinité de discours, et avoir une infinité d'effets. Le regard peut mettre à distance[11] tout comme il peut promettre une tendre intimité[12], il peut même mêler proximité et

---

11 Voir ainsi l'effet du regard de la marquise d'Espard : « La marquise connaissait bien l'art de mettre un espace immense entre elle et l'homme qui se croit des droits à la familiarité après un bonheur de hasard. Son regard imposant savait tout nier. » (*L'Interdiction*, *CH*, III, p. 455)

12 Citons cet extrait de *La Peau de chagrin* : « Au milieu de sa cour, elle me jette un regard à la dérobée, un regard qui dément ces artifices, un regard qui me sacrifie le monde et les hommes ! » (*CH*, X, p. 143)

éloignement – c'est alors le regard « insolemment protecteur » du bourgeois (*Le Cousin Pons*, *CH*, VII, p. 494). C'est ce regard que subit constamment Pons, et auquel il répond en mangeant comme quatre. Au regard qui lui assigne sa place de pique-assiette (toléré sans être réellement accepté socialement), Pons répond d'ailleurs lui aussi par le corps, en exagérant son comportement de pique-assiette, en engloutissant les plats devant lui. Ce langage du regard est quelquefois si clair qu'il peut être retranscrit par une phrase complète. On peut citer à nouveau un exemple du *Père Goriot* : « Maxime regardait alternativement Eugène et la comtesse d'une manière assez significative pour faire décamper l'intrus. "Ah çà ! ma chère, j'espère que tu vas me mettre ce petit drôle à la porte !" Cette phrase était une traduction claire et intelligible des regards du jeune homme » (*CH*, III, p. 97). La paraphrase souligne à la fois l'intelligibilité et l'effet social du regard, qui a tout d'une insulte. Si le regard peut signaler la connivence (lorsque deux interlocuteurs s'entendent bien, ils peuvent se dispenser de parler, et tout un dialogue peut s'établir par un jeu de regards), il sert donc bien souvent à signifier l'écart social. Dans le monde balzacien, il est possible de remettre quelqu'un à sa place par un simple coup d'œil.

Le geste peut avoir tout autant d'importance que le regard. Ainsi, à l'Opéra, chacun montre les loges voisines et les commente. Mais Lucien, lorsqu'il est nouveau venu dans la loge de Mme d'Espard, montre du Châtelet « en levant le doigt » (*Illusions perdues*, *CH*, V, p. 275). À ce geste succèdent immédiatement deux réactions silencieuses, le dépit de Mme de Bargeton (qui se mord les lèvres) et le mépris de Mme d'Espard (manifesté par son regard et son sourire). Il n'est pas anodin que le narrateur parle du geste de Lucien comme d'un « signe » (*CH*, V, p. 275). Il s'agit bien d'un signe, Lucien fait signe vers le vieux beau, mais, par là, il signifie aussi qu'il n'a pas l'*hexis* d'un aristocrate. Les corps de Mme de Bargeton et d'Espard réagissent immédiatement à cette manifestation, au sens strict, d'un corps étranger parmi elles. Soulignons cependant que le geste de Lucien n'est que l'ultime manifestation d'une étrangeté qui est visible dès son arrivée à l'Opéra. Le corps de Lucien ne s'intègre pas dans cet espace : il est à la fois trop visible (« frisé comme un saint Jean de procession » et d'une « élégance empruntée », *CH*, V, p. 272) et invisible (il est éclipsé par les compagnons de Mme d'Espard, et cherche d'ailleurs à se dissimuler dans l'ombre de la loge). Ce corps est « gommé » (*CH*, V, p. 277) au double sens du terme, si roide qu'il s'efface. Lucien n'a pas le contrôle de son corps qui caractérise les aristocrates : il ne contrôle ni sa posture (il se tient dans ses habits comme dans « un étui », *CH*, V, p. 272), ni son regard, contrairement à de Marsay, qui a su contrebalancer sa beauté féminine par un « regard fixe, calme, fauve et rigide » (*CH*, V, p. 277). Certes, Lucien ne sait pas non plus parler, il reste là « comme un étranger qui ne savait pas la langue » (*CH*, V, p. 278). Mais on peut noter, dans cette scène d'opposition puis d'exclusion sociales, que ce sont d'abord les corps qui parlent. Ainsi, c'est le corps de Lucien qui déçoit, en premier lieu, Mme de Bargeton : « Il n'est donc pas si beau que je le croyais ! se disait-elle. De là, à le trouver moins spirituel, il n'y avait qu'un pas. » (*CH*, V, p. 276) C'est d'abord ce corps qui détonne au milieu des autres gentilshommes. Notons également que l'origine sociale de Lucien se manifeste non seulement par son inaptitude à contrôler son corps, mais aussi son incapacité à lire les corps des autres. Ainsi, s'il est impressionné par la beauté et le maintien de Mme d'Espard, il ne sait pas décoder son « air assez impertinent » (*CH*, V, p. 283). C'est au moment même où il rêve à une Mme d'Espard imaginaire, fantasmée, qu'elle dérobe son corps à sa vue et sort de sa loge. De même, il voit les défauts provinciaux de la toilette de Mme de Bargeton, sans percevoir qu'elle a, contrairement à lui, « la hauteur native d'une femme noble », et qu'elle pourra être transfigurée par une « écharpe roulée autour du cou, une jolie robe, une élégante coiffure » (*CH*, V, p. 274), et qu'elle saura rapidement corriger certains de ses gestes. Le texte qui nous mentionne « l'excellente vue » (*CH*, V, p. 273) de Lucien paraît donc bien ironique : le jeune poète est subjugué par les corps qui l'entourent, mais il ne comprend pas ce qu'ils signifient. Ces corps parlent pour lui une langue étrangère.

Le contrôle du corps est, nous l'avons dit, d'abord une caractéristique aristocratique. Lorsque les deux interlocuteurs sont de la même force (et souvent du même niveau social), chacun connaît l'importance de cette communication non verbale. Maîtriser le langage du corps devient alors un élément crucial pour l'emporter sur l'adversaire.

Un des préceptes de la conversation mondaine est de maintenir une impassibilité physique parfaite et de ne pas manifester ses émotions : la grande dame est celle qui sait garder un visage de « sphinx » (*Modeste Mignon*, *CH*, I, p. 697). Dans *Modeste Mignon*, tout le corps de la duchesse de Chaulieu est mobilisé pour témoigner l'inverse de ce qu'elle ressent réellement[13]. Cette impassibilité désinvolte est à la fois un signe de respect des convenances (il faut maintenir l'apparence d'une convivialité, ne pas exprimer directement une quelconque agressivité) et une stratégie. En effet, rester impassible signifie ne donner aucune prise interprétative à l'adversaire-interlocuteur qui ne peut se fonder que sur le verbal, sans aucun indice averbal ou non verbal pouvant préciser la portée sémantique du discours verbal, notamment en termes de sincérité ou de mensonge. Ainsi dans *Ferragus*, Mme Jules cherche à résister aux questions de Malincour, en tentant de neutraliser tous les indices, verbaux et paraverbaux, que son interlocuteur pourrait décoder. « En mentant ainsi, elle était impassible et rieuse, elle s'éventait ; mais qui eût le droit de passer la main sur sa ceinture, au milieu du dos, l'aurait peut-être trouvée humide » (*CH*, V, p. 811). Le corps de Mme Jules parle, mais elle maîtrise la partie visible, la partie sociale de ces signaux (son visage, sa posture). Si Mme Jules lutte, d'autres héroïnes balzaciennes, comme Fœdora, savent rester parfaitement impassibles, au désespoir de Raphaël : « Eh bien, la parole la plus acérée, l'ironie la plus aiguë, ne lui arrachèrent ni un mouvement ni un geste de dépit. Elle m'écoutait en gardant sur ses lèvres, dans ses yeux, son sourire d'habitude, ce sourire qu'elle prenait comme un vêtement » (*La Peau de chagrin*, *CH*, X, p. 158). Fœdora a fait de son corps un instrument de communication qu'elle maîtrise parfaitement. Ne pas répondre, ne rien témoigner par son corps est crucial dans les batailles communicationnelles. Nombreux sont les exemples dans *La Comédie humaine* où l'expression non maîtrisée d'un seul signe averbal peut signifier la défaite du locuteur. Ainsi Lucien dévoile-t-il par un sourire ses rapports avec Esther. Rastignac se « saisi[t] » (*Splendeurs et misères des courtisanes*, *CH*, VI, p. 498) de ce signe, imprudemment dévoilé par Lucien, pour établir un rapport entre le jeune poète et l'inconnue aperçue par Nucingen. Lucien aura beau tenter de rattraper ce signe non verbal par un discours désinvolte, son corps a parlé. De même, dans le duel qui oppose Mme de Beauséant et Mme de Langeais, chacune des femmes dévoile tour à tour son trouble

13 « Une pareille colère est le plus atroce des sphinx : le visage est radieux, tout le reste est farouche. [...] Et la tête gracieuse, et la phrase gracieuse, et le maintien gracieux de la duchesse déguisaient à tous les regards l'acier de sa colère descendue à vingt-cinq degrés au-dessous de zéro » (*CH*, I, p. 697-698).

par une manifestation physique, une rougeur ou une pâleur suffit à les trahir[14].

Le locuteur ou la locutrice peut donc tenter de contrôler son corps pour ne pas laisser voir une divergence entre un signe corporel et un signe verbal. Mais il peut aussi sciemment jouer de cette non-concordance des niveaux sémiotiques. Dans ce cas, le langage du corps ne *révèle* rien. Au début de *Splendeurs et misères des courtisanes*, lorsque Lucien rivalise d'esprit avec la marquise d'Espard et le comte du Châtelet, les adversaires jouent sur plusieurs niveaux de dédoublement, verbaux et non verbaux. Ainsi, à la politesse explicite des échanges verbaux s'oppose l'âpreté implicite des sous-entendus. Cette divergence verbale va de pair avec une divergence non verbale : l'insolence du ton de Lucien, plein d'« impertinence » et d'« aplomb », ne concorde pas avec la déférence de ses gestes, son salut d'une « grâce infinie » (*CH*, VI, p. 433). Cette non-concordance peut se manifester dans un même et seul signe, qui contient alors une telle épaisseur sémantique qu'il en devient difficilement décodable. Toujours dans *Splendeurs et misères des courtisanes*, Mme Camusot est incapable de comprendre entièrement un signe non verbal, ce « don des ducs », le coup d'œil aristocratique de M. de Grandlieu. « Ah ! si la femme du juge avait pu connaître ce don des ducs, elle n'aurait pu soutenir gracieusement ce coup d'œil poliment ironique, elle n'en vit que la politesse » (*CH*, VI, p. 881). Mme Camusot décode une dimension sémantique du coup d'œil (la politesse) mais en oublie une autre (l'ironie). Elle ne voit donc que la concordance du non verbal avec le verbal (une double manifestation de politesse), sans voir la discordance (ironie non verbale ; politesse verbale). La duchesse de Maufrigneuse, les ducs de Chaulieu et de Grandlieu (qui appartiennent à la même classe sociale) partagent une même expression verbale et averbale, multi-codée, Mme Camusot (bourgeoise) ne peut saisir qu'un aspect de ce code. Comme le dit Florence Terrasse-Riou, « [l]es formes privilégiées du non-verbal sont parlantes, mais pour certains initiés seulement » (2000, p. 141).

Ce privilège est-il seulement social ? Il n'est pas strictement l'apanage des classes sociales supérieures. Certains hommes de talent sont des sujets décodeurs avisés qui savent prêter attention aussi bien aux signes verbaux que corporels, évaluer leur niveau de sincérité et, en cas de discordance, comprendre leur hiérarchie. Le début de *L'Interdiction* met en scène un

14 Voir *Le Père Goriot*, *CH*, III, p. 110-111.

duel sémiotique entre le juge Popinot et la marquise d'Espard. Si la marquise se fait duper par l'apparente simplicité de la physionomie de Popinot (signe non verbal) et l'apparente simplicité de son discours (signe verbal), lui pour sa part, comprend la fausseté des signes verbaux (discours excessivement poli de la duchesse) et paraverbaux (intonation, débit) auxquels il n'accorde pas crédit, préférant se fier aux signes non verbaux (l'apparence de la duchesse qui se prétend faussement malade, la richesse de son salon). Si elle se trompe, en interprétant comme véritable la concordance apparente des signes du discours de Popinot, lui repère cette discordance (non verbal / paraverbal et verbal). Popinot se sert alors de certains éléments non verbaux, le décor, pour mieux analyser d'autres signaux non verbaux (le corps de la marquise) sans se laisser manipuler par son discours. La raillerie du juge met en lumière ce renversement des rôles, où celle qui croyait duper se trouve démasquée.

> « Si le marquis d'Espard est fou de la Chine, dit Popinot en montrant la garniture de la cheminée, j'aime à voir que les produits vous en plaisent également. Mais peut-être est-ce à M. le marquis que vous devez les charmantes chinoiseries que voici », dit-il en désignant de précieuses babioles. Cette raillerie de bon goût fit sourire Bianchon, pétrifia Rastignac, et la marquise mordit ses lèvres minces. (*CH*, III, p. 466)

Le discours de Popinot est ironique. Tout en énonçant un prédicat (ce serait le marquis qui aurait acheté l'ornement du salon), il le met à distance et montre qu'il ne le prend pas à son compte (c'est bien Mme d'Espard qui a meublé le salon, ce qui montre qu'elle a menti sur sa situation financière). C'est bien le langage du corps, le geste, effectué à deux reprises, qui fonctionne comme un signal d'ironie et de mise à distance. Le décalage entre le discours et le geste de Popinot évoque en filigrane le décalage entre les signes non verbaux et verbaux du discours de la marquise. La politesse est donc une raillerie déguisée. C'est bien ainsi que le trait est compris, comme l'expriment les réactions physiques des interlocuteurs. Remarquons que cette habileté de Popinot, son discours verbal, obligent la marquise à reconsidérer son interprétation du langage corporel de son adversaire :

> La figure bourgeoisement bonnasse de Popinot, de qui la marquise, le chevalier et Rastignac étaient disposés à rire, avait acquis à leurs yeux sa physionomie véritable. En le regardant à la dérobée, tous trois apercevaient les mille

significations de cette bouche éloquente. L'homme ridicule devenait un juge perspicace. (*CH*, III, p. 466)

Le corps du juge, son regard, tous ces signes non discursifs sont donc réévalués à l'aune du discursif non plus comme des marques de bêtise, mais d'habileté. La contemplation du salon (signe non verbal) n'est plus interprétée comme la marque d'un esprit bourgeois (qui s'émerveille) mais comme celle d'un homme habile (qui évalue tous les signes qu'il peut recueillir). L'homme honnête et fin, l'homme de talent, l'a-t-il cependant vraiment emporté sur la grande dame ? N'oublions pas que Popinot est dessaisi de l'affaire car il n'est pas un simple individu, mais il appartient à… un « Corps constitué » (*CH*, III, p. 492) qui ne peut être divisé. *L'Interdiction* s'achève certes sur un sourire ironique de Popinot, mais un sourire muet.

Comme le dit François Kerlouégan, le corps balzacien n'est plus un simple indice social, mais un « outil d'un social […] compris comme mise en scène » (2016, p. 130). « [M]aniable, convertible », le corps participe pleinement aux interactions sociales, son langage contribuant à redessiner une scénographie sociale mouvante, qui ne cesse de se recomposer. Cependant, peut-on en conclure que le langage du corps finit par supplanter le langage verbal ? La représentation balzacienne de la communication corporelle est souvent teintée d'ironie. Le langage du corps est un langage qui doit être appris, entretenu. Dans *La Muse du département*, l'esprit comme le corps de Dinah finissent par se « rouill[er[15]] ». C'est ce caractère acquis qui peut faire du langage du corps un art, mais aussi une manie qui frise la caricature. La complexité du langage non verbal peut paraître, lorsqu'elle est observée par quelqu'un d'extérieur, se réduire à une série de codes arbitraires et même ridicules. Ainsi la provinciale Charlotte de Pen-Hoël décrit-elle de manière satirique les manières de sa rivale, la parisienne Béatrix[16].

15 « Il en est du parler, des façons du langage, et des idées, comme du sentiment : l'esprit se rouille aussi bien que le corps, s'il ne se renouvelle pas dans le milieu parisien ; mais ce en quoi la vie de province se signe le plus, est le geste, la démarche, les mouvements, qui perdent cette agilité que Paris communique incessamment. » (*La Muse du département*, *CH*, IV, p. 655)

16 « – Nous n'avons pas de belles robes garnies de dentelles, nous n'agitons pas nos manches comme ça, nous ne nous posons pas ainsi, nous ne savons pas regarder de côté, tourner la tête, dit Charlotte en imitant et chargeant les airs, la pose et les regards de la marquise.

Charlotte passe non seulement en revue tout l'arsenal rhétorique non verbal de Béatrix (qu'il s'agisse de ses inflexions de voix, de sa posture, de ses mouvements de tête ou de ses coups d'œil) mais elle l'imite. La parodie du langage corporel permet d'exhiber son caractère théâtral. Il ne s'agit plus d'art, mais de coquetterie.

Le langage du corps peut se révéler artificiel, mais aussi singulièrement fruste. La mise en scène de ce langage semble n'être qu'une tentative de maquiller sa pauvreté. Observons la première interaction de Hulot et de Mme Marneffe, dans *La Cousine Bette.* Il s'agit d'une interaction purement physique : les deux protagonistes communiquent par des regards, puis Mme Marneffe a l'esprit de se mettre à la fenêtre, signe que comprend fort bien le baron (« "Sont-elles fines et spirituelles, ces créatures-là !... se dit le baron, elle m'indique ainsi sa demeure" », *CH*, VII, p. 102). Cependant, on peut se demander s'il s'agit véritablement d'un échange galant ou d'une transaction qui relèverait plutôt de la prostitution. De même, lorsque Bixiou se met non plus à mimer son histoire, mais à lancer de la nourriture sur les convives, notamment un marron sur Blondet (*La Maison Nucingen*, *CH*, VI, p. 352), s'agit-il encore d'échange ? Le corps, pris seul, tend à fonctionner comme une dégradation et non plus comme un substitut du verbal. Ainsi, dans le premier article de Lucien dans *Illusions perdues* le corps des actrices (le non verbal), n'est plus au service du texte (le verbal), il devient un « rival ». Le verbe n'est plus entendu lorsque le corps est présent : « Les jambes de ces deux filles semblaient avoir plus d'esprit que l'auteur. Néanmoins quand les deux rivales s'en allaient, on trouvait le dialogue spirituel, ce qui prouve assez victorieusement l'excellence de la pièce » nous dit l'article (*CH*, V, p. 398). Remarquons la nette dissociation du non verbal et du verbal. Le corps de l'actrice, au lieu d'exprimer le texte, le masque. Ce corps n'est plus un instrument sémiotique participant à l'élaboration d'un message complexe. Il est d'ailleurs lui-même tronqué, puisqu'il est réduit à des « jambes », donc à un attribut connoté sexuellement. Le texte littéraire passe en second. La double dénomination et valorisation

Nous n'avons pas une voix qui part de la tête, ni cette petite toux intéressante, *heu ! heu !* qui semble être le soupir d'une ombre ; nous avons le malheur d'avoir une santé robuste et d'aimer nos amis sans coquetterie ; quand nous les regardons nous n'avons pas l'air de les piquer d'un dard ou de les examiner par un coup d'œil hypocrite. Nous ne savons pas pencher la tête en saule pleureur et paraître aimables en la relevant ainsi ! » (*Béatrix*, *CH*, II, p. 797)

du corps et du texte comme « spirituels » sonne de manière ironique : un corps réduit à l'état de stimulant sexuel, et un texte qu'on n'écoute guère sont-ils véritablement spirituels ?

Le langage du corps semble donc miné : dès lors qu'il est socialisé, qu'il n'est plus signe mais outil de représentation de soi (qu'il s'agisse de représentation artistique ou mondaine), il prend un caractère factice. Cependant, il convient de distinguer langage socialisé et langage social. Le premier désigne un langage acquis, travaillé, maîtrisé ; l'autre renvoie à un *hexis* difficilement contrôlable. Si le langage socialisé est un outil, le langage social est un révélateur du monde social et de ses déterminations. On retrouve là l'ambiguïté constitutive du langage, entre une construction qu'on peut qualifier de factice et la révélation (quelquefois partielle) d'une authenticité. Le geste littéraire balzacien, en ne se contentant pas de représenter cette opposition, mais en cherchant à la déchiffrer, peut alors renouer avec l'idée de vérité.

Laélia VÉRON
Université d'Orléans – POLEN

ÉTUDES CITÉES

Berthier Philippe, 1998, *La Vie quotidienne dans « La Comédie humaine » de Balzac*, Paris Hachette.

Bonard Olivier, 1969, *La Peinture dans la création balzacienne*, Genève Droz.

Borderie Régine, 2002, *Balzac, peintre de corps.* La Comédie humaine *ou le sens du détail*, Paris SEDES.

Bourdieu Pierre, 1980, « Le marché linguistique », *Questions de sociologie*, Paris Éditions de Minuit, p. 133-136.

Dufour Philippe, 2004, *La Pensée romanesque du langage*, Paris Seuil (« Poétique »).

Frappier-Mazur Lucienne, 1982, « Sémiotique du corps malade dans *La Comédie humaine* », *Balzac, l'invention du roman*, études réunies par Claude Duchet et Jacques Neefs, Paris Belfond, p. 15-39.

Kerbrat-Orecchioni Catherine, 1996, *La Conversation*, Paris Seuil (« Mémo »).

Kerlouégan François, 2016, « Du code des convenances au roman balzacien : les gestes sociaux dans *Illusions perdues* », *Revue des sciences humaines*, *Balzac et l'« homme » social*, sous la direction de José-Luis Diaz, n° 323, p. 111-132.

Le Huenen Roland, 1980, « La sémiotique du corps dans *La Peau de chagrin* : le tout et le fragment », *Le Roman de Balzac : recherches critiques, méthodes, lectures*, études réunies par Roland Le Huenen et Paul Perron, Montréal Didier, p. 51-64.

Lyon-Caen Boris, 2003, « Balzac, une épistémologie en devenir », *Poétique*, n° 135, p. 289-305.

Terrasse-Riou Florence, 2000, *Balzac, le roman de la communication*, Paris SEDES.

Vannier Bernard, 1972, *L'inscription du corps. Pour une sémiotique du portrait balzacien*, Paris Klincksieck.

UT PICTURA PHYSIOGNOMONIA

Poétique et poésie du portrait féminin

Dans l'« Avant-propos » de sa *Comédie humaine*, Balzac assimile l'écrivain à un « peintre plus ou moins fidèle [...] des types humains » (*CH*, I, p. 11), articulant d'emblée l'intérêt pour l'art pictural à l'orientation analytique de l'étude. La convergence de ces deux paradigmes peut expliquer le rôle séminal du portrait physique dans sa poétique romanesque, alors même qu'au siècle précédent, les *Éléments de littérature* de Marmontel n'admettaient la description détaillée que dans le cas de la poésie amoureuse, étroitement liée au registre épidictique[1]. Balzac puise dans cette tradition composite[2] matière à légitimer sa prose, ainsi révélée à son hybridité foncière. L'écartèlement entre l'horizon des Beaux-Arts et la prétention à l'étude engendre des frictions entre un vocabulaire pictural, tendu vers la poésie, et l'approche physiognomonique qui *a priori* s'en éloigne, partie prenante d'un arsenal pseudo-scientifique. Aussi l'écriture du portrait condense-t-elle avec acuité les réflexions esthétiques du romancier, dans un constant dialogue nourri d'un rapport concurrentiel avec les autres genres.

Bien des études ont analysé le rôle du référent pictural et de l'*Ut pictura poesis* dans le roman balzacien, à l'ère de la fusion romantique des arts[3]. Il reste à interroger, dans cette dialectique de l'observateur armé de son scalpel et du poète maniant le pinceau[4], la relation ambiguë du romancier à la « poésie » entendue comme quintessence du geste artistique et, plus abstraitement, comme logique de l'écart, acte de résistance

1 Voir Borderie, 2002, « Préliminaires », p. 9-15.

2 Voir *ibid.*, p. 14 : « un certain vide romanesque, et doctrinal, incite à chercher ailleurs des modèles possibles pour la description détaillée et variée dans ses détails – au moins sur le plan des effets – du corps romanesque ». Sur la question du portrait, voir également Vannier, 1972.

3 Voir notamment Marzel, 2011, Vouilloux, 2011 et Larue, 1998, chap. 3.

4 Voir Laforgue, 2001, dans une perspective différente de la nôtre.

à la *médiocratie* dont le récit appelle la prose[5]. C'est dans une certaine appréhension du « poétique » que se cristallise le rapport tourmenté aux modèles littéraires, et que s'esquissent quelques réponses aux apories que suscite l'écriture d'une épopée des temps modernes. En effet, Balzac rédige sa *Comédie humaine* dans ce moment-charnière où l'idée de relativité du beau succède progressivement aux perfections classiques[6]. À la croisée de ces deux chemins, il fait cohabiter l'inspiration néoplatonicienne des vierges raphaélesques et l'expressivité de corps arborant leurs stigmates comme autant de fenêtres ouvertes sur leur intimité. Le lexique de la poésie, exploité dans toute sa plasticité jusqu'à la contradiction, offre un point de contact dans l'espace du portrait entre un idéal néoclassique, qui appelle une rhétorique pétrarquiste[7], et une poésie paradoxale aux inflexions baudelairiennes, poésie du prosaïsme et de la « ligne brisée » (Baudelaire, 1976, p. 455).

C'est à illustrer cette intuition que s'emploieront ces quelques pages, sans prétendre à l'exhaustivité. Dans l'ère postrévolutionnaire déprise de ses anciennes idoles[8], la femme incarne cette altérité dont la mise en fiction mobilise le plus de clichés poétiques, offerts à une vie nouvelle dans le roman ; d'où notre choix des portraits féminins. Laissant de côté les textes théoriques, déjà abondamment commentés[9], nous nous concentrerons sur des extraits romanesques dans lesquels la rencontre des Beaux-Arts et de la physiognomonie fait émerger le lexique de – et avec lui une réflexion sur – une certaine idée de la poésie, objet composite au confluent du générique et du métaphysique. Ainsi mettrons-nous en regard des œuvres qui parlent en faveur d'une cohabitation durable de ces modèles esthétiques concurrents, riche de contradictions et de revirements.

5 Voir Cohen et Reverseau, 2017, pour une réflexion sur la labilité du concept de poésie, de l'injonction à « habiter poétiquement le monde » de Hölderlin aux arts contemporains. Voir Grange, 2008, pour une mise en perspective théorique de l'écriture en prose.

6 Voir Michel, 2001, pour une approche exhaustive du concept de « beauté » dans le roman balzacien.

7 Voir Baron, 2004.

8 Voir Labouret, 2002, pour une mise en perspective du portrait féminin et de la question de l'idole.

9 Voir en particulier Bonard, 1969, et plus récemment Thorel, 2012.

LES « MUSES RIVALES[10] » : POÉSIE PICTURALE DU PORTRAIT EN PROSE

Dans un grand nombre de portraits balzaciens, le regard du peintre appelle explicitement ou indirectement celui du poète, référent traditionnel de cette pratique littéraire depuis la vogue du blason. Dès les premières pages de *La Bourse* (1832), Adelaïde de Rouville offre aux regards du peintre Hippolyte Schinner cette idéalité caressée en rêve par son pinceau :

> une de ces têtes qui souvent passent pour un caprice du pinceau, mais qui tout à coup réalisa pour lui les théories de ce beau idéal que se crée chaque artiste et d'où procède son talent. Le visage de l'inconnue appartenait, pour ainsi dire, au type fin et délicat de l'école de Prudhon, et possédait aussi cette poésie que Girodet donnait à ses figures fantastiques. La fraîcheur des tempes, la régularité des sourcils, la pureté des lignes, la virginité fortement empreinte dans tous les traits de cette physionomie faisaient de la jeune fille une création accomplie. (*CH*, I, p. 414-415)

L'association de la poésie au registre fantastique traduit ce même arrachement au réel immédiat. C'est à l'esthétique néoclassique, théorisée par Winckelmann au siècle précédent[11], que Balzac emprunte cette perfection virginale des contours. Dans une mise en abyme de l'acte de création, la beauté superlative de l'héroïne investit l'humble prose du récit d'une densité poétique, par la magie du pinceau.

Cette idéalité affiche d'emblée sa valeur d'exception dans le roman de mœurs contemporain. Dans la nouvelle *Les Deux Rencontres*, rédigée en 1831 avant de devenir l'avant-dernier chapitre de *La Femme de trente ans*, l'apparition d'Hélène d'Aiglemont sur un bateau de pirates relève de la chimère :

> Puis il disparut en laissant le vieux militaire plongé dans une sorte de stupeur à l'aspect du tableau qui s'offrit à ses yeux. [...] Le soleil des tropiques avait embelli sa blanche figure d'une teinte brune, d'un coloris merveilleux qui

10 « [...] pourquoi l'humble prose ne pourrait-elle pas approcher de l'effet produit par le pinceau, et tracer des lignes que l'œil de l'âme colorerait des plus vives teintes ? Les muses sont sœurs et par conséquent rivales. » (*La Dernière Fée*, *PR*, II, p. 79)

11 Voir Thorel, 2012.

> lui donnaient une expression de poésie [...]. Dans sa pose, dans son geste, Hélène laissait éclater la conscience qu'elle avait de son pouvoir. [...] Il y avait tout à la fois en elle je ne sais quelle suavité de vierge et cette sorte d'orgueil particulier aux bien-aimées. [...] on voyait çà et là des tableaux d'une petite dimension, mais dus aux meilleurs peintres : un coucher de soleil par Gudin se trouvait auprès d'un Terburg ; une Vierge de Raphaël luttait de poésie avec une esquisse de Girodet ; un Gérard Dow éclipsait un Drolling. (*CH*, II, p. 1189-1190)

Annoncée par le mot « tableau », l'isotopie picturale domine cette vision miraculeuse : c'est comme un modèle de peintre[12], et non comme un personnage de roman, que nous apparaît Hélène soustraite à la médiocrité du réel où s'est enferrée sa mère. La poésie s'impose comme une suite naturelle de cet imaginaire empreint de magie, dans ce chapitre où domine l'inspiration du mélodrame. Le terme apparaît une première fois pour qualifier l'expression de la jeune femme, puis une Vierge de Raphaël à laquelle celle-ci est indirectement comparée, reliant d'un fil invisible le merveilleux de la peinture et le roman que nous lisons. Cette poésie de la vie sauvage, c'est l'antithèse du récit prosaïque qui doit être le lot de toute femme de trente ans ne suivant point la voie d'Hélène. Preuve en est qu'au début du même chapitre, le portrait d'Hélène d'Aiglemont avant sa fuite, penchée sur son métier à tisser, offrait des teintes plus sobres et avares en images. La mise en abyme finale rattache ici le portrait à une série de toiles dont il est l'équivalent littéraire : le romancier trouve sa place dans ce dialogue romantique des arts en comptant sur la force talismanique des grands noms convoqués. Dans une scène où l'aventure a succédé aux suavités familiales, cette double manifestation des Beaux-Arts affirme, le temps d'un tableau bientôt détruit, la victoire du poétique sur le prosaïque, d'un art tutoyant la chimère et l'absolu sur les vicissitudes de la vie domestique. Le portrait donne ainsi l'occasion de faire entendre une autre voix, de repousser les limites génériques du roman en incorporant dans la trame souple du récit, suspendu pour un temps, ce regard de poète et de peintre exaltant la beauté.

Poésie et peinture n'ont toutefois pas le même statut dans l'économie du portrait. La présence du poétique se résume souvent à une allusion unique fonctionnant, par son pouvoir de rayonnement, comme un

---

12 Voir Marzel, 2011, pour une analyse de l'œuvre d'art comme outil de caractérisation du personnage balzacien.

substitut de réalité dans une série fantasmatique d'images picturales. Ainsi du portrait d'Honorine, où l'étrange masculinité de son « front de poète, large, puissant, rêveur » n'est pas sans surprendre chez cette héroïne « mignonne », appartenant au type des « petites femmes souples » (*CH*, II, p. 563) : le poète supposé ne serait-il pas plutôt, par métonymie, celui qui tient la plume et rêve un personnage aux allures de vierge ? Mot-valeur charriant à lui seul un imaginaire, la référence au poète – comme ailleurs à la « poésie », métaphore absolue de la création – ne renvoie pas tant à une pratique du vers qu'à l'horizon du sublime dont l'artiste est solidaire. De telles allusions, mêlées aux icônes des plus grands peintres, poétisent furtivement l'écriture romanesque : ce portrait de « fleur céleste » environnée de « ce nimbe jaune et fluide que Raphaël et Titien, seuls parmi tous les peintres, ont su peindre autour de la Vierge », est celui d'une frêle femme douée d'une « peau suave où le sang cour[t] en filets bleuâtres » et se répand à la moindre émotion « sous le tissu comme une vapeur en nappes rosées » (*CH*, II, p. 563). L'abondance des images rehaussées par un vernis pictural fait de ce portrait floral un morceau de prose poétique, qui importe dans le récit d'adultère parisien la rhétorique de la lyrique amoureuse. Issus d'un syncrétisme des canons pétrarquistes, où la femme aimée devient la manifestation sensible de l'Idée platonicienne, bien des portraits balzaciens déclinent indéfiniment le même rêve d'une sylphide faite chair, le visage d'un absolu dont l'avènement hiérophanique « caus[e] des éblouissements » (*Béatrix*, *CH*, II, p. 741).

Si l'écriture tardive d'*Honorine* (1843) atteste la persistance d'une telle esthétique jusqu'au milieu des années 1840, cet idéal est très tôt marqué du sceau du soupçon, créant des effets d'aller-retour d'un roman à un autre. La loupe de l'observateur a dès lors charge de compenser les effets d'un art suspecté de pécher par excès d'absolu, à mesure que, perdant son aura, la poésie se fait l'emblème d'une illusion.

QUAND LES BEAUX-ARTS RENCONTRENT LA PHYSIOGNOMONIE : UNE HERMÉNEUTIQUE DE L'ARTIFICE POÉTIQUE

L'art du portrait balzacien est d'abord une herméneutique, qui invite le lecteur à lire entre les lignes du visage comme entre celles d'un texte. À cet égard, la physiognomonie de Lavater « propose des canons » régis par des « précisions concrètes » qui prouvent que « la beauté et la laideur ont un rapport étroit avec les dispositions morales de l'homme » (Borderie, 2002, p. 99). Loin de se cantonner dans les contours étroits de l'idéal, les référents artistiques peuvent aussi contribuer à ce travail de déchiffrement : le regard de l'artiste et celui du physiognomoniste convergent dans cette commune quête du Beau et du Bien qui nourrit le néoplatonisme romantique, conférant aux Beaux-Arts la précision de l'étude et revêtant la science de l'aura de l'artiste. Dans cette circulation des énergies, le portrait devient ce lieu privilégié où s'élabore une poétique romanesque qui fait feu de tout bois.

Il est toutefois bien des cas où la référence aux Beaux-Arts exerce un pouvoir mystificateur : le portrait est alors le territoire d'une lutte esthétique qui confronte la physiognomonie à une certaine idée de la « poésie », réduite à sa dérive artificieuse. *Béatrix* propose au lecteur un itinéraire du désenchantement artistique et affectif, jalonné par trois portraits en miroir. En livrant à Calyste du Guénic une esquisse peu flatteuse de la marquise de Rochefide, Félicité des Touches néglige le pouvoir d'envoûtement intrinsèque aux œuvres d'art. Ce portrait improvisé s'ouvre sur le détournement d'une série de clichés de la lyrique amoureuse, rendus par une verve mêlant la gouaille à la poésie, un assemblage hétéroclite dont Calyste n'est pas apte à percevoir la dérision : « Béatrix est une de ces blondes auprès desquelles la blonde Ève paraîtrait une négresse. Elle est mince et droite comme un cierge et blanche comme une hostie ; elle a une figure longue et pointue, un teint assez journalier, aujourd'hui couleur de percale, demain bis et taché sous la peau de mille points, comme si le sang avait charrié de la poussière pendant la nuit » (*CH*, II, p. 714). Succède à cette poésie parodiée une série de références picturales dont Calyste ne perçoit pas davantage le présupposé ironique – à savoir que pour paraître belle, Béatrix doit se revendiquer d'une mode où l'imperfection des contours est masquée par des flots d'artifices. Certes, la « nature lui a donné [...] cette abondante chevelure d'ange que le pinceau de Girodet a tant cultivée, et qui ressemble à des flots de lumière ». Mais la suite du portrait souligne l'artificialité de sa beauté :

> « Si, par un artifice quelconque, elle pouvait porter le costume du temps où les femmes avaient des corsets pointus à échelles de rubans s'élançant minces et frêles de l'ampleur étoffée des jupes en brocart à plis soutenus et puissants, où elles s'entouraient de fraises goudronnées, cachaient leurs bras dans des manches à crevés, à sabots de dentelles d'où la main sortait comme le pistil d'un calice, et qu'elles rejetaient les mille boucles de leur chevelure au-delà d'un chignon ficelé de pierreries, Béatrix lutterait avantageusement avec les beautés idéales que vous voyez vêtues ainsi. »
> Félicité montrait à Calyste une belle copie [d'un] tableau de Miéris. (*CH*, II, p. 715)

Les forces conjuguées de la peinture et de la poésie engendrent une forte cristallisation dont témoigne le deuxième portrait, contre-vérité d'un narrateur adoptant le point de vue subjugué de son crédule personnage. Les images poétiques s'y déploient sans arrière-pensée : le tour des yeux de la marquise paraît « semblable à la nacre la plus pure, la plus chatoyante », la peau est « aussi fine que la pellicule satinée d'un œuf », la tête « suave et douce, admirablement posée sur un long col d'un dessin merveilleux » – l'on notera l'emploi symptomatique du mot col, en lieu et place de cou – tandis que les épaules « étinc[èlent] dans l'ombre comme un camélia blanc dans une chevelure noire » (*CH*, II, p. 741). L'impétueux Breton n'est pas sensible aux rares témoignages physiognomoniques qui percent le voile poétique : ébloui par une « nuque délicate et blanche comme du lait », il ne perçoit pas ce « je ne sais quoi de dur dans cette double attache [du col] », qui annonce « un tout autre caractère » (*CH*, II, p. 743) que celui de Camille. Ainsi se rejoue la leçon de *La Maison du chat-qui-pelote* où Théodore de Sommervieux, « [l']âme nourrie de poésie » et « [l]es yeux rassasiés de Raphaël et de Michel-Ange », entrevoyait dans Augustine Guillaume la réalisation d'un idéal, « un ange exilé qui se souvient du ciel » (*CH*, I, p. 53).

À ceci près que dans *Béatrix*, la muse de pacotille met savamment en scène cette illusion. Au troisième portrait de la marquise revient le dernier mot. À l'heure du dévoilement, le pouvoir d'envoûtement des Beaux-Arts révèle sa puissance fallacieuse : quoique enlaidie en l'espace de trois ans, Béatrix est devenue « une grande artiste en toilette, en coquetterie et en fleurs artificielles », de sorte qu'elle n'en paraît « que plus poétique et attrayante » (*CH*, II, p. 861-862) aux yeux de Calyste. Nous retrouvons sous la plume du narrateur, comme une validation *a posteriori* du premier portrait, la dérision poétique de la muse romantique sensible dans la verve de Félicité :

> [...] il acheva de perdre son esprit et sa force en aspirant la senteur, pour lui charmante quoique vénéneuse, de la poésie composée par Béatrix. Mme de Rochefide, devenue osseuse et filandreuse, dont le teint s'était presque décomposé, maigrie, flétrie, les yeux cernés, avait ce soir-là fleuri ses ruines prématurées par les conceptions les plus ingénieuses de l'Article-Paris. Elle avait imaginé, comme toutes les femmes abandonnées, de se donner l'air vierge, en rappelant, par beaucoup d'étoffes blanches, les filles en *a* d'Ossian, si poétiquement peintes par Girodet. [...] Sa taille était un chef-d'œuvre de composition. Quant à sa pose, un mot suffit, elle valait toute la peine qu'elle avait prise à la chercher. [...] Béatrix était donc une pièce à décor, à changement et prodigieusement machinée. (*CH*, II, p. 862-863)

Chimère avilie, la marquise au prénom dantesque compose sa propre toile, dans un jeu de mise en scène qui fait la part belle au vocabulaire dramatique : le fard, le vêtement et jusqu'à la pose, entretenue par les jeux de lumière, ravalent l'art au rang d'assemblage d'artifices. Cette théâtralité est subsumée par la « poésie » dont le terme apparaît en amont du portrait ; ce n'est plus ici un mot-valeur mais un concept fourre-tout, l'essence d'une imposture à l'ère de la prose.

Le potentiel mystificateur de l'art peut toutefois être déjoué par une lecture éclairée des signes qui s'y font jour : à cette fade poésie fixée par la peinture s'oppose la force vive du portrait de Félicité des Touches, qui possède « le granit de la statue égyptienne » (*CH*, II, p. 694). Pris en étau, les arts plastiques ne recouvrent leur valeur herméneutique que lorsqu'ils délaissent le flou poétique d'une peinture vaporeuse, pour conjuguer la puissance virile de la statuaire et l'implacable rigueur de la physiognomonie : l'androgynie de la femme-auteure se trahit ainsi dans sa chute de reins, qui rappelle « plus le Bacchus que la Vénus Callipyge » (*CH*, II, p. 695). Dans la troisième partie du roman, une fois disparues la puissance granitique écrasante de Félicité et la poésie factice de la marquise, seule demeure la réalité de l'épouse Sabine, qui ne doit son salut qu'à la fuite de la première et au désaveu de la seconde. Significativement, le narrateur nous refuse le portrait de cette belle éplorée, abstraite des Beaux-Arts comme elle l'est du fantasme : le récit de l'ordinaire s'assume par une prose déparée de ses poétiques – et dangereux – atours.

Ce réquisitoire en règle contre la puissance fallacieuse de l'idéal poétique est représentatif d'une ligne de force qui traverse *La Comédie humaine*, de *La Muse du département* (1837) à *Modeste Mignon* (1844) en passant notamment par *Illusions perdues* (1837-1843). Quoique l'écriture tardive d'*Honorine*[13] (1843) parle en faveur d'une cohabitation des deux modèles, les beautés virginales appellent plus volontiers l'ironie dans les romans des années 1840. Outre Béatrix, le portrait de Flore Brazier dans *La Rabouilleuse* (1843), ce « miracle de beauté » dont « le regard eût fait tomber à genoux un peintre et un poète », donne lieu à une plaisante confusion de la contemplation artistique et de l'appel des sens : « Le médecin, assez anatomiste pour reconnaître une taille délicieuse, comprit tout ce que les Arts perdraient si ce charmant modèle se détruisait au travail des champs[14] » (*CH*, IV, p. 385-386). Les agissements douteux de cette modeste « nymphe » ne tardent pas à faire tomber le masque : face au crédule poète, le romancier se définit par sa clairvoyance.

En parallèle d'une chimère platonicienne persistante mais toujours suspecte, se développe dès les années 1830 un modèle dont l'importance ira croissant dans *La Comédie humaine*, et qui nous intéresse par la promotion d'une autre idée de la « poésie » dans laquelle Beaux-Arts et physiognomonie convergent.

13 On pourrait encore citer le portrait d'Adeline dans *La Cousine Bette* (1846), exemplaire d'un « courant aphrodisien d'où sortent toutes ces Vénus, filles de la même onde salée », « restées belles en dépit des années, de leurs passions » (*CH*, VII, p. 74-75).

14 Les variantes de l'édition de René Guise montrent que Balzac a longuement travaillé sur ce portrait, à partir d'une série d'images prédéterminées.

UNE « HORRIBLE BEAUTÉ » : VERS UNE POÉSIE NOUVELLE DU PORTRAIT

Dans la biographie qu'il lui consacre, Gautier juge Balzac « peu sensible à la beauté plastique », préférant à la Vénus de Milo « la Parisienne arrêtée devant l'immortelle statue » :

> La beauté idéale, avec ses lignes sereines et pures, était trop simple, trop froide, trop unie, pour ce génie compliqué, touffu et divers. [...] Le *caractère* lui plaisait plus que le *style*, et il préférait la physionomie à la beauté. Dans ses portraits de femme, il ne manque jamais de mettre un signe, un pli, une ride, une plaque rose, un coin attendri et fatigué, une veine trop apparente, quelque détail indiquant les meurtrissures de la vie, qu'un poète, traçant la même image, eût à coup sûr supprimé, à tort sans doute. (1994, p. 100)

Aussi bien Diderot regrettait-il, chez les « conteurs historiques », l'absence de « la verrue à la tempe, la coupure à la lèvre, la marque de petite vérole à côté du nez », qui « rendraient vraies » leurs « figures » (1994, p. 480-481)[15]. C'est dans ce sillage que Gautier situe notre historien des mœurs, laissant les poètes à leurs mirages. De fait, Balzac manifeste très tôt son intérêt pour les physionomies dans lesquelles sont inscrits les méandres de la vie, et à travers eux les angoisses d'une ère tourmentée où se succèdent les orages politiques. La genèse morcelée de *La Femme de trente ans* apparaît symptomatique des embardées esthétiques de son auteur. Un an après *Les Deux Rencontres* (1831), le dernier chapitre du roman substitue à la virginale beauté d'Hélène la beauté en ruine de la marquise d'Aiglemont. Désavouant les jeunes femmes au motif que « le peintre ne trouve dans leurs visages que du rose et du blanc », le narrateur valorise ces lignes flétries dans lesquelles « les passions se sont incrustées[16] », et se fait le héraut d'un idéal romantique prenant acte de la relativité du beau :

15 Voir Kremer, 2018, p. 158-159 : « La pensée de Baudelaire comme de Diderot se nourrit de ces désordres ou irrégularités de l'art – ces "plis, rides, coupures à la lèvre" qui traversent les lignes "sereines et pures" des figures – pour redéfinir le beau classique en beau moderne. »

16 « L'élément particulier de chaque beauté vient des passions », écrit Baudelaire dans le *Salon* de 1846 (1976, p. 493).

> une tête de vieille femme n'appartient plus alors ni au monde qui, frivole, est effrayé d'y apercevoir la destruction de toutes les idées d'élégance auxquelles il est habitué, ni aux artistes vulgaires qui n'y découvrent rien ; mais aux vrais poètes, à ceux qui ont le sentiment d'un beau indépendant de toutes les conventions sur lesquelles reposent tant de préjugés en fait d'art et de beauté. (*CH*, II, p. 1206)

Le rejet est tout autant esthétique que moral : les « vrais poètes » sensibles au détail saillant s'opposent aussi bien au « poète » idéaliste de Gautier, incarnation d'une tradition esthétique mise à mal, qu'à la frivolité d'une société guettée par l'uniformité[17]. La science vive de l'observateur sait mettre à nu l'histoire d'une vie : les scories, rides et meurtrissures qui déparent le visage de la marquise intéressent Balzac comme livre ouvert sur une intimité[18]. Cette densité narrative introduit dans le tableau une sorte de troisième dimension, une épaisseur temporelle par laquelle le portrait redouble le sens du récit. Les jeunes visages aux traits lisses, poèmes figés, se contentent de « rép[éter] une même pensée », « uniforme et sans profondeur » car « pensée de jeunesse et d'amour » (*CH*, II, p. 1206), antérieure au roman d'une vie.

Le « vrai poète » n'est donc pas ce platonicien déshérité du ciel guettant d'autres anges exilés, mais ce *visionnaire passionné* nourri des dissonances et de l'instabilité dont Baudelaire fera l'éloge[19]. « Il s'agit d'identifier un beau proprement moderne, opposé à cette beauté classique ennemie du "mouvement qui déplace les lignes", un beau du "flottant", c'est-à-dire justement de la ligne effacée », dans un monde « sans assise stable, sans circonférence définissable, ni identités bien établies », analyse Rancière (2017, p. 106), reliant Balzac à Baudelaire. C'est dans l'expressionnisme des peintres baroques que *La Comédie humaine*, tournant le dos à une tradition picturale plus récente, puise les modèles de cet idéal de la « ligne brisée » : « la tête sublime où Murillo peignit la douleur maternelle », « le visage de Béatrix Cenci où le Guide sut peindre la plus touchante

---

17 Rappelons que *La Femme de trente ans* fut dédié au peintre romantique Louis Boulanger, auteur du portrait très expressif du romancier présenté au salon de 1838.

18 Ainsi, il ne s'agit pas tant d'une esthétique de la laideur que d'un éloge de la beauté ravagée. C'est à ce titre que nous excluons de cet itinéraire la « sauvage poésie » de la cousine Bette qui, loin de subir les ravages du temps, se bonifie jusqu'à devenir un « diamant noir, le plus rare des diamants », semblable à une « Vierge de Cranach et de Van Eyck » (*CH*, VII, p. 196).

19 Voir Kremer, 2018, p. 150 : « Aussi le bizarre remplace la "grâce" de la beauté classique pour la dégrader par la balafre du particulier ».

innocence au fond du plus épouvantable crime » forgent des « poèmes entiers » (*CH*, II, p. 1205) qui prolongent à leur manière la fusion des arts[20]. Le refus d'édulcorer les modèles, que Gautier jugera antipoétique, n'exclut donc pas les procédés de mythification, ouvrant à une poésie nouvelle qui déploie son pouvoir d'enchantement : « une tête de femme devient alors sublime d'horreur, belle de mélancolie, ou magnifique de calme ; s'il est permis de poursuivre cette étrange métaphore, le lac desséché laisse voir alors les traces de tous les torrents qui l'ont produit » (*CH*, II, p. 1206). La conclusion vient couronner didactiquement cette rencontre de la prose de la médiocratie de Juillet et du grand poème épique : « Le visage glacé de madame d'Aiglemont était une de ces poésies terribles, une de ces faces répandues par milliers dans *La Divine Comédie* de Dante Alighieri » (*CH*, II, p. 1205).

De la divine comédie à la comédie humaine, nul doute qu'un passage de relais s'effectue dans le portrait, moment de cristallisation d'un art poétique qui réinvente ses modèles au fil de la pratique, et désavoue l'idéal sans renoncer à poétiser la prose. *Le Curé de village* offre un condensé édifiant de notre itinéraire, à travers trois avatars d'un visage dont l'expressivité et la force poétique s'accroissent à mesure que sa beauté décline. Le premier portrait, « digne du pinceau des peintres empressés à la recherche du beau idéal », est celui d'une enfant : « Quiconque a vu la sublime petite Vierge de Titien dans son grand tableau de la Présentation au Temple, saura ce que fut Véronique en son enfance : même candeur ingénue, même étonnement séraphique dans les yeux, même altitude noble et simple, même port d'infante. » (*CH*, IX, p. 648) Ce visage « digne de Mieris, de Van Ostade, de Terburg et de Gérard Dow » – autant de noms qui s'équivalent en s'identifiant au même imaginaire – détonne au cœur des intérêts provinciaux, et en ressort désacralisé : « Le ferrailleur rentrait en se frottant les mains, et disait à sa femme en patois d'Auvergne : – Hé ! la vieille, on admire ton enfant ! » (*CH*, IX, p. 653)

Cet idéal sans nuage n'existe que pour être vigoureusement piétiné : Balzac soumet son héroïne à l'épreuve de la petite vérole, à l'issue de laquelle « sa beauté périt » (*CH*, IX, p. 648), livrant une leçon d'esthétique où la beauté conditionnelle des grandes émotions transfigure le masque de la laideur. Au moment de l'Eucharistie, il

20 Voir Smirnoff, 2007, p. 280, pour une analyse du « sublime pictural » balzacien.

semble en effet « qu'une lumière intérieure effa[ce] par ses rayons les marques de la petite vérole », et que le visage de Véronique « brill[e] comme brille mystérieusement une fleur sous l'eau de la mer que le soleil pénètre », donnant lieu à une « céleste apparition ». Quittant le cadre figé de Titien, ce portrait s'anime au gré des péripéties du récit, à mesure que « l'orage des passions contenues » agrandit la prunelle « en brunissant ainsi l'azur de ces yeux célestes ». À présent dénuée d'ironie, cette poésie des images picturales fusionne avec la science de l'observateur, attentif à la vie intérieure dont résonnent ces traits : « Son menton et le bas de son visage étaient un peu gras, dans l'acception que les peintres donnent à ce mot, et cette forme épaisse est, suivant les lois impitoyables de la physiognomonie, l'indice d'une violence quasi-morbide dans la passion[21] » (*CH*, IX, p. 652).

Le troisième avatar de Véronique aura raison de cette beauté furtive en imprimant sur son visage l'auguste morbidité des martyrs : « À la madone de Raphaël, ensevelie à onze ans sous le manteau troué de la petite vérole, avait succédé la femme belle, noble, passionnée ; et de cette femme, frappée par d'intimes malheurs, il sortait une sainte » (*CH*, IX, p. 744). L'accumulation de détails déréalise le référent, dans un assemblage de coloris macabres qui détourne et réinvente les *topoï* du portrait poétique : le visage est doué d'une « teinte jaune », les tempes se sont « dorées » tandis que les lèvres ont « pâli » jusqu'à présenter « les froides teintes d'une rose de Bengale » ; dans le coin des yeux, les douleurs ont « tracé deux places nacrées par où bien des larmes secrètes avaient cheminé » (*CH*, IX, p. 744-745). Transfiguré en œuvre monstrueuse, ce spectacle terrassant appelle la poésie sombre de paysages nébuleux : « Éclairée par les lueurs douces du couchant, elle resplendissait d'une horrible beauté. Son front jaune sillonné de longues rides amassées les unes au-dessus des autres, comme des nuages, révélaient une pensée fixe au milieu de troubles intérieurs ». À l'image de *La Femme de trente ans*, cette lyrique de l'horreur est adoucie par une double référence épique et poétique, aux accents mystiques : « l'âme entraînait la chair comme l'Achille de la poésie profane avait traîné Hector, elle la roulait victorieusement dans les chemins pierreux de la vie, elle l'avait fait tourner

21 Le lecteur du *Contrat de mariage* reconnaîtra dans ce détail un élément du portrait de Natalie, qui atteste la cohérence de l'analyste dans l'articulation du pictural au physiognomonique.

pendant quinze années autour de la Jérusalem céleste où elle espérait entrer » (*CH*, IX, p. 850).

Un symbole proleptique du *Curé de village*, dont la valeur allégorique ne s'éclaire qu'*a posteriori*, nous tiendra lieu d'épilogue. Le pilier de la maison Sauviat est remarquable par « une jolie niche sculptée où se voyait une vierge, mutilée pendant la Révolution » (*CH*, IX, p. 642), citée quelques pages plus loin sous le nom de « vierge mutilée » (*CH*, IX, p. 647), toujours « ornée de buis à Pâques ». Dans son écrin impuissant, la statue abîmée dans la tourmente de l'histoire fait signe vers une autre madone, cette héroïne d'un récit où s'illustrent conjointement les conséquences d'une révolution politique et esthétique. « Pour créer beaucoup de vierges, il faut être Raphaël. La littérature est peut-être, sous ce rapport, au-dessous de la peinture », peut-on lire dans l'« Avant-propos » de *La Comédie humaine* (*CH*, I, p. 17). Par-delà cette modestie de façade, toute la force du roman balzacien consiste à puiser dans l'instabilité morale, dont procède ce *genre bâtard*, l'élan d'un renouveau des Beaux-Arts d'où il semblait exclu : à l'indifférenciation des ordres répond la relativisation des canons du beau, dans une « poétique de l'éclatement » (Kremer, 2018, p. 150). Quoique durablement sensible aux sirènes néoclassiques, Balzac leur oppose très tôt la beauté hiéroglyphique de corps travaillés par les passions, dans une convergence du regard mythifiant de l'artiste et du scalpel de l'observateur. Le lexique poétique, dont les fluctuations sémantiques épousent ces revirements esthétiques, révèle surtout l'aptitude du roman balzacien à transcender son destin individuel, pour embrasser cette « modernité » transgénérique où la prose réinvente la poésie.

Céline DUVERNE
Université Lyon 2

ÉTUDES CITÉES

Baron Anne-Marie, 2004, « Fondements métaphysiques de l'image balzacienne », *AB*, p. 21-38.

Baudelaire Charles, 1976, *Salon de 1846*, dans *Œuvres complètes*, t. II, éd. Claude Pichois, Paris Gallimard (« Pléiade »).

Bonard Olivier, 1969, *La Peinture dans la création balzacienne. Invention et vision picturales de* La Maison du Chat-qui-pelote *au* Père Goriot, Genève Droz.

Borderie Régine, 2002, *Balzac peintre de corps.* La Comédie humaine *ou le sens du détail*, Paris SEDES.

Cohen Nadja et Reverseau Anne, 2017, « Un je ne sais quoi de "poétique" : questions d'usages », *Fabula-LhT*, n° 18.

Diderot Denis, 1994, *Les Deux Amis de Bourbonne*, dans *Œuvres*, t. II, *Contes*, éd. Laurent Versini, Paris Robert Laffont.

Gautier Théophile, 1994, *Portrait de Balzac* (1858) précédé de *Portrait de Théophile Gautier par lui-même*, Bassac L'Anabase.

Grange Juliette, 2008, *Balzac : l'argent, la prose, les anges*, Dijon Circé.

Kremer Nathalie, 2018, *Traverser la peinture. Diderot – Baudelaire*, Leiden Brill-Rodopi.

Labouret Mireille, 2002, *Balzac, la duchesse et l'idole. Poétique du corps aristocratique*, Paris Champion.

Laforgue Pierre, 2001, *Romanticoco. Fantaisie, chimère et mélancolie (1830-1860)*, « Poésie, peinture et roman dans *La Femme de trente ans* : une poétique de la mélancolie », Presses Universitaires de Vincennes (« L'Imaginaire du Texte »), p. 87-96.

Larue Anne, 1998, « De l'*Ut pictura poesis* à la fusion romantique des arts », dans Joëlle Caullier (dir.), *La Synthèse des arts*, Lille Presses du Septentrion, chapitre 3.

Marzel Shoshana-Rose, 2011, « La polysémie de l'art dans le portrait balzacien », *AB*, p. 161-173.

Michel Arlette, 2001, *Le Réel et la beauté dans le roman balzacien*, Paris Champion.

Rancière Jacques, 2017, *Le fil perdu. Essais sur la fiction moderne*, Mesnil-sur-l'Estrée La fabrique.

Smirnoff Renée de, 2007, « Le sublime dans le roman balzacien », dans Patrick Marot (dir.), *La Littérature et le sublime*, Presses Universitaires du Mirail, p. 263-286.

Thorel Sylvie, 2012, *Le Nadir de la grâce. Essai sur la figure et la défiguration*, Paris Champion.

Vannier Bernard, 1972, *L'Inscription du corps. Pour une sémiotique du portrait balzacien*, Paris Klincksieck.

Vouilloux Bernard, 2011, *Le tournant « artiste » de la littérature française. Écrire avec la peinture au* XIXe *siècle*, Paris Hermann.

PERCEPTION ET CONSTRUCTION DES CORPS ANIMAUX CHEZ BALZAC

Comédie humaine et Scènes animales

L'idée de *La Comédie humaine* serait venue à Balzac « d'une comparaison entre l'Humanité et l'Animalité » (*CH*, I, p. 7). Isolée de son contexte, cette formule de l'« Avant-propos » pourrait inscrire l'œuvre dans une tradition littéraire ancienne : celle de la fable, ou celle, satirique, de la caricature. Mais c'est en continuateur de l'histoire naturelle du XVIIIe siècle que se présente Balzac dans ce texte. S'émerveillant des ressemblances entre la nature et la société, Balzac place cette analogie au fondement de son entreprise romanesque, et fait de Buffon à la fois « *un modèle esthétique à imiter* » et le « garant *d'une vérité scientifique à exploiter* » (Gaillard, 1982, p. 59). « Si Buffon a fait un magnifique ouvrage en essayant de représenter dans un livre l'ensemble de la zoologie », poursuit Balzac dans ce texte célèbre, « n'y avait-il pas une œuvre de ce genre à faire pour la Société ? » (*CH*, I, p. 8).

La critique balzacienne n'a pas sous-estimé les conséquences décisives de ce passage de l'« Avant-propos », non seulement sur l'épistémologie et sur l'esthétique, mais aussi sur l'anthropologie et la métaphysique de *La Comédie humaine.* Le modèle naturaliste n'est pas seulement le canevas d'une description minutieuse : il porte certaines valeurs et induit une conception particulière de l'homme, dont la part animale n'est plus oubliée. « Peintre de corps », selon l'expression de Régine Borderie (2002), Balzac représente ses personnages corps et âmes, soumis aux lois physiologiques comme aux déterminismes sociaux et historiques. Par là, il réduit le terrain du propre de l'homme, préparant à sa manière « la fin de l'exception humaine » (Schaeffer, 2007), sans l'avoir souhaitée ni professée pour autant.

Prenant la comparaison initiale au rebours, cet article voudrait s'interroger sur ce que l'on pourrait appeler « l'exception animale », telle que Balzac la pense et cherche à la représenter. Dans le sillon de recherches récentes sur l'animal balzacien (Déruelle, 2013), nous nous intéresserons au versant animal de l'analogie : si le regard naturaliste risque de faire de l'homme balzacien un animal comme les autres, que devient l'animal ? Le dualisme classique, dont Balzac hérite et s'émancipe à la fois, réduit l'animal à son corps, pour lui opposer l'homme, et dans la fable classique, ce n'est qu'au prix d'un anthropomorphisme déréalisant que les animaux sont personnages. Si certains animaux balzaciens sont encore matière sans esprit, d'autres sont construits et perçus comme des personnages de fiction (Couleau, 2013). Des chiens de garde et chevaux anonymes à la panthère Mignonne, héroïne d'*Une Passion dans le désert*, en passant par le crapaud Astaroth ou la poule Cléopâtre, dans *Le Cousin Pons*, la raison de ces différences est à la fois narrative et philosophique, et les lieux de la fiction où ils interviennent, de même que les genres des textes qui les mettent en scène, modèlent et induisent aussi certains types de représentation. En prêtant attention à la fois aux présences animales de *La Comédie humaine* et aux contributions de Balzac aux *Scènes de la vie privée et publique des animaux*, dont les personnages sont des animaux anthropomorphes, il s'agira dans ces pages de réfléchir à la visibilité, à la matérialité et à la lisibilité particulières aux corps animaux dans l'œuvre balzacienne.

« ILS COURENT SUS LES UNS AUX AUTRES, VOILÀ TOUT » : LE CORPS SIMPLE DES ANIMAUX

Dans la suite de l'« Avant-propos », Balzac donne du monde animal une représentation simplifiée, qui lui permet de systématiser la comparaison entre l'humanité et l'animalité : « entre les animaux, il y a peu de drames [...]; ils courent sus les uns aux autres, voilà tout. Les hommes courent bien aussi les uns sur les autres ; mais leur plus ou moins d'intelligence rend le combat autrement compliqué » (*CH*, I, p. 9). Le monde animal serait donc celui du corps. Dominé par l'instinct, il serait très prévisible, laissant peu de place aux hasards du drame. Le monde des hommes, quant à lui, obéirait aux mêmes lois de l'instinct, mais compliquées par celles de l'esprit.

L'opposition a pour but de complexifier une représentation trop fixiste de la société des hommes et d'affirmer la singularité humaine : comme le résume Aude Déruelle, « la société peinte par Balzac ne saurait se réduire à une classification des espèces humaines à la Buffon. *La Comédie humaine* dresse le tableau d'une société révolutionnée, et donc d'une société *en mouvement* » (2013, p. 1). Pour affiner la représentation du monde humain, fallait-il alors simplifier le monde animal ? Pour le dire plus schématiquement encore, fallait-il que les animaux ne soient que des corps pour qu'apparaissent, comme en relief, la finesse des sentiments humains et les raffinements de l'esprit ? Cette construction verticale, qui voit l'humanité – ou plutôt, certaines humanités – s'élever, par degrés, est encore caractéristique d'une métaphysique dans laquelle l'animalité s'apparente souvent, comme l'écrit plus loin Aude Déruelle, « à un degré zéro de l'être, par-dessus lequel se bâtit l'humaine construction d'une identité à la fois psychologique et sociale » (*ibid.*, p. 2).

Balzac n'imite donc pas seulement Buffon dans sa représentation de la société des hommes, mais le regard qu'il porte sur les animaux garde lui aussi *a fortiori* la trace du rationalisme des Lumières[1]. La métaphysique pyramidale et dualiste qui s'exprime dans la comparaison de l'« Avant-propos » n'est donc pas propre à Balzac : elle témoigne d'une conception du corps et de l'instinct animal qui s'est modelée au XVIIe siècle et reste structurante de l'histoire naturelle de Buffon. Selon cette vision encore mécaniste du monde naturel, les animaux sont déterminés par leur instinct. Privés de volonté et de libre-arbitre, ils occupent l'étage inférieur d'une échelle des êtres qui reste alors le prisme par lequel on regarde et classe le monde naturel à l'orée du XIXe siècle. Cette infériorité les distingue de certains hommes, mais les rapproche d'autres, rejetés aux marges de la société et de l'humanité – fous, enfants, paysans, etc. –, de sorte que les lignes de démarcation passent désormais au sein même de l'humanité et de l'animalité, pour distinguer les êtres « simples » des êtres « complexes ».

Les animaux deviennent alors, dans l'imaginaire culturel et scientifique du XIXe siècle, les « simples par excellence », selon la formule de Michelet dans le chapitre du *Peuple* qu'il consacre en 1846 à ceux qu'il nomme nos « frère[s] inférieur[s] » (1974, p. 175), avec une empathie mêlée de paternalisme pour ceux qui sont à la fois *comme* et *moins que* nous. Les

1 Voir notamment à ce sujet : Richardot, 2013 ; Somerset, 2002.

animaux, « humbles fils de l'instinct » (*ibid.*), n'en sont pas pour autant dénués d'intelligence, pour Michelet pas plus que pour Balzac, et c'est en cela que leurs conceptions des animaux se complexifient et participent même, avec celles des philosophes et naturalistes contemporains, à la reformulation d'une « nouvelle querelle de l'âme des bêtes au XIXe siècle » (Petitier, 2010, p. 153). Balzac semble ainsi hériter, dans la comparaison initiale de l'« Avant-propos » et en quelques autres endroits de *La Comédie humaine*, de la philosophie matérialiste qui distingue fortement instinct et intelligence, et voit entre eux une « différence absolue, de nature et non de degré » (*ibid.*, p. 157). Dans *Une Ténébreuse affaire*, il écrit par exemple : « chez les animaux, la vie est sans réflexion au service de l'instinct », non plus pour opposer l'homme aux autres animaux, mais pour rapprocher certains hommes dont l'action semble obéir à « une pensée unique » des animaux mus par l'instinct (*CH*, VIII, p. 503). Dans les textes animaliers étudiés plus loin, Balzac nuance cette conception et anticipe, en certains endroits, le continuisme de Michelet, dont les ouvrages naturalistes, publiés entre 1856 et 1868, travaillent précisément à abolir les distinctions entre instinct et intelligence, corps et esprit, matière et pensée[2].

Mais dans les années 1830 et 1840, les représentations des corps animaux conçues par Balzac sont encore marquées par un dualisme qui se trouve au fondement, non seulement de sa métaphysique, mais également de toute son esthétique de la description et du portrait. La lecture physiognomonique des corps humains et animaux est un « modèle de description » (Borderie, 2002, p. 14) qui repose en lui-même sur une métaphysique dualiste et suppose à la fois séparation et relation entre l'âme et le corps.

LA LISIBILITÉ DES CORPS ANIMAUX

La lecture physiognomonique des visages et des corps humains a déjà été largement étudiée par la critique balzacienne et dix-neuviémiste[3], de

2 Voir sur ce point : Petitier, 2006.

3 Voir notamment : Baldensperger, 1910 ; Le Yaouanc, 1959 ; Montandon, 2000 ; Péraud, 2005 ; Tytler, 1982 ; Rivers, 1994.

même que l'intérêt de Balzac pour la physiognomonie animale, comparant les types humains aux espèces animales, pour déchiffrer les premiers à l'aide des secondes. La lisibilité des animaux eux-mêmes, en revanche, ainsi que l'hypothèse d'une application du savoir physiognomonique aux corps non humains n'ont suscité que très peu d'interrogations. Le « superbe Lavater » (*Corr.*, I, p. 141[4]) que possédait Balzac avait été édité par Moreau de la Sarthe et contenait précisément un chapitre supplémentaire consacré à la physiognomonie animale. L'expression désigne à la fois une lecture de la physionomie des hommes à partir de comparaisons avec les animaux et une lecture de la physionomie des animaux eux-mêmes, permettant de connaître leurs intentions et leurs tempéraments. Dans la pensée de Lavater, la correspondance agit en effet à deux niveaux : entre types humains et animaux, mais aussi entre des individus humains et animaux. Dans les deux cas, elle repose sur un dualisme, supposant deux substances de l'âme et du corps, séparées mais en correspondances. L'hypothèse de la physiognomonie animale a ceci d'intéressant qu'elle suppose un tempérament, une individualité – sinon une âme – aux animaux, ouvrant ainsi la voie, dans la fiction balzacienne, à un devenir-personnage des animaux.

Parmi les œuvres réalistes, la nouvelle *Une Passion dans le désert*, publiée en 1830, occupe une place à part dans le corpus balzacien. De toute son œuvre, à l'exclusion des contes et apologues qui reposent sur l'anthropomorphisme des fables, elle est le seul texte où Balzac ne réduit pas l'animal à ses instincts et lui donne la complexité d'un individu, faisant de lui – d'elle, plutôt – un personnage, dont les intentions et traits de caractère sont supposés imprimer eux aussi leurs contours et leurs reliefs sur le corps et le visage de l'animal, de même qu'ils modèlent les silhouettes humaines. Dans le déroulement du récit, l'usage de la physiognomonie est motivé narrativement : réfugié dans une grotte du désert égyptien, un soldat provençal se trouve nez-à-nez avec une panthère, qu'il essaye dans un premier temps de « magnétiser » (*CH*, VIII, p. 1225) et d'amadouer, avant d'entreprendre de déchiffrer son caractère et ses projets, à l'aide de la physiognomonie :

> La tête, aussi grosse que celle d'une lionne, se distinguait par une rare expression de finesse ; la froide cruauté des tigres y dominait bien, mais il y avait aussi une vague ressemblance avec la physionomie d'une femme artificieuse. (*CH*, VIII, p. 1227)

4 Lettre à Laure Surville du 20 août 1822.

Ces lignes supposent une intelligence animale, imprimant ses contours sur le visage de la bête. En commençant par la tête de l'animal, le soldat semble suivre les conseils des traités de physiognomonie, notamment ceux de Lavater, et applique à la panthère les méthodes de la physiognomonie humaine. « L'art de connaître les hommes par la physionomie » permettrait-il donc de connaître les bêtes ? Les similitudes morphologiques suffiraient-elles à justifier cette extension ?

Une lecture inspirée de l'animalisme contemporain pourrait y voir un anthropomorphisme abusif, niant la particularité animale, et la singularité, parmi les animaux non humains, des panthères. Du point de vue de Derrida, et particulièrement de son essai *L'Animal que donc je suis* et des « études animales » qui s'en sont réclamées, ces lignes d'*Une Passion dans le désert* procèdent à un « apprivoisement anthropomorphique » (2006, p. 60), à une appropriation qui serait déjà une « domestication » (*ibid.*, p. 37) – non pas tant de la part de Balzac lui-même que du soldat, tel que le narrateur en retranscrit le point de vue. Désemparé et apeuré face à cette ennemie d'un genre nouveau, le soldat réagit face à la panthère comme il réagirait face à un humain rencontré en terres inconnues, dont il s'efforcerait de déchiffrer les intentions, avec les moyens pseudo-scientifiques dont il dispose. L'accusation d'anthropomorphisme abusif pourrait, du reste, s'étendre à toute la nouvelle, qui est le récit d'une longue domestication de la panthère, apprivoisée par le soldat à mesure qu'il se la représente et la traite « comme une femme » (*CH*, VIII, p. 1231).

Mais à l'inverse, l'application d'une même lecture physiognomonique aux hommes et aux animaux peut également apparaître comme l'affirmation d'une analogie fondamentale, à la fois morphologique et psychologique, des hommes et des autres animaux. Supposer que l'on peut déchiffrer l'apparence des hommes et des bêtes selon les mêmes méthodes, c'est affirmer qu'« [i]l n'y a qu'un animal » (« Avant-propos », *CH*, I, p. 8) – formule qui condense la thèse de Geoffroy Saint-Hilaire, dans la querelle qui l'opposa à Cuvier, mais qui aurait aussi admirablement résumé l'esprit totalisant de la physiognomonie.

La physiognomonie a toujours présupposé la lisibilité des corps et des visages animaux, mais en donnant à lire un essai de physiognomonie animale dans son texte, Balzac pose les jalons d'une autre conception de l'animal auquel il n'hésite plus à attribuer une psychologie, et peut-être même une subjectivité. La subjectivité se révèle d'abord dans les sensations de la panthère, dont le corps, loin d'être réglé comme celui d'un automate, est un corps sensible, capable de ressentir plaisirs et douleurs.

DOULEURS ET VOLUPTÉS : DES CORPS SENSIBLES

Certes, la conception mécaniste du corps animal aurait fait perdre à la nouvelle de son romanesque et la représentation d'un corps sensible aux caresses fait partie de la féminisation de la panthère. Mais cet anthropomorphisme érotique est tout à la fois l'effet de la subjectivité désirante du soldat et d'une conception philosophique de l'animal qui s'efforce de dépasser le dualisme cartésien. En plusieurs endroits de son œuvre, et non pas seulement dans sa nouvelle la plus animaliste[5], Balzac hérite d'une pensée des Lumières – matérialiste, sensualiste ou utilitariste – qui contribua à redéfinir les animaux comme des êtres doués de sensibilité.

L'ouvrage collectif des *Scènes de la vie privée et publique des animaux*, illustré par Grandville et auquel participe Balzac, met en scène, avec humour et sérieux, ce tournant épistémologique et politique, et ses conséquences au XIXe siècle. Les textes sont tous racontés à la première personne par un animal narrateur et les contributions de Balzac[6] sont un pas de côté, en marge du massif réaliste de *La Comédie humaine.* Pourtant, la question philosophique, scientifique et politique du corps des animaux, de leurs traitements et de ce que la modernité appelle leur « condition » s'y trouve abordée, par le détour de l'allégorie. Précédant les contes et nouvelles, un « Prologue » rédigé par Pierre-Jules Hetzel

5 Ce néologisme pour désigner une position éthique, fondée souvent sur un continuisme biologique, en faveur de la protection, sinon du droit, des animaux – « Droits des Bêtes », dit la chatte Beauty, dans les « Peines de cœur d'une chatte anglaise » (Balzac, 1842, p. 100).

6 « Peines de cœur d'une chatte anglaise », « Guide-âne à l'usage des animaux qui veulent parvenir aux honneurs », « Voyage d'un lion d'Afrique à Paris », dans le premier volume. « Les Amours de deux bêtes », dans le second volume, n'obéit plus à cette contrainte narrative.

sous son nom de plume, Stahl, représente tous les animaux du recueil, réunis en assemblée :

> Las enfin de se voir exploités et calomniés tout à la fois par l'Espèce humaine, – forts de leur bon droit et du témoignage de leur conscience, – persuadés que l'égalité ne saurait être un vain mot, LES ANIMAUX SE SONT CONSTITUÉS EN ASSEMBLÉE DÉLIBÉRANTE pour aviser aux moyens d'améliorer leur position et de secouer le joug de l'HOMME. (1842, p. 2)

Si le texte semble reposer sur l'anthropomorphisme le plus traditionnel, les animaux allégoriques parlent pourtant au nom des animaux réels, tout en exprimant l'idée que leurs auteurs se font d'eux. À la tribune de l'Assemblée, le Renard affirme le principe narratif du recueil, qui s'avère également un principe éthique :

> Les naturalistes ont cru avoir tout fait en pesant le sang des Animaux, en comptant leurs vertèbres et en demandant à leur organisation matérielle la raison de leurs plus nobles penchants. Aux Animaux seuls il appartient donc de raconter les douleurs de leur vie méconnue, et leur courage de tous les instants, et les joies si rares d'une existence sur laquelle la main de l'homme s'appesantit depuis quatre mille ans. (*Ibid.*, p. 20)

Avec humour, et avec toute la provocation dont un renard est capable, ces lignes mettent en conflit deux conceptions du corps animal, ou deux regards portés sur lui : l'animal objet des naturalistes et l'animal désormais perçu comme un sujet sensible.

Les nouvelles mettent en scène ce bouleversement, et particulièrement le « Guide-âne » de Balzac. L'âne qui en est le narrateur vit dans sa chair le conflit des modèles et Balzac le représente à la fois sujet et objet, conteur de sa propre histoire et cobaye. Le contexte explicite de la nouvelle est celui de la querelle des Analogues, et l'âne est à la fois l'objet des expérimentations scientifiques, et le porte-parole d'un plaidoyer sur l'intelligence et la perfectibilité des animaux. Son maître, Marmus, défend peu ou prou la thèse de Geoffroy Saint-Hilaire, et s'oppose au baron Cerceau, dont les positions sont celles de Cuvier. L'âne s'interroge ainsi lui-même, de son point de vue d'âne, sur l'unité de composition, sur la transmission des savoirs (ou des pratiques) chez les animaux, ainsi que sur l'instinct, qu'il a en partage avec tous les autres animaux, y compris les hommes.

Trahi par son éloquence, l'âne parvient à convaincre son maître, qui s'empresse « d'aller demander une place au ministère de l'instruction publique, afin d'étudier cette question aux frais de l'État » (Balzac, 1842, p. 185[7]). Un journaliste, que Grandville représente en oiseau, convainc Marmus de transformer son âne en « Zèbre extraordinaire » (*ibid.*, p. 189) qui dérangera les classifications et contredira la conception fixiste, alors défendue par Cuvier, de la création des espèces. L'âne raconte alors les manipulations par lesquelles il se trouve métamorphosé en zèbre à bandes jaunes, grâce à une liqueur secrète :

> À quelle sauce allait-on me mettre ? Pendant la nuit on me fit des incisions transversales sur la peau, après m'avoir rasé le poil, et un charlatan m'y appliqua je ne sais quelle liqueur. Quelques jours après, j'étais célèbre. Hélas ! j'ai connu les terribles souffrances par lesquelles s'achète toute célébrité. (*Ibid.*, p. 190)

L'humour s'accompagne d'une pointe d'amertume, dans cette nouvelle qui retrace la « grande querelle » (« Avant-propos », *CH*, I, p. 7) du point de vue de ses victimes. La fabrique de l'âne lève le voile sur les pratiques frauduleuses de journalistes et de scientifiques carriéristes, et la théorie scientifique de Geoffroy Saint-Hilaire, soutenue ailleurs par Balzac, qui admire également l'esprit d'analyse de Cuvier, apparaît comme le trucage d'un charlatan illusionniste, transformé en scientifique par un journaliste en quête de gloire et d'histoires sensationnelles. Ère médiatique oblige, le « Guide-âne » démontre qu'en 1840, la fabrique de l'opinion est aussi simple et artificielle que la fabrique d'un zèbre.

L'article qui consacre cette célébrité précise, entre autres anomalies, que l'âne devenu zèbre « marche à la façon de la Girafe » (Balzac, 1842, p. 191[8]), détail grotesque qui rappelle en arrière-plan la création des monstres de foire et des bêtes de scènes au XIXe siècle. Le récit de l'âne, sans *pathos*, attire l'attention sur les souffrances animales liées à l'expérimentation scientifique et à la création de « buzz » médiatiques. Le tour de force consiste à dénoncer l'instrumentalisation du corps animal en lui donnant la parole, transformant l'animal objet en sujet d'énonciation. Perdrait-il ainsi son animalité ? C'est l'hypothèse avancée par Boris Lyon-Caen et Marie-Ève Thérenty, pour qui « l'âne – passif – [...] est *le moins animal* de toutes les créatures du volume ! » (2013,

7 « Guide-âne à l'usage des animaux qui veulent parvenir aux honneurs ».

8 « Guide-âne à l'usage des animaux qui veulent parvenir aux honneurs ».

p. 17). Tel est le paradoxe par lequel les animaux des *Scènes* deviennent personnages : pour devenir « sujets agissants, pourvus d'un regard (par la grâce de l'architecte Hetzel), d'un corps (par la grâce du dessinateur Grandville), d'une parole (par la grâce, notamment, de Balzac) » (*ibid.*, p. 19), il leur faut s'éloigner de ce qu'ils sont et devenir, par la fiction allégorique, un peu de ce que nous sommes.

Dans l'œuvre balzacienne, l'âne et la panthère se trouvent ainsi aux deux extrémités de la représentation du corps, sur un *continuum* allant de l'incarnation la plus réaliste à l'abstraction d'une voix sans corps. Pourtant, les deux versants de l'œuvre affirment à leur manière la sensibilité des corps animaux, et suggèrent l'hypothèse d'une réflexivité des animaux face aux souffrances et plaisirs qu'ils éprouvent.

DE LA CROUPE REBONDIE AUX ÂMES INFINIES : UN CORPS SPIRITUEL

Mais comment nommer cette réflexivité ? Dans la théorie cartésienne, le corps de l'animal fonctionne comme une machine parce qu'il n'est pas habité par une âme, contrairement au corps humain. En 1830, la querelle de l'âme des bêtes n'est pas achevée et *Une Passion dans le désert* s'inscrit dans le débat séculaire qui a opposé en leur temps Gassendi ou Cureau de La Chambre à Descartes ou à Malebranche. Dans le sillage de Montaigne dans l'*Apologie de Raymond Sebond* ou de La Fontaine dans son « Discours à Madame de la Sablière », Balzac s'interroge à son tour. Dans l'édition de 1845, quinze ans après la première publication de la nouvelle, il intitule même la cinquième partie « Les bêtes ont-elles une âme[9] ? », transformant explicitement cette « scène de la vie militaire » en une « étude philosophique ».

Narrativement, la découverte de l'âme de la panthère par le soldat est présentée comme une révélation et comme le terme de ce récit initiatique. La narration s'achève ainsi sur ces mots que le narrateur attribue au soldat : « Elle a une âme… » (*CH*, VIII, p. 1231). À y regarder de plus

9 Voir *CH*, VIII, p. 1224, var. *a*. Les divisions sont supprimées dans l'édition Furne de la même année.

près, les étapes du récit reproduisent même, en miniature, l'évolution de la conception du corps animal dans l'histoire de la philosophie : corps dangereux d'abord, soumis à ses besoins ; corps sensible, capable de ressentir plaisirs et douleurs ; corps intelligent, enfin, capable de jalousie, de vengeance ou de jeux ; corps spirituel, peut-être, enveloppe matérielle d'une âme animale. La découverte de la sensibilité de la panthère, et particulièrement de son plaisir, était une étape capitale du récit :

> puis, par un mouvement aussi doux, aussi amoureux que s'il avait voulu caresser la plus jolie femme, il lui passa la main sur tout le corps, de la tête à la queue, en irritant avec ses ongles les flexibles vertèbres qui partageaient le dos jaune de la panthère. La bête redressa voluptueusement sa queue, ses yeux s'adoucirent. (*CH*, VIII, p. 1226)

Le corps de la panthère apparaît ici comme un corps désirant, et peut-être même désiré. Jadis « métallique », « rigide » et « insupportable », son regard « [s'adoucit] », au gré des caresses du soldat, sans que rien ne permette de savoir si la réaction de la panthère est purement physiologique ou s'il se noue une complicité érotique ou amoureuse. Une scène conclut la nouvelle :

> Un jour, par un soleil éclatant, un immense oiseau plana dans les airs. Le Provençal quitta sa panthère pour examiner ce nouvel hôte ; mais après un moment d'attente, la sultane délaissée gronda sourdement. « Je crois, Dieu m'emporte, qu'elle est jalouse, s'écria-t-il en voyant ses yeux redevenus rigides. L'âme de Virginie aura passé dans ce corps-là, c'est sûr !... » L'aigle disparut dans les airs pendant que le soldat admirait la croupe rebondie de la panthère.

Or si les premières descriptions du corps de la panthère avaient la précision et l'objectivité des notices naturalistes, dans l'ultime paragraphe, les courbes de la panthère font alors l'objet d'une contemplation esthétique et érotique :

> Mais il y avait tant de grâce et de jeunesse dans ses contours ! C'était joli comme une femme. La blonde fourrure de la robe se mariait par des teintes fines aux tons du blanc mat qui distinguait les cuisses. La lumière profusément jetée par le soleil faisait briller cet or vivant, ces taches brunes, de manière à leur donner d'indéfinissables attraits. Le Provençal et la panthère se regardèrent l'un et l'autre d'un air intelligent, la coquette tressaillit quand elle sentit les ongles de son ami lui gratter le crâne, ses yeux brillèrent comme deux éclairs, puis elle les ferma fortement. « Elle a une âme... » dit-il en étudiant la tranquillité de cette reine des sables, dorée comme eux, blanche comme eux, solitaire et brûlante comme eux... (*CH*, VIII, p. 1231)

La découverte de l'âme de la panthère n'est pas la conclusion d'un développement sur l'intelligence animale, mais vient interrompre la contemplation des « attraits » de la panthère – croupe, fourrure, teintes, cuisses… Ce passage abrupt de « la croupe rebondie » à l'âme n'est pas le moindre des paradoxes, dans cet extrait qui porte toutes les ambiguïtés du texte à leur acmé, plus qu'il ne les résout. Christelle Couleau voit dans la phrase « C'était joli comme une femme » le sommet de la « dérive anthropomorphique » (2013, p. 8), affirmant que « la confusion des espèces, la transformation de l'animal en alter ego s'opèrent avant tout par la force de la vision désirante et déformante du soldat » (*ibid.*). Refusant de ne faire de la panthère qu'un corps, et de désirer un corps animal, il compare ses courbes à celles des femmes qu'il a connues et lui suppose une âme.

Mais l'âme de la panthère n'est pas seulement l'effet de la mauvaise foi ou de l'orgueil du soldat, et son dévoilement final est préparé par ce texte qui, en bien d'autres endroits, s'attache à spiritualiser la matière. La lumière dans laquelle baigne Mignonne provoque ce dévoilement, et joue, pour le soldat, un rôle paradoxal : en rendant le corps de la panthère à la fois visible, sensuel et désirable, en le fondant dans l'or blanc des sables, la lumière l'enveloppe également d'un halo surnaturel. Dans cette épiphanie, l'illumination de la panthère est double : la lumière révèle les « attraits » de son corps, et provoque l'illumination, ou l'intuition, du soldat – « Elle a une âme… ». La scène est construite de telle sorte que la lumière qui irrigue le pelage de Mignonne semble rejaillir dans son regard, comme par un de ces fluides magiques qui passionnaient Balzac. Les « éclairs » de ses yeux, que l'on croyait provoqués par les caresses du soldat, disent l'intensité du plaisir, tout en gardant quelque chose de miraculeux, que les sciences naturelles ne sauraient expliquer. Du soleil aux sables dorés et jusqu'aux yeux de la panthère, la lumière condense peut-être la sensualité mystique, charnelle et surnaturelle, de ce finale.

Du point de vue symbolique et replacée dans l'histoire littéraire, scientifique et philosophique de la représentation des animaux, la description du corps de Mignonne peut ainsi se lire comme un discret adieu au regard froidement naturaliste porté sur les corps animaux, mais aussi à la symbolique idéaliste d'un premier romantisme qui se refusait à les représenter dans leur matérialité. Dans ces dernières lignes, en effet, la panthère remplace l'aigle : « la sultane délaissée gronda sourdement. – Je crois, Dieu m'emporte, qu'elle est jalouse, s'écria-t-il en voyant ses yeux redevenus rigides ». L'affrontement affectif, auquel se limite l'interprétation du soldat, est également symbolique, et fait jouer une esthétique et une philosophie de l'animal contre une autre : du ciel à la terre, des plumes aux poils, un romantisme de l'air et de l'esprit est concurrencé par un autre, qui s'y oppose et le dépasse. Les mots ne trompent pas : si l'aigle « plane », la panthère « gronde ». Du vol majestueux de l'aigle à la croupe – « rebondie », qui plus est ! – de la panthère, le décalage ne saurait s'exprimer plus brutalement.

L'« aigle, roi des déserts » (Lamartine, 1963, p. 5) du premier romantisme est remplacé par une « reine des sables, dorée comme eux, blanche comme eux », métonymie du désert, d'un « or mat » et « vivant », comme lui, d'une immanence transcendante, comme lui. Personnage principal d'une nouvelle entière, l'animal – âne, panthère, chatte… – n'est plus ce corps simple des naturalistes, cet homme *moins* l'esprit et *moins* la sociabilité qui se trouvait esquissé par l'« Avant-propos ». Le corps de l'âne garde la mémoire des douleurs qu'il endure, celui de la panthère, des plaisirs qu'elle reçoit. Tous deux semblent avoir conscience et mémoire de ce qu'ils ressentent et la fiction donne à lire ces expériences singulières du monde.

Si ces récits restent tributaires de l'ancienne métaphysique que les positivistes tâcheront plus tard de détruire[10], ils apparaissent toutefois comme l'expression singulière d'une philosophie proprement balzacienne de l'animal, qui hérite du réductionnisme matérialiste sans y céder, et ne pense le corps animal, ni comme strictement identique au corps humain, ni comme amoindri par rapport à lui. D'un genre à l'autre, les apologues des Scènes prolongent ainsi les intuitions de *La Comédie humaine*, faisant des animaux des êtres sensibles et sociables, représentant des corps toujours singuliers, et autant d'expériences du monde qu'il y a de vivants pour l'habiter.

Élisabeth PLAS
Université Sorbonne Nouvelle
Paris 3

10 Par exemple : « L'individu animal ou humain n'est qu'un système » ; le moi, le sujet, l'âme ne sont que « des êtres métaphysiques, purs fantômes, engendrés par les mots » (Taine, 1892, p. 338).

ÉTUDES CITÉES

Baldensperger Fernand, 1910, « Les théories de Lavater dans la littérature française », *Études d'histoire littéraire*, deuxième série, Paris Hachette, p. 51-59.

Balzac Honoré de, 1842, « Guide-âne à l'usage des animaux qui veulent parvenir aux honneurs », dans *Scènes de la vie privée et publique des animaux*, sous la direction de P.-J. Stahl, Paris J. Hetzel, t. I, p. 183-208.

Balzac Honoré de, 1842, « Peines de cœur d'une chatte anglaise », dans *Scènes de la vie privée et publique des animaux*, sous la direction de P.-J. Stahl, Paris J. Hetzel, t. I, p. 89-112.

Borderie Régine, 2002, *Balzac, peintre de corps.* La Comédie humaine *ou le sens des détails*, Paris SEDES.

Couleau Christelle, 2013, « Les animaux sont-ils des personnages comme les autres ? », dans *La Comédie animale : le bestiaire balzacien*, sous la direction d'Aude Déruelle (en ligne sur le site du GIRB : http://balzac.cerilac.univ-paris-diderot.fr/bestiaire.html [consulté le 25 avril 2020]).

Derrida Jacques, 2006, *L'Animal que donc je suis*, édition de Marie-Louis Mallet, Paris Galilée.

Déruelle Aude, 2013, « Préambule », dans *La Comédie animale : le bestiaire balzacien*, sous la direction d'Aude Déruelle (en ligne sur le site du GIRB : http://balzac.cerilac.univ-paris-diderot.fr/bestiaire.html [consulté le 25 avril 2020]).

Gaillard Françoise, 1982, « La science : modèle ou vérité ? Réflexions sur l'Avant-propos de *La Comédie humaine* », dans *Balzac : l'invention du roman*, sous la direction de Claude Duchet et Jacques Neefs, Paris Belfond, p. 57-83.

Lamartine Alphonse de, 1963 [1820], *Méditations poétiques*, dans *Œuvres poétiques*, édition de Marius-François Guyard, Paris Gallimard (« Bibliothèque de la Pléiade »).

Le Yaouanc Moïse, 1959, *Nosographie de l'humanité balzacienne*, Paris Librairie Maloine.

Lyon-Caen Boris et Thérenty Marie-Ève, 2013, « Balzac et la littérature zoologique. Sur les *Scènes de la vie privée et publique des animaux* », dans *La Comédie animale : le bestiaire balzacien*, sous la direction d'Aude Déruelle (en ligne sur le site du GIRB : http://balzac.cerilac.univ-paris-diderot.fr/bestiaire.html [consulté le 25 avril 2020]).

Michelet Jules, 1974 [1846], *Le Peuple*, édition de Paul Viallaneix, Paris Flammarion (« GF »).

Montandon Alain, 2000, « Balzac et Lavater », *Revue de littérature comparée*, vol. 74, n° 4, p. 471-491.

Péraud Alexandre, 2005, « L'esthétique réaliste balzacienne. Entre sciences et poétique des signes », dans *La Physiognomonie. Problèmes philosophiques d'une pseudo-science*, sous la direction de Christophe Bouton, Valéry Laurand et Layla Raïd, Paris Kimé, p. 171-190.

Petitier Paule, 2006, *Jules Michelet. L'homme histoire*, Paris Grasset.

Petitier Paule, 2010, « Instinct et intelligence : les termes d'une nouvelle querelle de l'âme des bêtes au XIXe siècle ? », dans *De l'animal-machine à l'âme des machines. Querelles biomécaniques de l'âme (XVIIe-XIXe siècle)*, sous la direction de Jean-Luc Guichet, Éditions de la Sorbonne, p. 153-166.

Richardot Anne, 2013, « Balzac et le naturalisme des Lumières », dans *La Comédie animale : le bestiaire balzacien*, sous la direction d'Aude Déruelle (en ligne sur le site du GIRB : http://balzac.cerilac.univ-paris-diderot.fr/bestiaire.html [consulté le 25 avril 2020]).

Rivers Christopher, 1994, *Face value : physiognomical thought and legible body in Marivaux, Lavater, Balzac, Gautier and Zola*, Madison University of Wisconsin Press.

Schaeffer Jean-Marie, 2007, *La Fin de l'exception humaine*, Paris Gallimard.

Somerset Richard, 2002, « The Naturalist in Balzac : the Relative Influence of Cuvier and Geoffroy Saint-Hilaire », *French Forum*, Vol. 27, n° 1, p. 81-111.

Stahl P.-J. [Hetzel Pierre-Jules], 1842, « Prologue », dans *Scènes de la vie privée et publique des animaux*, sous la direction de P.-J. Stahl, Paris J. Hetzel, t. I, p. 1-32.

Taine Hippolyte, 1892 [1870], *De l'intelligence*, Paris Hachette, 6e édition, t. I. Tytler Graeme, 1982, *Physiognomy in the European Novel. Faces and Fortunes*, New Jersey Princeton University Press.

« HORLOGES VIVANTES »

Le corps et le temps dans *Sarrasine*

> *Quid est enim tempus ? quis hoc breviterque explicaverit ? quis hoc ad verbum de illo proferendum vel cogitatione comprehenderit ? [...] quid est ergo tempus ? si nemo ex me quaerat, scio ; si quaerenti explicare velim, nescio*[1].

« Qu'est-ce donc que le temps ? Qui en saurait donner facilement une brève explication ? Qui pourrait le saisir, ne serait-ce qu'en pensée, pour en dire un mot[2] ? » (Augustin, 1998, p. 1040) Dans une formule célèbre, saint Augustin pose une redoutable question philosophique, qui est aussi une question de poétique adressée à la mimèsis : comment figurer le temps ? Si l'acte de mise en récit et, plus largement, la fiction, façonnent des instants et des durées, des continuités et des ruptures, le défi lancé au roman postrévolutionnaire est particulièrement redoutable, car la Révolution en a profondément bouleversé la perception. En cela, Balzac est exemplaire, qui, dans *La Comédie humaine*, affronte le temps sous divers aspects[3], celui de la narration, avec des personnages luttant contre la montre (Vautrin cherchant à sauver Lucien de Rubempré à la fin de *Splendeurs et misères des courtisanes*), celui de la vie de l'homme (*L'Élixir de longue vie, La Peau de chagrin*), celui de l'Histoire (*Les Chouans*) : autant qu'un état civil, *La Comédie humaine* élabore une chronologie, multiple, en ce qu'elle croise diverses temporalités (la vie des personnages, les événements de l'Histoire, le cycle des jours ou des saisons), et organique, en ce qu'elle se soustrait souvent à une stricte linéarité.

L'hypothèse que je voudrais explorer est que Balzac a fait du corps un des moyens privilégiés de la figurabilité du temps. *Sarrasine* en offre

1 Saint Augustin, *Les Confessions*, XI, 14.

2 Pour une discussion de la vision augustinienne du temps, voir le chapitre que Ricœur lui consacre (1991, p. 21-65).

3 Voir Poulet (1990, p. 122-193) ; Mozet (2005) en a exploré quelques aspects.

une excellente illustration, nouvelle qui ne se réduit pas à la castration. Ainsi, les corps dépeints dans la nouvelle n'ouvrent pas seulement une interrogation sur le vertige des désirs et des identités sexuelles, aspect qui a retenu la critique, masquant d'autres enjeux, mais engagent d'autres opérations de signification.

FIGURER LA COMPLEXITÉ DU NOUVEAU RÉGIME D'HISTORICITÉ

En premier lieu, il convient de préciser quel aspect du temps Balzac déploie dans *Sarrasine*. La nouvelle, dans sa première version (*Revue de Paris*, novembre 1830), peut renvoyer à *son* temps et exprimer le désarroi, le sentiment d'un manque structurel éprouvés par Balzac et ses contemporains dans les mois qui ont suivi la révolution de Juillet[4]. Or, rangée dès 1831 dans un recueil de *Contes et romans philosophiques* puis classée dans les *Études de mœurs*, « Scènes de la vie parisienne » de *La Comédie humaine* en 1844, elle dépasse par son propos le cadre strictement contextuel de 1830. Construite de manière bipartite – début *in medias res* avec la soirée chez les Lanty et récit rétrospectif situé le lendemain – elle juxtapose deux moments, deux siècles même : le XIXe, dans lequel débute le récit premier, et le XVIIIe, exposé dans le récit enchâssé. Cette bipartition était plus nettement soulignée dans les premières versions par une division en deux parties dotées d'un titre : « Les deux portraits » et « Une passion d'artiste[5] ». Ce qui se joue, c'est la juxtaposition de deux périodes, de deux siècles. Plus précisément, le parcours narratif opère une remontée vers la source de la fortune, vers l'origine mystérieuse et scandaleuse qui fonde l'opulence de l'hôtel de la famille des Lanty. Ainsi, la nouvelle illustre un mouvement de « revenance », au sens que lui a donné Jean-François Hamel, à savoir la résurgence du passé dans le présent. À cet égard, il faut rappeler que la castration a caché la vraie question, à savoir que Zambinella est un spectre, un

4 Telle est l'hypothèse de lecture développée par Laforgue (1998, p. 128-146).

5 Voir l'édition d'Isabelle Tournier (*NC*, I, p. 650 et 663) qui a retenu le texte de la première publication.

fantôme, un revenant. On peut donc lire *Sarrasine* comme un récit qui « raconte la remontée des âmes mortes et l'errance des revenants » (Hamel, 2006, p. 10). Plus profondément, elle déploie l'expérience du retour du passé dans une période qui cultive une foi dans un progrès linéaire, comme le dit le narrateur à l'épilogue, qui constituait dans la première version et jusqu'en 1835 (édition de Mme Béchet) la fin du récit : « En achevant cette histoire, assez connue en Italie, je puis vous donner une haute idée des progrès faits par la civilisation actuelle. On n'y fait plus de ces malheureuses créatures. » (*CH*, VI, p. 1075) La présence du spectre introduit un trouble dans l'irréversibilité du temps, et ce, sur deux plans. En premier lieu, elle incarne la menace de la répétition, précisément évoquée par la cavatine chantée par Marianina qui redouble l'aria que le castrat interprétait dans la société romaine du XVIIIe siècle. En deuxième instance, le fantôme est celui par qui vient l'héritage ; il représente la continuité, le legs du XVIIIe siècle au XIXe siècle, qui est très précisément le lieu de l'énigme.

Or, cette transmission bute sur le « ne… plus… » du progrès, qui se veut rupture avec le passé. Dès lors, une tension est créée entre progrès et répétition, rupture et continuité. Cette tension engage une réflexion sur l'historicité, à un moment marqué par le passage à un nouveau régime[6]. Dans *Sarrasine*, la poétique du spectral renvoie à « un régime d'historicité marqué par une fascination non sans ambivalence pour les survivances des générations antérieures » (Hamel, 2006, p. 10). Dans ces deux parties, la nouvelle met face à face, comme en miroir, le bal dans le Paris du XIXe siècle, et l'opéra à Rome au XVIIIe, univers distincts et reliés par un seul lien : un être châtré et spectral, deux déclinaisons de la stérilité. Paradoxalement, c'est cet être doublement stérile qui est la source féconde de la richesse et du luxe du bal. Dès lors, le temps qui est en jeu est celui de cette tension irrésolue entre l'irréversible et le retour, entre la transmission et le rejet de l'héritage.

Comme on l'a vu, la construction de l'intrigue offre une sorte de mise en abyme de ce retour spectral du passé : le récit remonte le temps pour chercher l'énigmatique de l'origine, dans un contrepoint entre une énonciation qui, suivant le cours du temps, passe du jour au « lendemain », qui est le moment du récit enchâssé, et un énoncé qui part de la vieillesse de Zambinella pour remonter à sa jeunesse, de la décrépitude à

6 Sur cette notion, voir notamment Hartog, 2003.

l'éclat. Par cette disposition narrative en tension contrapuntique, Balzac interroge non simplement les apories du régime moderne d'historicité, mais, dans un geste réflexif, les modalités mêmes par lesquelles l'œuvre d'art le met en œuvre. Si *Sarrasine* est l'histoire de « portraits » et d'« une passion d'artiste », c'est bien qu'elle sonde la représentation même du temps. Balzac le fait dans l'agencement même de l'intrigue, avec le retour au passé que porte le récit enchâssé. Le traitement du temps relève de l'art de composer les intrigues, tel qu'Aristote le définit dans la *Poétique*[7]. Or la mise en intrigue, entendue dans ce sens strict d'agencement, n'est pas le seul moyen de figurer le temps : à la syntaxe du récit s'ajoute une dimension paradigmatique. C'est à ce point qu'intervient la description des corps, dans leur dimension littérale, métaphorique ou métonymique. La narrativité, jeu de lignes, trouve une expansion dans l'épaisseur des corps. C'est donc cette capacité du corps à figurer le temps, à l'amener « ad verbum », pour le dire avec Augustin, à exprimer les tensions entre les régimes d'historicité et à interroger l'acte même de sa figuration, qu'il s'agit maintenant de mettre au jour.

LE CORPS, OXYMORE TEMPOREL

« Minuit venait de sonner à l'horloge de l'Élysée-Bourbon » (*CH*, VI, p. 1043) : dès la deuxième phrase de la nouvelle, le narrateur inscrit son récit dans une temporalité. Étrangement peu sensible à la dimension temporelle, Roland Barthes relève dans cette phrase la logique métonymique à l'œuvre, qui évoque la richesse du faubourg Saint-Honoré[8]. Or, plus que cette dimension sociale à laquelle le Barthes de 1970 prêtait une attention exacerbée, c'est la nature même du temps dans lequel va se développer le récit qui est désignée. En premier lieu, l'intrigue prend place dans la temporalité cyclique des vingt-quatre heures, puisque le récit du narrateur se fera le lendemain à neuf heures, laissant penser qu'il se termine vers la fin de la soirée, correspondant à l'heure du bal de la veille. « Ce dispositif », écrit France Vernier, « permet une maîtrise

7 Voir Ricœur, 1991, p. 69.
8 Voir Barthes, 1976, p. 28.

du temps remarquable puisque, dans l'étroit espace d'une nouvelle, il en déborde la contrainte en conservant l'avantage d'une perspective à long terme sur les personnages sans perdre la concision "dramatique" d'une fiction courte » (1996, p. 6). La construction narrative contribue à faire jouer les durées, celle du jour dans le récit premier et celle des années dans le récit enchâssé, à superposer une organisation syntagmatique du temps – la continuité linéaire des vingt-quatre heures – et une organisation paradigmatique – avec le retour de personnages ou de lieux qui se font écho dans les deux niveaux de l'énonciation narrative. Élargissant le cycle temporel, la neige qui couvre les arbres du parc convoque une deuxième temporalité, celle des saisons. Le jour comme la saison engagent ainsi une temporalité du retour et de la répétition.

La neige qui est clairsemée sur les arbres laisse planer une indécision sur la saison : ce n'est pas clairement le plein hiver, peut-être le début ou la fin ; de même, « minuit » introduit une forme d'ambiguïté sur la date, car cette heure marque la fin d'un jour et le début du suivant, comme l'a noté Michel Serres[9]. Dans *Sarrasine*, le temps ondule et chatoie comme le « rideau de moire » sous lequel se cache le narrateur, et qui fait assonance avec la « s*oir*ée ». Par ce flottement du temps, et le choix de l'heure symbolique de minuit, le récit est placé dans une « atmosphère fantastique » (*CH*, VI, p. 1043) ; l'adjectif fait signe vers un genre en vogue dans les années 1820-1830, dont l'un des traits spécifiques est la déstabilisation des repères temporels. En outre, minuit marque la frontière qui à la fois sépare et unit deux jours. Or, dans l'incipit, le corps du narrateur est assis précisément sur le point de frontière : « l'embrasure de la fenêtre » qui sépare le dehors et le dedans, le froid de l'air extérieur et la moiteur chaude de la salle de bal. Cette place caractérise le statut du narrateur, dont la position instable lui permet d'être l'observateur privilégié du passage du temps : les arbres comparés à des spectres permettent d'opposer une danse des morts à la « danse des vivants » (*CH*, VI, p. 1043). « Moi, sur la frontière de ces deux tableaux si disparates », entre la vie et la mort, données comme distinctes par les antithèses (froid/chaud, deuil/joie[10]), et

9 « Quand vous annoncez votre arrivée par le train ou l'avion, ne manquez pas de spécifier la date et quelque autre précision, car ces deux chiffres coexistent en ce point ambigu, la fin d'un jour légal et le commencement d'un autre » (1989, p. 73).

10 Voir les remarques de Roland Barthes sur l'antithèse entre le dehors et le dedans (1976, p. 30-31).

en même temps, comme mêlées : « macédoine » (*CH*, VI, p. 1044). Ce choc des contraires se manifeste dans le corps du narrateur : « Du pied gauche je marquais la mesure, et je croyais avoir l'autre dans un cercueil. Ma jambe était en effet glacée par un de ces vents coulis qui vous gèlent une moitié du corps tandis que l'autre éprouve la chaleur moite des salons, accident assez fréquent au bal. » (*CH*, VI, p. 1044) Pris dans le rythme de la musique et saisi par le chaud-froid, le narrateur est un baromètre du temps, une « horloge vivante[11] », expression qu'on entendra ici non au sens que lui donnait l'article de *La Caricature* attribué à Balzac, à savoir le passage d'un individu à une heure précise du jour, mais comme un individu travaillé par des manifestations physiques induites par le temps. Ainsi, par la médiation du rythme de la musique, il commande le battement du pied du narrateur, devenu comme le balancier d'une pendule. À cet égard, il est précisément un oxymore temporel puisqu'il réunit en lui le chaud et le froid, la vie et la mort, oxymore qui constitue le leitmotiv dominant dans cette nouvelle, son fil rouge profond. Le froid et la castration connotent certes moins le temps que la mort, par ailleurs souvent évoquée. Et en effet, le vieil homme est un corps spectral, à la fois vivant et mort. Mais il faut préciser que dans la nouvelle, la mort est une métonymie du temps, parce que le passé est conçu à la fois comme révolu, au double sens de caduc et de ce qui effectue une révolution, un retour. C'est en cela que les images de la mort, obsédantes dans ce récit, caractérisent une dimension du temps.

L'incipit caractérise ainsi l'énonciation du récit. Alors que *Le Dernier Chouan ou la Bretagne en 1800*, roman historique publié la première fois en 1829, enracine d'emblée l'action dans un cadre temporel précis renvoyant aux calendriers républicain et grégorien, *Sarrasine* ne se réfère que très peu à la chronologie historique. L'intrigue repose sur la temporalité familiale et patrimoniale qui surgit dès le premier dialogue : « Il n'y a pas fort longtemps que M. de Lanty possède cet hôtel ? » (*CH*, VI, p. 1044) Dans ce « pas fort longtemps ? » se glisse l'énigme de la nouvelle. Les seules années indiquées sont 1758, date du départ de Sarrasine pour l'Italie, et 1791, date où la statue de Zambinella est retrouvée : elles se situent

11 « Les horloges vivantes », article signé « Henri B... », possiblement de Balzac, publié dans *La Caricature morale, religieuse, littéraire et scénique* du 30 décembre 1830, p. 70-71. Voir la « Note sur quelques articles d'attribution incertaine » (*OD*, II, p. 1604) et Chollet (1983, p. 436).

de part et d'autre de la Révolution, grande absente de la nouvelle. Si le narrateur est sur la brèche des temps, dans un entre-deux, en équilibre instable, en tension irrésolue, le présent est menacé par le retour du passé, il est hors de l'Histoire, dans une expérience immédiate du temps, celle ressentie par chaque individu et celle de la succession des générations.

Ainsi, ce corps du narrateur traversé par le temps, partagé entre le froid d'un passé mort et la chaleur du moment présent, paralysé par la mort et mû par le rythme de la musique, offre une clé de lecture fondamentale de la nouvelle, à savoir la relation qui s'établit entre le corps des personnages et le temps. Ces corps partagés en deux incarnent le feuilletage du présent, tel que le définit Régine Robin : « Le présent n'est pas un temps homogène, mais une articulation grinçante de temporalités différentes, hétérogènes, polyrythmiques[12]. » (2003, p. 37) On ne saurait mieux définir l'instabilité du présent dans lequel sont placés les personnages : la foi dans l'avenir joyeux et opulent que promet ce moment de fête est assombri par la hantise d'un retour à la fois désiré et redouté.

CHRONOTYPES

En décrivant le cadre de l'énonciation comme carrefour des temps, le narrateur appelle l'attention du lecteur sur les troubles temporels et aiguise la curiosité sur ce qui en est l'origine ; l'incipit pose une énigme, dont la résolution pourrait reposer sur les personnages qui vont surgir. La moitié du corps gelé du narrateur renvoie métaphoriquement à la castration de Zambinella, fait d'organes glacé, le sexe, et vibrant, la voix, femme à ses heures, homme à d'autres. Aussi, dans *Sarrasine*, le corps, dimension constitutive du personnage, devient-il le lieu de la perception métaphorique du temps ; il en est aussi la métonymie, en ce qu'il porte les stigmates du passé. C'est là un trait récurrent du personnage balzacien[13], théorisé dans le *Traité de la vie élégante* ou évoqué dans certains

12 Par une coïncidence intrigante, le titre de son avant-propos, emprunté à Jean-Christophe Bailly, fait écho à l'atmosphère de l'incipit de *Sarrasine* : « Comme si le passé neigeait sur nous » (p. 9).

13 Voir Borderie (2002, en particulier p. 143-176). Sur le corps comme figuration sociale ou historique chez Balzac et dans la littérature du XIXe siècle, voir Roulin (2005, p. 7-28).

romans comme dans *La Vieille Fille* : « Les époques déteignent sur les hommes qui les traversent. Ces deux personnages [le chevalier de Valois et Du Bousquier] prouvaient la vérité de cet axiome par l'opposition des teintes historiques empreintes dans leurs physionomies, dans leurs discours, dans leurs idées et leurs costumes. » (*CH*, IV, p. 830) Pour saisir la manière dont le personnage figure le temps, nous nous référerons au « chronotype » tel que l'a défini Pierre Popovic en corrélant des notions empruntées à Walter Benjamin et à Mikhaïl Bakhtine : « un chronotype est le résultat d'une opération sémiotique construisant un élément textuel qui imbrique l'un dans l'autre l'histoire et l'esthétique, le devenir historique et la scripturalité. Il figure une tension du devenir historique qui peut relever de l'économie, des pratiques sociales, du jeu politique, des débats idéologiques » (2017, p. 14). Dans *Sarrasine*, le narrateur nous donne à lire la naissance même du personnage comme chronotype, dans une mise en abyme de l'acte créateur :

> Par un des plus rares caprices de la nature, la pensée en demi-deuil qui se roulait dans ma cervelle en était sortie, elle se trouvait devant moi, personnifiée, vivante, elle avait jailli comme Minerve de la tête de Jupiter, grande et forte, elle avait tout à la fois cent ans et vingt-deux ans, elle était vivante et morte. (*CH*, VI, p. 1050)

La tension entre la fête, « arrivée à son plus haut degré de splendeur, et le sombre tableau des jardins » (*CH*, VI, p. 1050) prend corps dans deux personnages, Zambinella âgé, aux côtés de la jeune danseuse que le narrateur a amenée avec lui au bal. L'oxymore, concentré dans le seul narrateur, se trouve objectivé et dédoublé : le duo forme « une chimère » (*CH*, VI, p. 1053). L'extraordinaire portrait du vieillard multiplie les sèmes qui renvoient à la sénescence et à la mort : creusement, sécheresse, couleur jaune, spectre, crâne cadavéreux. Il exhibe les stigmates du temps, qu'il figure par métonymie, doublement : le corps porte les dégradations causées par le temps, comme il provoque des sensations liées à la mort. Comme le narrateur, le vieillard est sur la brèche du temps ; plus encore, il est un homme posé sur deux siècles.

Dans *Sarrasine*, le temps devient en effet une donnée sensible, une sensation transmise d'un corps à l'autre. L'air froid qui gèle la partie droite du narrateur n'est plus simplement celui de l'extérieur, il est celui que fait circuler l'étrange vieil homme : « "Depuis un moment, j'ai froid", dit à sa voisine une dame placée près de la porte. [...] “Voilà qui est singulier ! j'ai chaud, dit cette femme après le départ de l'étranger. [...] je ne saurais m'empêcher de penser que mon voisin, ce monsieur vêtu de noir qui vient de partir, causait ce froid.” » (*CH*, VI, p. 1047) Il a une odeur : « Il sent le cimetière » (*CH*, VI, p. 1053). Perception sensorielle d'un temps qui a une température ou une odeur qu'on retrouve dans d'autres textes de Balzac : dans *La Vieille Fille*, M. de Valois « exhalait comme un parfum de jeunesse qui rafraîchissait son aire » (*CH*, IV, p. 813). C'est là une des modalités de la figuration du temps, rendu tangible par la médiation des sensations des personnages.

Le personnage est caractérisé par une étrangeté fondamentale. Du fait de sa vieillesse, mais aussi parce qu'il réunit le grand âge et une « toux d'enfant » (*CH*, VI, p. 1053) : vieillesse et jeunesse, mort et présence dans l'actuel. Son corps est marqué par la bizarrerie et le fantastique, parce qu'il semble contrevenir aux règles de l'écoulement du temps ; il est un « étranger », non parce qu'on reconnaît un homme venu d'Italie, mais parce qu'il semble décalé de ce qui constitue le moment présent. Le temps est troublé parce qu'il s'écoule en conduisant à la fois à la mort et au retour d'un revenant ; il donne une toux d'enfant à un centenaire et place côte à côte une femme de vingt-deux ans et un vieillard de cent ans. Ce trouble imprègne les relations entre les personnages de la nouvelle. Ainsi la comtesse de Lanty éclipse sa fille, Marianina, car elle est de ces femmes « dont la beauté foudroyante défie les atteintes de l'âge, qui semblent à trente-six ans plus désirables qu'elles ne devaient l'être quinze ans plus tôt » (*CH*, VI, p. 1045). Marianina a elle-même un rapport double au vieillard, le tenant « avec un soin maternel, avec une filiale sollicitude » (*CH*, VI, p. 1055), dans une formule où le chiasme vient souligner la dualité de sa position, à la fois fille et mère, dans un bouleversement des chronologies. Les personnages, portraits et habitus, incarnent un trouble des temps, un brouillage des ordres de succession. À travers eux, Balzac exprime la difficulté à définir l'ancrage de l'individu dans un présent, de la même manière qu'Alfred de Musset évoquera en 1836 dans *La Confession d'un enfant du siècle* l'inconsistance du présent par des images de l'oxymore temporel : il est « ce spectre moitié momie et moitié fœtus [...] ce squelette enfantin », de sorte que « l'on ne sait, à chaque pas qu'on fait, si l'on marche sur une semence ou sur un débris » (2010, p. 66-67). Par là, *Sarrasine* est au diapason des récits qui dans ces années témoignent de la hantise du retour d'un passé destructeur face à un présent inconsistant et qui ne permet pas d'envisager l'avenir. Comme si ces personnages restaient entre deux régimes d'historicité, l'ancien, dans lequel le passé ne serait plus un modèle, comme l'était l'*historia magistra vitae*, mais un poids mortifère ; et le moderne, trop informe encore pour pouvoir en inférer un futur.

Le corps du vieux Zambinella renvoie également à une autre temporalité, à un temps collectif, familial et civilisationnel. « Revenant », il incarne l'origine de la fortune des Lanty, à laquelle fait signe la comparaison à « l'odeur musquée des vieilles robes que les *héritiers* d'une duchesse exhument des tiroirs pendant un inventaire » (*CH*, VI, p. 1052[14]). C'est donc une dimension complexe du temps qu'il met en jeu puisqu'à l'obsolescence il ajoute le sème de la continuité par la transmission d'un héritage : passage du temps et rémanence d'un passé qu'on ne peut effacer. Chronotype, Zambinella marque la transmission non interrompue des fortunes et des modes de vivre, la permanence paradoxale d'une de « ces malheureuses créatures » (*CH*, VI, p. 1075). Bref, il est l'incarnation de la civilisation du XVIIIe siècle dans une fête de la Restauration. En effet, le récit enchâssé multiplie les références à la culture des Lumières, en citant des noms emblématiques, d'artistes comme le sculpteur Bouchardon, d'écrivains et de philosophes, comme Diderot, Rousseau ou d'Holbach, de personnalités de la vie politique et littéraire comme Mme de Pompadour ou Mme Geoffrin. Époque avec laquelle, apprend-on dans le récit enchâssé, Sarrasine entretient une relation ambiguë. En effet, entièrement absorbé par son art, Sarrasine « répudia les plaisirs de cette époque licencieuse » (*CH*, VI, p. 1059) ; à Rome, il en devient pourtant la victime, entraîné par sa nature fougueuse et sa passion. Certes, le bal chez les Lanty oppose à la licence libertine ce que Balzac appelle dans une curieuse formule « les décentes bacchanales de la vie » (*CH*, VI, p. 1044). Mais la culture du XVIIIe siècle reste présente, sous sa figure dégradée dans le corps étique du vieillard.

Civilisation à deux visages donc : à la spectralité cadavérique s'oppose la grâce du portrait, accroché dans un boudoir. Cet espace dans lequel se réfugient le narrateur et la marquise pour fuir le vieillard est celui même où ils le retrouvent sous la forme du portrait d'Adonis, puis dans lequel ils le voient entrer au bras de Marianina. Lieu phare de la culture

14 Je souligne.

du XVIIIe siècle, le boudoir apparaît dans le récit enchâssé, au moment où Sarrasine tente d'entraîner Zambinella à l'écart de la foule du salon. Présence du XVIIIe siècle dans le décent bal des Lanty, il est aussi le lieu où l'on assiste à la scène qui donne à voir la transmission de l'héritage : le vieillard y offre en effet une bague à sa petite-nièce, synecdoque d'une fortune gagnée dans les turpitudes du libertinage romain qui fait la richesse d'une famille en vue sous la Restauration. Un autre élément souligne le passage de témoin, et peut créer un trouble dans le temps. La cavatine chantée par Marianina apparaît comme une forme de prolepse narrative qui annonce la carrière de chanteuse de Zambinella, dans une chronologie où l'ordre du récit inverse l'ordre de l'intrigue : la cavatine qui est chantée une cinquantaine d'années après l'interprétation de l'air de Jomelli par Zambinella apparaît en premier dans le récit. Plus profondément, cette répétition marque également la transmission d'un art de chanter, d'autant plus que Rossini, conformément aux codes de l'opéra encore en vigueur en 1813, a confié le rôle du héros Tancrède à une voix de femme (mezzo-soprano), écho aux passages entre les genres que permettait la voix des castrats[15].

En inscrivant au cœur du bal cette figure fantomatique, Balzac fait planer une ombre spectrale, comme présence menaçante du passé, mais aussi rappel philosophique de la vanité de toutes choses : les fêtards d'aujourd'hui seront les vieillards de demain. Bien plus, il donne un corps à l'origine de la fortune des Lanty, comme il montre la fin d'une vie qui est aussi la fin d'une civilisation, celle des Lumières, celle d'une société romaine du XVIIIe siècle, religieuse et libertine à l'image du cardinal Cicognara, cardinal qui protège un castrat. Or, ce qui survit dans le nouveau siècle, ce n'est pas l'homme passionné, aux désirs potentiellement ambisexuels[16], le créateur, mais l'objet du désir, la création dénaturée de cette civilisation, qui n'est dans le monde nouveau qu'une « créature sans nom dans le langage humain, forme sans substance, être sans vie, ou vie sans action » (*CH*, VI, p. 1051). Il lègue une fortune, mais ne donne aucun élan vital, comme si le XVIIIe siècle était stérile.

---

15 Voir ici le commentaire suggestif d'Éric Bordas (2002-2003, p. 41-52) qui place cet épisode sous l'éclairage d'une citation d'Henri Meschonnic (1997, p. 28) : « une voix, c'est un corps hors du corps ».

16 Je reprends le terme de Pierre Citron qui, dans son introduction (*CH*, VI, p. 1040-1041), suggère une interprétation biographique, fondée sur la bisexualité de Balzac.

Par cette figure qui introduit la dimension fantastique dans cette nouvelle, Balzac explore un mode nouveau du rapport au passé, qu'une remarque de Hannah Arendt à propos de Walter Benjamin vient éclairer :

> Walter Benjamin savait que la rupture de la tradition et la perte d'autorité survenues à son époque étaient irréparables, et il concluait qu'il lui fallait découvrir un style nouveau de rapport au passé. En cela, il devint maître le jour où il découvrit qu'à la transmissibilité du passé, s'était substituée sa « citabilité » [« Zitierbarkeit »], à son autorité cette force inquiétante de s'installer par bribes dans le présent et de l'arracher à cette « fausse paix » qu'il devait à une complaisance béate. (2014, p. 82-83)

Si le contexte de la mutation historique qu'a traversée Walter Benjamin est différent de celui dans lequel vivait Balzac, il n'en reste pas moins que la Révolution a provoqué une rupture capitale dans les modalités de transmission entre les générations. Corps fragile et fugace, Zambinella est pourtant cette force inquiétante du passé qui détonne dans le bal ; opérant comme une citation déformée, il est la trace indélébile au cœur de la Restauration des sévices infligés aux corps par la société d'Ancien Régime. La construction de ce personnage, dont le portrait s'élabore dans le diptyque du récit-cadre et du récit enchâssé, relève d'une poétique. La nouvelle illustre parfaitement une propriété du « chronotype » mise en évidence par Pierre Popovic : « par son action en texte, [il] signale et rend sensibles des traits de la poétique du texte. » (2017, p. 14) Il convient dès lors de nous interroger sur l'esthétique et la poétique de cette nouvelle, dont un des éléments-clés est justement de raconter l'histoire d'artistes, sculpteurs ou chanteurs, de dire la peinture et la musique, comme autant de moyens d'interroger la conception du temps impliquée par les divers modes de la mimèsis.

LE BEAU ET LE TEMPS

Dans cette nouvelle, le corps se projette dans divers modes de mimèsis qui régissent autant de temporalités. Le chant, tout d'abord, qui se caractérise par sa linéarité et son lien au moment de la représentation, élément capital en ce qu'il crée l'illusion du corps féminin du castrat :

Zambinella est femme sur la scène, il est homme dans les salons romains ; homme châtré et, ce qui n'est pas une conséquence obligée, désirant des hommes, il exhibe au théâtre ses attraits pour susciter le désir ; dans les salons, il porte les cheveux retenus dans une « bourse » (*CH*, VI, p. 1072), signe à la fois de masculinité et du désir censuré ; le mot même de bourse renvoie à ce qu'on lui a ôté, rappelant la mutilation du corps, et à ce qu'il va transmettre (l'argent). La sculpture saisit le corps dans son mouvement et le fige, comme la peinture. Or un des aspects de l'art que met en lumière la nouvelle, c'est la transmission de pratiques et de formes, dans une dynamique analogue à celle de l'héritage de la fortune. Tentant de saisir le corps de la *femme* aimée, Sarrasine crée un modèle en terre, copié dans une statue de marbre pour le cardinal Cicognara, qui inspire Vien pour son tableau, tableau lui-même source de l'*Endymion* de Girodet[17], qu'admirait Balzac. L'œuvre plastique assure ainsi la reproduction d'un modèle du passé et l'installe dans le présent. C'est lui qui contribue à renouveler la tension oxymorique des temps, en plaçant côte à côte un centenaire et le portrait d'un homme de vingt ans. Le portrait, la saisie du corps vivant par le sculpteur et le peintre, est une autre manière de *citer* le passé dans le présent, de manifester son effectivité sur l'actualité – comme le montre Girodet, qui puise son inspiration dans un modèle appartenant à un passé récent.

Or, face à cette série, Balzac va opposer une autre esthétique, une autre manière d'appréhender le corps dans le temps. Une des questions que pose en effet la nouvelle est celle de la pertinence de la doctrine du beau idéal, question qui garde toute son actualité dans les années 1830, comme en témoigne, par exemple, *Mademoiselle de Maupin* (1835) de Théophile Gautier. L'ardeur au travail de Sarrasine, sculpteur, est comparée à celle de Canova, maître du néoclassicisme. En quête de formes parfaites, il est confronté à un paradoxe :

> Il admirait la beauté idéale de laquelle il avait jusqu'alors cherché çà et là les perfections dans la nature, en demandant à un modèle, souvent ignoble, les rondeurs d'une jambe accomplie ; à tel autre, les contours du sein ; à celui-là, ses blanches épaules ; prenant enfin le cou d'une jeune fille, et les mains de cette femme, et les genoux polis de cet enfant, sans rencontrer jamais sous le ciel froid de Paris les riches et suaves créations de la Grèce antique. (*CH*, VI, p. 1060)

17 Voir *CH*, VI, p. 1075.

La perfection se compose à partir d'un corps morcelé, d'une nature fragmentée, démembrée, comme l'est la voix de Zambinella. Or, la beauté de son chant, comme celle de son corps, se révèlent être le résultat d'une mutilation. Tout se passe comme si Balzac déconstruisait dans ce récit la quête du beau idéal formulé par l'esthétique classique, puis néoclassique avec Canova et, dans une moindre mesure, par Girodet. Cette manière de construire une figure en sculpture ou en peinture, Balzac l'appliquera à la littérature en 1839 dans la préface du *Cabinet des antiques*, en reprenant les mêmes termes :

> Ainsi le commencement d'un fait et la fin d'un autre ont composé ce tout. Cette manière de procéder doit être celle d'un historien des mœurs : sa tâche consiste à fondre les faits analogues dans un seul tableau, n'est-il pas tenu de donner plutôt l'esprit que la lettre des événements, il les synthétise. Souvent il est nécessaire de prendre plusieurs caractères semblables pour arriver à en composer un seul. [...] La littérature se sert du procédé qu'emploie la peinture, qui, pour faire une belle figure, prend les mains de tel modèle, le pied de tel autre, la poitrine à celui-ci, les épaules de celui-là. L'affaire du peintre est de donner la vie à ces membres choisis et de la rendre probable. S'il vous copiait une femme vraie, vous détourneriez la tête. (*CH*, IV, p. 962)

Sarrasine est un porte-parole de l'écrivain qui cherche à synthétiser les faits en une intrigue, à façonner un personnage à partir de fragments de corps. Mais il y a une différence entre la quête de Sarrasine, qui est celle du beau idéal, d'une forme de chimère et qui se révèle décevante, et celle du romancier : celui-ci cherche la « vie » ; il vise non une idéalité, mais à « atténuer la crudité de la nature » (*CH*, VI, p. 962). Si la démarche du sculpteur du XVIIIe siècle et celle du romancier de 1830 comportent des similitudes, l'effet recherché est donc divergent.

Le façonnage d'une statue ou d'un personnage littéraire à partir de fragments engage un rapport au temps : car la recherche du beau idéal repose sur l'idée de la permanence à travers les âges de canons immuables. Aussi, en plaçant l'homme vieilli à côté du portrait idéalisé de l'« Adonis », Balzac rappelle-t-il la mutabilité des visages et des corps. Lorsque la marquise demande devant le tableau : « Un être si parfait existe-t-il ? » (*CH*, VI, p. 1054), elle pose une question à double détente, sur le geste artistique qui idéalise et sur le personnage lui-même, puisque Zambinella a existé, mais l'image qu'en donne la nouvelle ne s'en tient pas au portrait accroché dans le boudoir ; le récit en travaille la complexité, la transformation dans le temps. Et, lorsque Mme de Rochefide s'exclame à la fin du récit du narrateur « quel rapport existe-t-il entre cette histoire et le petit vieillard que nous avons vu chez les Lanty ? » (*CH*, VI, p. 1075), c'est une manière de souligner le pouvoir du temps à modifier les hommes et les choses, et celui du récit à en exhiber les métamorphoses.

Aussi une autre esthétique surgit-elle, celle de la « *danse des morts* », évoquée au début de la nouvelle ; « danse macabre » dont Hans Holbein a donné un exemple éclatant. Le genre mêle le réalisme et le fantastique ou le grotesque avec des squelettes gesticulants. Esthétique qui est celle même qui préside au portrait du vieillard spectral, et se distingue de la recherche du beau idéal qui commande le geste artistique de Sarrasine. L'apparition du vieillard dans le salon des Lanty s'inscrit dans cette esthétique du contraste, de la vieillesse et de la jeunesse, du hideux et de la grâce élégante et jeune, « aux formes délicates » (*CH*, VI, p. 1050). Comme les squelettes s'emparent de la vie dans la danse des morts, le geste de Zambinella qui touche les vêtements active le motif du *tempus edax*, du temps dévorateur : « [...] unis et si serrés, que l'étranger froissait, et la robe de gaze, et les guirlandes de fleurs, et les cheveux légèrement crêpés, et la ceinture flottante » (*CH*, VI, p. 1050). Comme si la mort cherchait à se saisir de ce qui fait la vie dans sa sensualité : « Si je le regarde encore », ajoute la jeune femme, « je croirai que la mort elle-même est venue me chercher » (*CH*, VI, p. 1053). Cette scène renvoie à deux thèmes déclinés dans l'Europe romantique, celui de « la jeune fille et la mort », comme dans le célèbre *Lied* composé par Schubert en 1813 sur un poème de Mathias Claudius, et celui du temps dévorateur, comme dans le tableau « Saturne dévorant un de ses fils » (*Saturno devorando a un hijo*, 1819-1823) de Goya[18]. Et des invités du bal s'interrogent : « Ce vieux, qui se cache et n'apparaît qu'aux équinoxes ou aux solstices, m'a tout l'air d'un assassin... » (*CH*, VI, p. 1049). Comment une figure aussi faible, creusée par l'âge pourrait-elle incarner un assassin, si ce n'est justement comme une allégorie du temps dévorateur ? La figure inquiétante du vieillard surgit au cœur du bal comme une forme de *memento mori*, et crée une dissonance avec la beauté des jeunes femmes.

18 Difficile de savoir si Balzac connaissait ce tableau. On rappellera simplement que parmi les œuvres que le cousin Pons distingue dans sa collection, il y a *Le Singe* de Goya, légué au Président Camusot (voir *CH*, VII, p. 708).

Il introduit une note grotesque au sein d'une résidence qui abrite de si jolis boudoirs bleus, des portraits idéalisés d'Adonis ou de ravissants jeunes hommes comme Filippo, « image vivante de l'Antinoüs » (*CH*, VI, p. 1046) – l'article défini a ici toute son importance puisqu'il renvoie à la statue, et non à la figure historique. Balzac oppose à ces emblèmes du classicisme et du néoclassicisme, celui de Canova ou de Girodet, les corps difformes et vieillis dans une esthétique qui revendique le mouvement de la vie, c'est-à-dire qui rend le moment dans sa diversité, comme juxtaposition des diverses temporalités qui composent l'instant.

La construction de la nouvelle elle-même répond à un nouveau rapport au temps, à une nouvelle appréhension des corps dans le temps. La dimension fantastique revendiquée est justement ce qui permet d'installer une conception organique du temps, relevant d'une esthétique qui ne repose plus sur l'affirmation de l'intemporalité et de l'universalité du beau. La tonalité du récit et le dispositif narratif permettent ainsi de donner corps à un temps complexe, qui entremêle deux mondes, celui du XVIIIe siècle et de Rome, et celui de la France contemporaine, qui met en jeu d'inattendues continuités et marque la coprésence de périodes différentes dans un même espace.

Personnage composite, Zambinella est l'emblème de ce choix artistique, car il est doublement dédoublé : femme sur la scène et homme à la ville ; beauté idéale dans sa dualité sexuelle au XVIIIe siècle et figure décharnée de la sénescence sous la Restauration. En juxtaposant violemment ces deux incarnations, en le dessinant en Janus de la vie et de la mort, Balzac fait du temps une dimension fondamentale du personnage. La castration et l'ambiguïté sexuelle disent autant la complexité des désirs et des identités sexuées, que celle des ruptures et des coupures qui constituent un individu dans le temps. Dans ce même geste, il affirme une conception du récit : la profondeur temporelle est une dimension constitutive de toute société ou de tout personnage. Cette profondeur est bidimensionnelle, à la fois évolutive, dans ce qui mène d'un avant à un après, et paradigmatique, puisque chaque moment est constitué d'un entremêlement des temps.

Ainsi, l'enjeu capital de *Sarrasine* porte moins sur la passion ou les ambiguïtés du désir que sur la question fondamentale du temps, de la continuité et des ruptures, sur la coupure entre les siècles et la monstruosité qu'est le présent, porteur d'un avenir de progrès et hanté par la fascination du passé. L'identité du personnage est définie par son rapport au temps : le sème qui distingue Zambinella est évolutif ; il passe de la castration à la vieillesse. C'est sur cette modification du paradigme à travers les époques que repose l'énigme de la nouvelle. À cet égard, *Sarrasine* participe de l'élaboration par la fiction du nouveau régime d'historicité, en insérant le paramètre du retour du passé au moment même où s'impose une vision de la temporalité dominée par le progrès et l'idée d'irréversibilité, comme le souligne la conclusion dans la version de 1830. Dans un geste réflexif, Balzac nourrit le questionnement sur les modalités par lesquels la littérature, voire la peinture et la sculpture, engage un rapport au temps, et dessine les contours des modes par lesquels les individus s'inscrivent dans une historicité. Enfin, la narrativité, comme agencement de l'intrigue, n'est pas le seul moyen d'organiser ou de figurer le temps. Le corps, comme les objets[19], constitue une ressource poétique tout aussi puissante. C'est là une des dimensions les plus étonnantes du corps romanesque chez Balzac.

Jean-Marie ROULIN
Université Jean Monnet
UMR CNRS IHRIM
– Saint-Étienne

19 Voir par exemple Orlando (2010).

ÉTUDES CITÉES

Arendt Hannah, [1968] 2014, *Walter Benjamin, 1892-1940*, trad. A. Oppenheimer-Faure, Paris Allia.

Augustin (saint), [397-401] 1998, *Les Confessions*, trad. P. Cambronne, dans *Œuvres*, t. I, Paris Gallimard (« Bibliothèque de la Pléiade »).

Barthes Roland, [1970] 1976, *S/Z*, Paris Seuil (« Points »).

Bordas Éric, Fall-Winter 2002-2003, « *Sarrasine* de Balzac, une poétique du contresens », *Nineteenth-Century French Studies*, XXXI, 1-2, p. 41-52.

Borderie Régine, 2002, *Balzac, peintre de corps.* La Comédie humaine *ou le sens du détail*, Paris Sedes.

Chollet Roland, 1983, *Balzac journaliste. Le tournant de 1830*, Paris Klincksieck.

Hamel Jean-François, 2006, *Revenances de l'histoire. Répétition, narrativité, modernité*, Paris Minuit.

Hartog François, 2003, *Régimes d'historicité : présentisme et expériences du temps*, Paris Seuil.

Laforgue Pierre, 1998, « *Sarrasine* ou la castrature en 1830 », dans *L'Eros romantique*, Paris PUF, p. 128-146.

Meschonnic Henri, 1997, « Le Théâtre dans la voix », *La Licorne*, n° 41, p. 25-42.

Mozet Nicole, 2005, *Balzac et le temps : littérature, histoire et psychanalyse*, Saint-Cyr-sur-Loire C. Pirot.

Musset Alfred de, [1836] 2010, *La Confession d'un enfant du siècle*, éd. Sylvain Ledda, Paris Flammarion (« GF »).

Orlando Francesco, [1993] 2010, *Les objets désuets dans l'imagination littéraire : ruines, reliques, raretés, rebuts, lieux inhabités et trésors cachés*, trad. Paul-André et Aurélie Claudel, Paris Classiques Garnier.

Popovic Pierre, 2017, « Du chronotope et du chronotype », dans Sophie Ménard et Jean-Marie Privat (dir.), *À l'œuvre, l'œuvrier*, Nancy Éditions universitaires de Lorraine.

Poulet Georges [1952] 1990, « Balzac », dans *Études sur le temps humain II. La distance intérieure*, Paris Presses Pocket, p. 122-193.

Ricœur Paul, [1983-1985] 1991, *Temps et récit*, t. 1, Paris Seuil (« Points »).

Robin Régine, 2003, *La mémoire saturée*, Paris Stock.

Roulin Jean-Marie (dir.), 2005, *Corps, littérature, société (1789-1900)*, Saint-Étienne Publications de l'Université de Saint-Étienne (« Le XIXe siècle en représentation(s) »).

Serres Michel, 1989, *L'Hermaphrodite*, dans Balzac, *Sarrasine*, Paris Flammarion (« GF »).

Vernier France, 1996, « Le corps créateur ou l'artiste contre l'imposture », *Romantisme*, n° 91, p. 5-17.

BALZAC'S *BELLES-NOISEUSES*

Troublemaking Bodies in *Le Chef-d'œuvre inconnu*

Honoré de Balzac supposedly included more painters than writers in his works.[1] But perhaps no painter in Balzac's texts rivals the mythic notoriety of Frenhofer, the genius (or madman?) of painting in *Le Chef-d'œuvre inconnu* (1831-1847). In this story, set in Paris in 1612, a young Nicolas Poussin hopes to learn the secrets of art from Frenhofer, who has been working for ten years on a masterpiece that no one has yet seen. The painting depicts the artist's imaginary muse, Catherine Lescault. Although he has searched everywhere for inspiration, Frenhofer believes he has been unable to complete the work for lack of the perfect model. This prompts Poussin to offer his lover and muse, Gillette, to Frenhofer so that he might glimpse the hidden masterpiece. When Frenhofer finally shows his painting to Poussin and his other disciple, Porbus, they do not see the beautiful Catherine Lescault, but a wall of paint, confused lines, and a fog of colors from which emerges the most beautiful, living foot. Believing his work to be a failure, Frenhofer banishes the men from his studio and sets his paintings on fire that night, dying in the flames.

Although the title of Frenhofer's unknown masterpiece, *La Belle-Noiseuse (The Beautiful Troublemaker)* occasionally appears in scholarship on *Le Chef-d'œuvre inconnu*, rarely does it serve as a point of entry into a deeper consideration of women or art in the text. Yet this title illustrates a larger dynamic in the story, one that speaks to the importance of creativity, conflict, and corporeality. I thereby propose a reading of Balzac's short story where I explore the larger importance of *La Belle-Noiseuse* as a reflection of the role of the female body. I argue that there is not only one but two *Belles-Noiseuses* and that whether they are real or imagined, veiled or unveiled, their bodies "make trouble". They

1 See Barnes, 2017.

undermine Frenhofer's creative process, frustrate a narrative that seems to exclude female agency, and complicate our reading of the story. Finally, from my study of troublemaking bodies in this text will emerge a theory of creativity based on conflict and disruption.

There is a risk that I am reading Balzac's text against the grain by paying such close attention to *La Belle-Noiseuse*, a name that the author inserted in the narrative to refer to both Catherine Lescault and to Frenhofer's painting but then eliminated from what is considered to be the final version of the text. Frenhofer's work is referred to as *Catherine Lescault* at several points in the story, but Balzac also included an enigmatic subtitle or alternative title to the painting in an extensive rewriting published in 1837.[2] This fictional (sub)title appeared only twice, but Balzac subsequently removed these two instances in the final version published in 1847, making *La Belle-Noiseuse* the "unknown title" of the "unknown masterpiece". Adrien Goetz surmises that Balzac removed this title so as to retain the virginal aspect of Catherine Lescault.[3] However, all original manuscripts of the text have disappeared, and despite extensive research by critics such as Pierre Laubriet, we cannot say for certain why the title was added or removed.

Regardless of Balzac's motivation and despite its disappearance from the final published text, the title remains in the larger artistic imaginary and critical conversation surrounding the story; Jacques Rivette even used it as the title of his loose film adaptation in 1991. To be sure, even if the title appears too small a detail to warrant lengthy critical reflection, we must not forget that the "pied délicieux" (*CH*, X, p. 436) in Frenhofer's painting is also a small but significant detail. Indeed, my study continues in the vein of Naomi Schor's approach in *Breaking the Chain*, which inverts not only the paradigm of sexual difference but also what she calls "the paradigm of significance: essential/accessory" (1985, p. x); like Schor, I seek to explore "the space opened up by the valorization of woman *and* the detail" (*ibid.*).

The fascinating title of Frenhofer's painting, lingering between presence and absence throughout the story's different editions, mirrors

---

2 For more information on the different versions and publication history of the text, see Laubriet, 1961 and Paulson, 1991.

3 See Goetz, 1994, p. 345.

Catherine Lescault herself, who is both the eponymous subject of the masterpiece yet nearly invisible to onlookers. And like Frenhofer's fictional muse, the title demands our close attention in order to better understand the role of *noise*, women, and their unruly bodies in the model of creativity presented in this story.

But before discussing the implications of *noise* and *noiseuse* for our understanding of the text, I'll first outline the meanings of these terms.

NOISE AND NOISEUSE

Noiseuse comes from the Old French, *noise*, meaning both *tapage*, *bruit* as well as *querelle*, *dispute.*[4] While the etymology is not straightforward, there is evidence to suggest *noise* comes from *nausea* or possibly *noxia*, *nocere* (meaning criminal or injurious), or even the French *nuire* (to do harm) and "nuisance".[5] *Noise* has mostly fallen out of use in French today, except for expressions like "chercher noise" or "chercher des noises", meaning *quereller* or to provoke a dispute.[6]

The term *noiseuse* is less commonly found in dictionaries and almost never as a noun.[7] Yet, it's not surprising to find that the *Dictionnaire du Moyen français* (1330-1500), one of the rare dictionaries to contain the term, defines it as an adjective meaning "qui cherche volontiers noise, turbulent, qui aime le bruit, les querelles, quereller, mutin, qui excite des querelles".[8] *Une noiseuse*, therefore, is a woman who provokes dispute or makes trouble; or as Michel Piccoli (who plays Frenhofer in Rivette's film) puts it, *La Belle-Noiseuse* is "la belle querelleuse, la chieuse quoi".

As this line from the film might suggest, *noise* is often linked to women. From medieval proverbs ("Qui femme a, noise a"), to other descriptions of "femmes noiseuses" in Biblical verses and medieval

4 *Le Grand Robert*, "Noise".

5 *Oxford English Dictionary*, "Noise".

6 According to the 9th and most recent edition of *Le Dictionnaire de l'Académie française.*

7 Based on my research, it only appears in *Dictionnaire du Moyen français* (1330-1500) and Jean Nicot's *Thresor de la langue française* (1606).

8 *Dictionnaire du Moyen français*, p. 518.

poetry, *noise* is associated with women who make trouble, who make noise, who are unruly, or are otherwise out of (male) control.[9]

Michel Serres evokes the rebellious nature of *noise* and *la noiseuse* in different ways in his poetic commentary on *Le Chef-d'œuvre inconnu*. He acknowledges the signification of *noise* as quarrel, while also evoking the sound of the sea, a tumultuous, generative, and indomitable force: "Noise, intermittence et turbulence, querelle et bruit, cette noise marine est la rumeur originaire, elle est la haine originelle. Nous l'entendons en haute mer" (1982, p. 33). Moreover, Serres sees unending possibility in *La Belle-Noiseuse*: "Tout est fondé dans le possible, toutes les représentations prennent source dans la belle noiseuse, tous les états nous viennent du chaos" (*ibid.*, p. 48).

Given these origins, meanings, and interpretations, I define *noise* as conflict, dispute, as well as turbulence and chaos, and *noiseuse* as a troublemaker, a force of quarrel and disruption. These terms have important implications for how we read Balzac's text. Focusing on this unknown title of the painting, we find several moments where the bodies of Catherine Lescault and Gillette, whom I posit as the two *Belles-Noiseuses* in this story, "cherchent noise". From Catherine Lescault's rebellious foot and her obscured forms to Gillette's weakened yet persistent physical presence at the end of the story, the bodies of these women make trouble for Frenhofer's creative process, thwarting the narrative centered on male artistic genius.

CATHERINE'S COUP DE PIED

Throughout the story, Frenhofer seeks to convey the reality of his muse, not just in his painting but even in how he refers to her, using a

9 See Cotgrave, 1611. For mention of "femmes noiseuses" see work by Jehan Le Fevre, *Le livre de Leesce*, Book 2, line 241. Bloch (1987) traces misogynist tropes of woman as riot, as loud and unruly in medieval French texts. Other examples of "femmes noiseuses" in Biblical verses, cited in the *Dictionnaire du Moyen français* (p. 518): "Il vaut mieux habiter en terre deserte qu'avec la femme noyseuse et furieuse" (Bible, Prov. XXI, ed. 1563); "La femme noyseuse est comme les toictz continuellement degouttans" (Lef. D'Étaples, Bible, Prov., XIX, ed. 1530).

first and last name.[10] Such a precise name almost suggests that she is a historical figure, but her identity exists on the borders of imagination and reality, eluding a clear historical referent just as her body will elude Frenhofer's artistic mastery. Critics have explored the possible origins of the *Belle-Noiseuse*'s identity: both Claude E. Bernard and Dorothy Kelly note the echo between Catherine Lescault and Manon Lescaut, the female protagonist (and perhaps another *Belle-Noiseuse*) from *L'Histoire du chevalier des Grieux et de Manon Lescaut* by l'abbé Prévost. Takao Kashiwagi highlights the varied and layered artistic inspirations of her name, citing in particular the last name of influential French Renaissance architect Pierre Lescot, and the first name of the mistress and model of sixteenth-century Italian sculptor Benvenuto Cellini.[11] As Kashiwagi's study helps to show, Catherine Lescault's identity, a source of *noise* just like her body, reinforces the dialectical relationship between life and art, between reality and imagination in Balzac's text.

This relationship seems to be as porous as it is vicarious for Frenhofer, who drives himself into a nearly manic state when insisting on the bodily reality of the woman on his canvas: "Où est l'art? perdu, disparu! Voilà les formes mêmes d'une jeune fille. [...] Mais elle a respiré, je crois! Ce sein, voyez? Ah! qui ne voudrait l'adorer à genoux? Les chairs palpitent. Elle va se lever, attendez" (*CH*, X, p. 435). However, this is not at all what Porbus or Poussin sees. In fact, when they finally behold Frenhofer's painting, they assume he must be joking: "Le vieux lansquenet se joue de nous", remarks Porbus, because they actually don't see anything at all: "Je ne vois là que des couleurs confusément amassées et contenues par une multitude de lignes bizarres qui forment une muraille de peinture" (*CH*, X, p. 436). But upon closer inspection, out of this confused fog of colors emerges the foot of Catherine Lescault, "un pied délicieux, un pied vivant!" (*CH*, X, p. 436), hinting that there is in fact "une femme

10 Both Claude E. Bernard and Takao Kashiwagi juxtapose the full name of Catherine Lescault with the short, simple name, Gillette, which is also likely to be Balzac's invention (Bernard, 1983, p. 208; Kashiwagi, 1993, p. 9). Louis Marin proposes a link between Gillette and "grisette" (1985, p. 46), which Kashiwagi then associates with prostitution (p. 9), thereby forming another connection between Balzac's two *Belles-Noiseuses* given that Catherine Lescault was initially called "une belle courtisane" (*CH*, X, p. 432, var. *d*) in the 1837 version of the text.

11 See Kashiwagi (1993, p. 10-13) for a thorough discussion of these historical figures who produced influential architecture or art that Balzac was likely to have encountered at the Louvre.

là-dessous", underneath the layers of paint that Frenhofer added "en croyant perfectionner sa peinture" (*CH*, X, p. 436).

Often considered a Freudian fetish *avant la lettre* that simultaneously veils and calls attention to feminine difference, this foot has tantalized critics, who have read it as a fetish that compensates for a woman's lack of a phallus.[12] However, I wish to explore the other rich meanings of this foot. I interpret this body part less as a symbol of male anxieties about sexual difference than as a manifestation of how the female form resists representation and makes trouble in the story.

Although the foot is meant to embody Frenhofer's exquisite talent and power of *poiesis*, bringing forth that which did not previously exist (i.e. human life), it remains disembodied, detached from its anatomical realness, undermining this same creative force. In fact, Frenhofer, "plus poète que peintre" (*CH*, X, p. 437), has perhaps produced less a bodily form than an abstract poetic concept; *pied*, just like "foot" in English, also denotes a unit of measurement in poetry of stressed and unstressed syllables. But this single foot is not enough to maintain a meter; rather, the rhythm is drowned out by the noisy chaos of "tons" (*CH*, X, p. 436) in the painting.

Even if we eschew the foot's symbolism and consider it strictly as a literal anatomical part suggesting that there is a woman attached to it somewhere, we are denied access to her actual body, to the forms that Frenhofer describes with such ecstasy. Instead, she is hidden by "une muraille de peinture" (*CH*, X, p. 436), shielding her like armor from the penetrative gaze of male onlookers and even from the reader.

Despite the text's focus on the foot as sublimely alive, its uncanny detachment from the rest of her anatomy belies the painting's realness. For example, the comparison to the torso of a Venus reinforces the foot's fragmentation as the only remaining part of a destroyed whole: "Ce pied apparaissait là comme le torse de quelque Vénus en marbre de Paros qui surgirait parmi les décombres d'une ville incendiée" (*CH*, X, p. 436). Likening one severed body part to another, the text draws our attention to the paradoxical nature of this foot. It is thus at once entirely real, living, embodied but also detached, abstracted, fragmented, implying that the master painter may be guilty of the same fault for which he criticized Porbus — producing a body that is

12 See Kelly, 1989, p. 175 and Bresnick, 1994, p. 134-152.

both real and unreal, both living and dead in his depiction of Marie l'Égyptienne:

> Au premier aspect elle semble admirable, mais au second coup d'œil on s'aperçoit qu'elle est collée au fond de la toile et qu'on ne pourrait pas faire le tour de son corps [...]. Il me semble que si je portais la main sur cette gorge d'une si ferme rondeur, je la trouverais froide comme du marbre [...] ici c'est une femme, là une statue, plus loin un cadavre. (*CH*, X, p. 416-417)

Frenhofer's Catherine Lescault is similarly *collée au fond de la toile*, compared to a marble statue (Venus's torso), and she, too, is simultaneously woman, statue, and cadaver.

By rendering Catherine Lescault's body on the canvas, Frenhofer sought to assert his creative genius, power, and authority, to become "père, amant et Dieu" (*CH*, X, p. 431), and prove that his creation is superior to any real woman. But Frenhofer has trouble bringing his muse to life. This struggle is most clearly manifested by the foot of *La Belle-Noiseuse*. As Rajeshwari S. Vallury argues, the artist's self-proclaimed mastery is "undercut by the emergence of a force that cannot be reintegrated into the prior vision or design of the artist. If anything, the foot that surges forth affirms its independence from and impassibility towards its creator" (2008, p. 63). Indeed, Catherine's body strikes back against Frenhofer's creative desires with her "pied vivant" (*CH*, X, p. 436). This living foot has indeed taken on a life of its own, suggesting that like the medieval *femmes noiseuses*, the rest of Catherine Lescault remains outside of the artist's mastery. Her unruly body resists representation, responding to the artist's *coup de pinceaux* with a *coup de pied*.

TROUBLED AND TROUBLING VISIONS

Whether present or absent, visible or hidden, the bodies of both Catherine Lescault and Gillette make trouble and destabilize male control. This might not seem the case for Gillette, who becomes a token of exchange between Poussin and Frenhofer, but the visibility of her body (i.e. posing nude for Frenhofer) sparks dispute in the narrative and calls into question the worthiness of Poussin's artistic ambitions. The mere proposition that Gillette show her body to another artist plants a seed of discord between her and Poussin, convincing her that the young artist no longer loves her, which in turn diminishes her own love and admiration for him:

> "Il ne m'aime plus!" pensa Gillette quand elle se trouva seule.
> Elle se repentait déjà de sa résolution. Mais elle fut bientôt en proie à une épouvante plus cruelle que son repentir; elle s'efforça de chasser une pensée affreuse qui s'élevait dans son cœur. Elle croyait aimer déjà moins le peintre en le soupçonnant moins estimable. (*CH*, X, p. 430)

Even though Gillette accepts and almost forgives her lover "de la sacrifier à la peinture et à son glorieux avenir" (*CH*, X, p. 434), the moments directly preceding her private encounter with Frenhofer are still characterized by tension, conflict, and even the threat of death. Poussin first angrily attempts to revoke his agreement and leave with Gillette, then eventually allows her to enter the studio, warning the old man that he will stab him through the heart and burn down his house should the young woman utter one "mot de plainte" (*CH*, X, p. 434) — foreshadowing the ending of the story.

But rather than portraying her simply as a passive "beau trésor" (*CH*, X, p. 433) to be admired and traded between men, the text both recreates and critiques this power dynamic. As explained by Alexandra K. Wettlaufer, Balzac was well aware of the "the conflicts and crises shaping artistic and gender relations" (2001, p. 217) at this time in France when "male artists sought to assert both gender and generic superiority, [and] the female nude represented a symbol of creative mastery and a 'way of encoding the male cerebral processes'" (*ibid.*, p. 216, citing Pointon, 1990, p. 26). Female agency was absent from these representations, she argues: "The female body is emptied of meaning outside of the economy of male desire, and the threatening power of her sexuality and individuality — all the more apparent in the course of the nineteenth century — is neutralized within the rhetoric of representation" (*ibid.*), and in these paintings, women were often depicted as powerless and vulnerable.

However, the text reproduces and subtly undermines the victimization of the female model. Specifically, the description of Gillette when she first meets Frenhofer in the presence of the other artists simultaneously aestheticizes the violent act of looking, while also indicting this violence and even shielding her from further scopic violation:

> Gillette était là, dans l'attitude naïve et simple d'une jeune Géorgienne innocente et peureuse, ravie et présentée par des brigands à quelque marchand d'esclaves. Une pudique rougeur colorait son visage, elle baissait les yeux, ses mains étaient pendantes à ses côtés, ses forces semblaient l'abandonner, et des larmes protestaient contre la violence faite à sa pudeur. (*CH*, X, p. 433)

The language paints her as a beautiful, enslaved victim, but the oddly elaborate narrative, evocative of a swashbuckling drama rather than an encounter with a seventeenth-century painter, screens the actual posing, which the text does not describe.[13] Like Catherine Lescault, Gillette's body remains hidden from readers and from Porbus and Poussin, who wait with baited breath on the other side of the door while she poses for Frenhofer, like "deux conspirateurs attendant l'heure de frapper un tyran" (*CH*, X, p. 434). We are left only with Porbus' narration: "Ah! elle se déshabille. Il lui dit de se mettre au jour! Il la compare!" (*CH*, X, p. 434). One might wonder how he knows these things are happening, since the two men do not explicitly see or hear anything: "Porbus et Poussin restèrent à la porte de l'atelier, se regardant l'un l'autre en silence" (*CH*, X, p. 434). Just as in Frenhofer's private encounter with Gillette, the revelation of the female body is filtered through another narrative. As Kelly observes, the men "do not see the real woman but only their own story" (1989, p. 172).

It seems that the text cannot — or will not — describe Gillette or cannot describe her without recourse to another narrative. My critique echoes Kelly's, who writes, "The revelation of the real woman is unrepresentable" (*ibid.*). Although she links this failure to represent Gillette with the function of the fetish, I propose that it calls into question the text's own power of representation because the female body is consistently hidden from view; the text describes the *attempts* to behold their bodies, but each attempt inevitably fails. This is part of a larger dynamic in Balzac's works, as summarized by Peter Brooks, where looking at women's bodies serves to un-master the male onlooker:

13 Goetz (1994, p. 345) surmises that Balzac may have been drawing on similar themes from previous novels, written under diverse pseudonyms prior to 1830.

"looking produces not clarity and mastery but trouble, the inability to see, and the disempowerment of the observer" (1993, p. 84).

Given the descriptions of repeated failed attempts to see women, the text reenacts and perhaps even parodies our blindness to women and femininity more generally. As Shoshana Felman argues, women are one of the "outcasts of the establishment of readability" (1975, p. 6). Moreover, in both "Women and Madness: The Critical Phallacy" and "Rereading Femininity", she deconstructs this blindness to women and argues that femininity in Balzac's work is "constructed in ambiguity", refusing to fit "in the code of male representation, or in any representative unequivocal code" (1981, p. 32). Balzac's text conveys the women's refusal to fit into a univocal code both by laying bare the men's struggle to represent female bodies and by demonstrating its own difficulty in doing so, too.

Whether on the canvas or in the artist's studio, Catherine Lescault and Gillette exist at the limits of our vision, their bodies ultimately obscured, just out of reach of the male gaze and even the reader's full understanding. Yet both Felman and Schor recognize the productivity of feminine ambiguity or "enigma" in Balzac's work because the trouble caused by the *Belles-Noiseuses* serves both to frustrate our reading as well as push the narrative forward — not because we, like Porbus and Poussin, desire to behold at last Frenhofer's masterpiece, but rather because women's resistance to perfect visibility and clear resolution keeps the narrative perpetually open.[14]

LA NOUVELLE NOISEUSE: GILLETTE'S EXISTENCE AS RESISTANCE

Despite being ignored initially, Gillette's body reasserts its presence at the end of the novella, and in this moment thwarts the male-centered narrative of artistic creation. After the painting is revealed, Porbus, Poussin, and Frenhofer are so focused on Catherine Lescault that Gillette nearly ceases to exist for them and perhaps even for the reader. This shift

14 See Schor (1985, p. 29-47) for more on woman as enigma in both Zola and Balzac.

of attention would certainly stage the dynamic that Kelly identifies so clearly in this story and elsewhere in nineteenth-century realist fiction — the desire to replace the real woman with an artificial, man-made representation of woman: "Frenhofer, the painter with the magnetic eyes, represents the fantasy of the artist who, through his own creative powers, through his thoughts, his will, and the artistic material translation of them, might make a woman" (2007, p. 37). This particular fantasy is so attractive to these artists, that Gillette, the real woman, is cast aside, "oubliée dans un coin" (*CH*, X, p. 438).

She is not ignored for long, however, because although the painting will be destroyed, a living trace of *La Belle-Noiseuse* remains: Gillette. Even though Marie Lathers' summary of the text as "essentially a story of male bonding carefully orchestrated to deny the female model her active role" (1993, p. 480) is apt, recalling Naomi Schor's claim that realist fiction occludes the "Otherness of Woman" (1985, p. xi) upon which it is structured, Lathers has also shown that the model's agency cannot and should not be ignored.[15] I agree with her assessment that "[d]espite Frenhofer's attempt to cast aside the female model, both women remain seductively present and noisy on the canvas and on the written page" (1992, p. 47), and I would go further and propose that Gillette's physical presence at the end of the story disrupts the narrative of male creative genius by frustrating Frenhofer's desire to create and to destroy.

My contention differs from studies by Lathers, Kelly, and Paulson, who have suggested that this ending undermines Gillette's importance.[16] Indeed, Kelly has argued compellingly that Frenhofer's final destruction of his paintings reestablishes "the supremacy of realist art" (1989, p. 178), eliminating Catherine Lescault's un-representable body that would belie Frenhofer's mimetic artistic project. She asserts that Gillette is also symbolically destroyed when she asks Poussin to kill her, showing that "[t]he real woman must return to invisibility in this text" (*ibid.*), but I offer a different interpretation.

I certainly do not dispute Gillette's desperation at the end of the story. However, her harsh response to Poussin's question, "Qu'as-tu, mon

15 See Lathers, 1992.

16 Lathers asserts that the expanded 1837 version, which appeared in *Études Philosophiques*, minimizes the model's role (1992, p. 53). See Paulson, 1991 for his discussion of Balzac's own veiling of women.

ange?" (*CH*, X, p. 438) shows that she is not "l'obéissante et joyeuse fille" (*CH*, X, p. 428) or "une enfant" (*CH*, X, p. 433) as she was earlier in the text; she is no longer the "jeune Géorgienne innocente et peureuse" (*CH*, X, p. 433) brought before the slave master but an angry, noisy *noiseuse* who now rejects Poussin: "Tue-moi! dit-elle. Je serais une infâme de t'aimer encore, car je te méprise. Tu es ma vie, et tu me fais horreur. Je crois que je te hais déjà" (*CH*, X, p. 438).

Despite her demand that her lover end her life, Gillette remains defiantly present in the text, calling both the characters' and readers' attentions to the price that Poussin has paid for his voyeurism and for treating this real woman as an object of artistic exchange. Her outrage might even demonstrate a larger trend in the portrayal and perception of femininity that Nina Auerbach has observed in Victorian literature. Schor summarizes Auerbach's claim that women are not portrayed as victims because they *are* victims, but rather "the apparent victimage of nineteenth-century female protagonists testifies to a perception of femininity as anything but passive and pathetic" (Schor, 1985, p. xi).[17]

No longer simply a victim, this living *Belle-Noiseuse* prevents Frenhofer from realizing his artistic triumph. We might recall that during Frenhofer's first encounter with Gillette, he is almost giddy in his desire to prove that his painting is more real than a living woman: "Il semblait avoir de la coquetterie pour son semblant de femme, et jouir par avance du triomphe que la beauté de sa vierge allait remporter sur celle d'une vraie jeune fille" (*CH*, X, p. 434). Juxtaposing the artist's "*semblant* de femme" with the beauty of "une *vraie* jeune fille", the text already signals to the reader that the artist's celebration "par avance" is too hasty. The ending that Balzac added in the 1837 edition and that has since remained, in which Frenhofer burns his paintings, underscores the fact that *une vraie jeune fille* outlasts Frenhofer's *semblant de femme*. Even his final act of artistic control (the destruction of his art) is thwarted by the simple physical being of Gillette, whose body endures, a living, breathing example of what his painting ultimately could never rival.

17 I do not seek to conflate English and French literary traditions, but Auerbach (1984) is a useful point of reference in understanding the construction of different feminine archetypes and dispelling cultural myths of femininity.

CORPS-À-CORP(U)S

Following Schor's call to shift our focus to the significance of details and under-valorized aspects of literature, I believe that paying attention to these two *Belles-Noiseuses* and their unruly bodies has the potential to alter our reading of Balzac's story and provide a new perspective of the model of creativity presented in the text. Seeing that women play a much more active role in the story than previously believed shifts our understanding of *Le Chef-d'œuvre inconnu* not simply as a story of male attempts to objectify women through representation or exchange, but instead as the depiction of a more dynamic struggle between the body and language, allowing the text to reflect on and call into question its own power of representation, especially when it comes to the female body. The story thus stages a figurative *corps-à-corps* between the female body and the way it is written in text — between *corps* and *corpus*.

This struggle adds a new perspective to the story's model of creativity. Creation in this story always comes with destruction, disruption, or disorder, as we witness in Frenhofer's thwarted attempt to make life through painting as well as in Poussin's loss of Gillette in his quest to know the secrets of art. In fact, I would argue that art is inseparable from *noise* (turbulence, chaos) in this story; *noise* emerges on Frenhofer's canvas, in disputes between lovers and amongst the old master and his disciples, and in the destruction of the story's conclusion. It is through the troublemaking bodies of Catherine Lescault and Gillette, Balzac's two *Belles-Noiseuses*, that we find creativity as a vexed, noisy, even violent process. Indeed, making trouble is not always an obstacle to making art; in fact, they may be more deeply connected than we expect, which leaves us with the final thought that there may even be a third *Belle-Noiseuse* in Balzac's story — art itself.

Madeleine WOLF
Harvard University

WORKS CITED

Auerbach Nina, 1984, *Woman and the Demon: The Life of a Victorian Myth* (Cambridge: Harvard University Press).

Barnes Julian, 2017, "A Marvelous Moment for French Writers and Artists", review of *The Pen and the Brush: How Passion for Art Shaped Nineteenth-Century French Novels* by Anka Muhlstein, translated from the French by Adriana Hunter, *New York Review of Books*.

Bloch R. Howard, 1987, "Medieval Misogyny", *Representations*, no. 20.

Bresnick Adam, 1994, "Absolute fetishism: genius and identification in Balzac's 'Unknown Masterpiece,'" *Paragraph*, 17.2.

Brooks Peter, 1993, *Body Work: Objects of Desire in Modern Narrative* (Cambridge: Harvard University Press).

Cotgrave Randle, 1611, *A Dictionarie of the French and English Tongues* (London: Adam Islip).

Felman Shoshana, 1975, "Women and Madness: The Critical Phallacy", review of *Women and Madness* by Phyllis Chesler; *Speculum de l'autre femme* by Luce Irigaray; *Adieu* by Balzac and edited by Patrick Berthier, *Diacritics*, 5.4.

Felman Shoshana, 1981, "Rereading Femininity", *Yale French Studies*, 62.

Goetz Adrien (ed. by), 1994, Balzac, Honoré de, *Le Chef-d'œuvre inconnu et autres nouvelles* (Paris: Gallimard).

Kashiwagi Takao, 1993, "Catherine Lescault, qui est-ce?: *Le Chef-d'œuvre inconnu*, roman d'amour ou roman de peinture? (2)". *待兼山論叢. 文学篇*, 27.

Lathers Marie, 1992, "Modesty and the Artist's Model in *Le Chef-d'œuvre inconnu*", *Symposium*, 46.1.

Lathers Marie, 1993, "'La Belle Noiseuse' Take Two", *Nineteenth-Century French Studies*, 21.3-4.

Laubriet Pierre, 1961, *Un Catéchisme esthétique. "Le Chef-d'œuvre inconnu" de Balzac* (Paris: Didier).

Kelly Dorothy, 1989, *Fictional Genders: Role and Representation in Nineteenth-Century French Narrative* (Lincoln: University of Nebraska Press).

Kelly Dorothy, 2007, *Reconstructing Woman: From Fiction to Reality in the Nineteenth-Century Novel* (University Park: The Pennsylvania State University Press).

Marin Louis, 1985, "Des noms et des corps dans la peinture: Marginalia au *Chef-d'œuvre inconnu*", *Autour du* Chef-d'œuvre inconnu *de Balzac* (Paris: École Nationale Supérieure des Arts Décoratifs).

Paulson William, 1991, "Pour une analyse de la variation textuelle: *Le Chef-d'œuvre* trop connu", *Nineteenth-Century French Studies*, 19.3.

Pointon Marcia, 1990, *Naked Authority: The Body in Western Painting 1830-1908* (Cambridge: Cambridge University Press).
Rivette Jacques, 1991, *La Belle Noiseuse* (Pierre Grise Productions).
Schor Naomi, 1985, *Breaking the Chain: Women, Theory, and French Realist Fiction* (New York: Columbia University Press).
Serres Michel, 1982, *Genèse* (Paris: Éditions Grasset et Fasquelle).
Vallury Rajeshwari S., 2008, *'Surfacing' the Politics of Desire: Literature, Feminism, and Myth* (Toronto: University of Toronto Press).
Wettlaufer Alexandra K., 2001, *Pen vs. Paintbrush: Girodet, Balzac, and the Myth of Pygmalion in Postrevolutionary France* (New York: Palgrave).

PETITE OU GROSSE VÉROLE ?

Le Curé de village, un roman balzacien ambigu

Pensées, Sujets, Fragments, les *Contes drôlatiques* et *Physiologie du mariage* donnent un aperçu de la liberté de pensée et d'expression que leur auteur revendiquait. Comme Rabelais quand il éclairait par le bas le corps humain, Balzac tenta lui aussi d'introduire son *speculum* dans le « champ de Vénus » (*OD*, I, p. 43) et la partie breneuse du corps afin de « percevoir toutes les faces de l'univers, y compris les plus cachées » (Chung, 2008, p. 565). Dans ces ouvrages, il était en effet question d'« animalcules » (Balzac, 1910, p. 86, p. 89), de « sperme » (*ibid.*, p. 158), d'une femme qui « montre plus promptement son c… que son cœur » (*ibid.*, p. 58), d'odeur d'« étron » (*ibid.*, p. 134) ou même de « fleurs blanches », cela à propos de lits jumeaux, invention néfaste attribuée à une « jolie petite Pompadour attaquée de cette infirmité parisienne si plaisamment exprimée par monsieur de Maurepas dans un quatrain qui lui valut sa longue disgrâce […]. Iris, on aime vos appas, vos grâces sont vives et franches ; et les fleurs naissent sous vos pas, mais ce sont des fleurs… » (*CH*, XI, p. 1068), c'est-à-dire des fleurs blanches, écoulements blennoragiques contagieux, aigus et chroniques de l'homme et de la femme selon Pouillet[1].

Écrits à une époque où fut démontrée l'importance du *speculum* dans l'examen gynécologique, ces ouvrages reflètent le foisonnement de l'imaginaire médical de Balzac. Son fameux « *speculum vitae humanae* » (*CH*, XI, p. 919) y devient un *speculum ani* permettant d'observer le « mouvement du bran » (*OD*, I, p. 95) ou un *speculum uteri* rendant perceptible le « iardin natturel de Vénus » (*OD*, I, p. 78), cela dans tous ses états : « en frische » (*OD*, I, p. 43), en éruption ou frappé de vénusalgie. Y sont évoqués un étudiant en médecine connaissant une fille qui « ne voulait pas se laisser toucher » et qui meurt « vierge », « avec

1 Voir 1879, p. 396.

une tumeur dans la matrice », ou une femme qui refuse « d'être examinée », et « perd son enfant » (Balzac, 1910, p. 91), ou encore des « gens perclus de maladies vénériennes » qui sont à l'origine « des générations molles, avortées, rachitiques » (*ibid.*, p. 157-158). Enfin, y est avancé que la qualité du sperme influe sur la progéniture et y est déploré aussi que « la myologie », étude des muscles, et, dans ce contexte, des muscles du membre, soit si « peu avancée » (*ibid.*, p. 156) dans le domaine génésique.

De fait, et si on la compare avec celle de la deuxième moitié du XIXe siècle, la science avait certes fait des progrès indéniables depuis la Renaissance jusqu'en 1850, mais elle était restée aussi relativement « peu avancée » comme le constatait Balzac, frustré. Cela n'empêchait néanmoins pas ce dernier d'être l'amateur et l'héritier d'une Renaissance dont les poètes et docteurs confondaient la lèpre, la peste, la tuberculose, la blennoragie avec la syphilis et expliquaient cette dernière par le mouvement des astres : une illustration attribuée à Dürer en 1496, *Syphilis*, dépeignant un mercenaire revenant du Nouveau Monde couvert de pustules, indiquait l'origine astrologique de la maladie[2]. En 1512, Lemaire de Belges avait attribué la grosse vérole (la syphilis) à « l'échange d'arcs et de flèches » de Cupidon et Atropos (Wenger, 2014, p. 174). Enfin, en 1530, le médecin italien Fracastor avait composé son *Syphilis, sive morbus gallicus*. Ce célèbre poème fut traduit tout au long des siècles jusqu'à l'époque de Balzac. En 1841, le poète Barthélémy, collaborateur de Méry, connus tous deux de Balzac, publia sa traduction du poème de Fracastor dans un ouvrage médical : *Syphilis, poème en deux chants par Barthélémy, avec des notes du Dr. Giraudeau de Saint-Gervais*[3]. À cette même époque, en 1838, bien que Philippe Ricord, vénérologue qui exerçait dans « le terrible hôpital » (*CH*, IV, p. 353) du Midi, mentionné dans *La Rabouilleuse*, ait découvert les trois stades de la syphilis et établi que la syphilis et la gonorrhée n'étaient pas la même maladie, il était néanmoins convaincu qu'au commencement « Dieu créa le ciel, la terre, l'homme et les maladies vénériennes » (De Pietra Santa, 1897, p. 565), que la syphilis avait toujours existé et qu'elle était une punition divine. Et, en 1844, Pierre Louis Alphée Cazenave, célèbre dermato-vénérologue à l'hôpital Saint-Louis, bien connu de Balzac, continuait d'affirmer que blennoragie et syphilis étaient la même maladie.

2 Voir Chantoury-Lacombe, 2008, p. 65.
3 Voir Wenger, 2014, p. 175.

Cette fusion et confusion poético-scientifique, ces limitations de la science d'alors ont bien entendu affecté la façon dont Balzac a abordé les parties les plus intimes, les plus secrètes et les plus invisibles du corps. Sa réceptivité au surnaturel poético-religieux, aux sciences occultes, ne l'empêcha néanmoins pas d'être très attentif aux progrès d'une science de plus en plus positive qui, combinant microscope et dissection, avait su découvrir la tumeur de l'ovaire d'une momie de l'époque ptolémaïque en 1825, ou bien, combinant le daguerréotype, invention nouvelle, avec le microscope, avait permis de rendre visible à tous l'invisible, le *trichomonas* à l'origine des infections vaginales par exemple en 1839. Cette avancée du visible et ce recul de l'invisible et du surnaturel se reflétaient bien sûr dans les *Pensées* et les *Contes drôlatiques* quand Balzac abordait la « choze » (*OD*, I, p. 468).

Que Balzac ait considéré ses *Contes drôlatiques* comme son chef-d'œuvre n'est dès lors guère étonnant : sous la tutelle rabelaisienne, il avait pu y évoquer la mort de personnages provoquée par le mal de Naples, la coqueluche, le « trousse-galant » ou le « *cholera-morbus* » (Spoelberch de Lovenjoul, 1879, p. 227). Toujours, dans ces *Contes*, il avait pu être question de la « grosse vérole » d'une femme « emputannée » qui en « moureust » (*OD*, I, p. 470), de « beste à mille pattes qui fourmille touiours et ronge ce que nous avons de plus tendre », de l'amour qui « a héritté de la leppre, du feu Saint-Anthoine, du mal des Arden, de la plique rouge » (*OD*, I, p. 187). Enfin, le narrateur avait pu déclarer dans *Les Bons Propous des relligieuses de Poissy* que la mort d'une vierge, sœur Pétronille, dont le « tempérament » était « en cuisson permanente » (*OD*, I, p. 189) et dont on « auroyt tiré du feu comme d'ung caillou » (*OD*, I, p. 188) si elle avait eu le bonheur d'être « cogn[ée] » par un homme, n'avait absolument rien de « supernatturel » (*OD*, I, p. 189), cela médicalement parlant : les « jeusnes » (*OD*, I, p. 189) qu'elle pratiquait pour qu'on la canonisât après sa mort expliquait qu'elle « fiant[â]t sec et dur », qu'elle expulsât « vilainement, et après le repast comme tous les animaulx, un bran plus ou moins gratieulx selon les personnes » (*OD*, I, p. 188). Et le « crottin » qu'elle avait offert à Dieu n'avait pu empêcher sa mort, mort toute naturelle, accompagnée qu'elle fut d'horribles « affres sphinctérielles » (*OD*, I, p. 189-190).

À partir de deux journaux qui, en 1836, avaient refusé à des médecins le droit d'écrire le mot *syphilis* dans leurs colonnes, Nicole Mozet a montré à juste titre que le mot *syphilis* était un mot « obscène » qu'on n'écrivait pas et que, limité par le puritanisme de son époque, Balzac n'avait utilisé ni le mot « syphilis » ni l'adjectif « vénérien » dans son œuvre romanesque (2002, p. 356). Mais Moïse Le Yaouanc a affirmé que, en « réunissant tous les détails dispersés dans ses écrits et en les groupant méthodiquement », on s'aperçoit que Balzac était « fort bien renseigné sur l'histoire, les manifestations, l'étiologie et le traitement de la syphilis » (*ibid.*, p. 293). Fort bien renseigné, Balzac a pu injecter sous forme d'insinuations dans ses romans sa connaissance de cette maladie, connaissance qu'il ne masquait pas dans la *Physiologie*, ses *Pensées* et ses *Contes drôlatiques.* Aux personnages qui ont manifestement la syphilis comme M. de Mortsauf, Cataneo, Bridau, Cérizet, Marneffe selon Le Yaouanc, il conviendrait d'ajouter le marquis de la Rochefide et peut-être, le chevalier du Halga, dans *Béatrix.* Ce dernier a une petite santé, des rhumatismes, autre symptôme de la syphilis. Comme Mortsauf, la légère hypocondrie qui affecte le chevalier lui fait inventer mille maux imaginaires qui s'expliquent par ses souffrances pendant l'émigration. Il a depuis une maladie un peu coûteuse et en est réduit à chasser les chiens qui font intempestivement la cour à sa chienne favorite ! Quant aux femmes qui ont contracté la syphilis, Mme de Mortsauf en fait partie sans doute tout comme la Schontz dans *Béatrix*, et sans doute aussi Mme de Rochefide et Sabine du Guénic. Femme de Calyste qui a frayé avec Béatrix dont le mari a été contaminé par la Shontz, Sabine n'a-t-elle pas une affreuse maladie, un accès d'érysipèle à la suite de son intimité réglée avec son époux ? Or, non seulement le mot *érysipèle* pourrait être à l'origine de la formation du mot syphilis selon certains, l'érysipèle était aussi une maladie qui affectait, selon Hippocrate, l'utérus et qui pouvait avoir un rapport avec la syphilis viscérale selon les médecins du XIXe siècle[4].

L'accueil glacial réservé aux *Contes* ne put qu'influencer la production romanesque de Balzac car, s'il voulait avoir une chance d'obtenir le prix Montyon, il lui fallait s'astreindre à écrire des romans utopiques qui, comme *Le Médecin de campagne*, déployaient l'exploration de théories agricoles novatrices et de pratiques médicales enrayant des maladies reconnues comme le crétinisme. Néanmoins, éperonné par sa curiosité médicale entourant la « choze », trois ans après les *Contes*, Balzac écrivait *Le Lys dans la vallée*, pendant satirique du pudibond *Volupté* de Sainte-Beuve, et

4 Voir Lancereaux, 1866, p. 532.

Le Curé de village, pendant plus risqué, médicalement parlant, du *Médecin de campagne* : dans ces deux romans, il était en effet question, entre autres maladies, de la petite vérole (la variole) et de la grosse vérole (la syphilis). Là, Balzac remettait en scène des saintes, Henriette de Mortsauf et Véronique Graslin, qui, comme sœur Pétronille, étaient de complexion « bruslante » (*OD*, I, p. 189) et qui mouraient comme elle, après des jeûnes prolongés. Cependant, contrairement à sœur Pétronille qui était restée vierge, Henriette et Véronique avaient épousé des hommes malades. Mariée à un homme syphilitique, Henriette avait engendré les enfants « mo[ux], avortés, rachitiques » dont il était question dans les *Pensées* à propos des « générations vénériennes » (Balzac, 1910, p. 157-158). Quant à Véronique Graslin, elle avait épousé un homme ayant une maladie cutanée tenant de la dartre et de la lèpre, maladie dont les sympômes s'apparentaient à ceux de la syphilis, cela, selon les médecines de l'époque de Balzac comme on le verra. Amaigrie par un jeûne de plus d'une décade, meurtrie par le port journalier d'un cilice, aussi digne du canonicat que sœur Petronille, Véronique mourait[5]. La seule maladie reconnue dans le roman, hormis sa maladie morale, était une petite vérole qu'elle avait contractée à l'époque où sa complexion ardente commençait à se développer, à savoir la puberté. Elle avait beau être à l'article de la mort à plusieurs reprises et à des âges différents de sa vie, l'illustre Bianchon ne dévoilait pas la maladie qui l'avait condamnée avant l'âge. Aucun lien, sinon bien enfoui par le narrateur, n'était établi entre son tempérament, son époux et sa maladie. Moïse Le Yaouanc a certes eu aussi raison de soutenir que Balzac était « discret, réticent » quand il parle de la consomption de Véronique Graslin (1959, p. 206). On a toutefois montré que Balzac était contraint de se limiter à des insinuations ambiguës à leur sujet tout au moins dans ses romans. Néanmoins, comme l'expression « petite vérole » pouvait aussi désigner la grosse vérole, elle devenait d'autant plus suspecte qu'elle affectait beaucoup de personnages dans un seul roman.

Il ne s'agit pas ici de nier le surnaturel qui entoure la maladie et la mort de Véronique dans *Le Curé de village*, mais de montrer que ce roman où tant de personnages souffrent de maladies diverses, maladies

5 Véronique Bui a comparé *Le Curé de village* au conte « Le Péché vesniel » : « L'érotisme dans *Le Curé de village* n'est donc pas absent, mais il reste voilé » tandis que dans le conte drolatique, « une sexualité de l'excès est montrée » (2003, p. 102 et p. 110).

qui intéressaient Balzac et qui ont des ramifications médicales complexes qui engagent la petite et grosse vérole, est des plus ambigus. Il semble en effet que, dans ce roman finalement peu étudié par la critique, Balzac participe pleinement au discours savant médico-littéraire de son époque sur la sexualité et la vérole. Si c'est le cas, l'ouvrage de Patrick Wald Lasowski (1982) consacré à la syphilis dans les romans du XIXe siècle serait incomplet : d'une part, il n'inclut pas certains romans, comme *Le Curé de village* par exemple, où la petite vérole, la dartre et la lèpre pourraient jouer un rôle similaire à celui de la grosse vérole et, d'autre part, il omet des personnages qui, comme Mme de Mortsauf dans *Le Lys dans la vallée*, éprouvent les mêmes symptômes que ceux de leur mari syphilitique, précisément parce qu'elles ont contracté cette maladie transmissible sexuellement. Il s'agit donc bien de revisiter certains romans, en l'occurrence *Le Curé de village*, en faisant ressortir leur ambiguïté médicale.

Ainsi de l'interprétation, qui résume la critique existante concernant ce roman, des stigmates sur le « visage et de l'âme » (Vanoncini, 2009, p. 191) de Véronique après la chute, c'est-à-dire la petite vérole, le mauvais mariage et l'adultère :

> [...] le reste du roman est consacré tout entier à l'œuvre expiatoire de Véronique. Par le martyre qu'elle s'inflige, elle résorbe sa culpabilité personnelle. Par le déploiement d'un univers d'harmonie autour de Montégnac elle rachète le crime historique de son père, [...]. Véronique réussit ainsi à imprimer les stigmates de son visage et de son âme sur la terre de Montégnac pour en faire l'espace symbolique d'un idéal retrouvé. Mutilée par la vie, comme la vierge sculptée [au début du roman] le fut par l'Histoire, Véronique retrouve la plénitude face à la mort : « [...] elle ne parut plus être la même femme à tous les yeux. Il y eut sur son visage une expression candide, digne de la jeune fille naïve et pure qu'elle avait été dans la vieille maison paternelle ». (*Ibid.*)

Cette interprétation de l'apparition et disparition mi-surnaturelles mi-métaphoriques des stigmates de la petite vérole paraissant, d'un point de vue médical, incomplète, on pourra élaborer une autre interprétation, *intus et in cute*, qui s'accorde avec le Balzac, auteur des *Contes drôlatiques*, de la *Physiologie du mariage*, des *Pensées*, du *Lys dans la vallée*, et le Balzac, lecteur aussi de Rousseau accusé d'avoir la vérole (la syphilis), de Rabelais, introducteur des vérolés dans la littérature, et bien sûr de Sade qui mit en scène la maladie vénérienne (Donoghue, 2004, p. 13), qu'il avait contractée, dans *Justine*, roman qui circula dans toute l'Europe.

Cette interprétation tient compte du fait que les maladies vénériennes ont excité la curiosité des écrivains et des médecins tout au long du XIXe siècle et que, comme le montraient le *Dictionnaire universel* de Boiste de 1834 et les romans balzaciens, il y avait eu à cette époque un « glissement du discours moral vers le discours médical concernant les maladies vénériennes » (Levent, 2004, p. 168). La recherche concernant les maladies vénériennes étant encore « tâtonnante » et la « littérature esthético-satanique de l'écrivain maudit » étant en train de s'édifier (*ibid.*, p. 171), la petite vérole de la bien nommée Véronique et le refus d'identifier sa maladie fatale par Bianchon n'en sont que plus dignes d'intérêt.

Le *Curé de village* est unique par le nombre de personnages ayant soit une petite vérole, soit des problèmes cutanés graves, soit une tare congénitale. La maladie mortelle qui frappe les personnages ayant un problème cutané, Véronique, son père et son mari n'étant pas identifiée ou étant peu vraisemblable, il s'agira de montrer, comme le fit Balzac à propos de Pétronille, qu'il pourrait y avoir une explication relevant moins du « surnaturel » que d'un naturel d'ordre médical.

Ainsi, le juge Grandville, amoureux mais objectif, dissipe le surnaturel qui entoure les intermittences de beauté et de laideur de Véronique tout au long du roman et qui fait qu'elle se transfigure parfois « pour quelques instants » et apparaît et disparaît « comme une céleste apparition » de « la petite Vierge » (*CH*, IX, p. 652). Face à ces éclipses, Grandville déclare que Véronique ne peut être ni belle ni « inspirer aucune jalousie », car elle « ne se montre jamais au grand jour » (*CH*, IX, p. 677) : dans la pénombre, son visage ne présente plus « les marques de petite vérole » et elle réapparait dans sa « beauté première » (*CH*, IX, p. 652) comme une « sainte » (*CH*, IX, p. 744). Que Grandville ait jugé l'amant de Véronique, Jean-François Tascheron, coupable, est logique. À l'instar de Balzac, Grandville a lu « Lavater » et voit par conséquent clair : les « dents » de devant de Tascheron qui sont « croisées » sont le signe indubitable qu'il est voué à commettre un crime violent (*CH*, IX, p. 733).

De même, le narrateur nous éclaire sur le « changement étrange » et la « métamorphose » du « bleu de l'iris » des « yeux célestes » de l'héroïne sous l'effet de « l'orage des passions contenues » (*CH*, IX, p. 652), cela, bien qu'elle soit « réellement laide » pendant son mariage, « ses traits » ayant grossis (*CH*, IX, p. 668). Ce sont moins les « profondeurs de l'âme » de Véronique qui expliquent cette métamorphose que la forme de son menton, « indice » irréfutable selon les « lois impitoyables de la physiognomonie » de sa « violence quasi morbide dans la passion » (*CH*, IX, p. 652). Ainsi, « pendant [l'] heureux temps » de son adultère, elle arriva « à un point de beauté vraiment extraordinaire [...]. Le bleu de l'iris s'agrandit comme une fleur [...] en paraissant trempé d'une lueur moite et languissante, pleine d'amour ». Alors, « ses lignes se purifièrent à quelques feux intérieurs », ses taches cutanées disparurent et son front « blanchi[t] », illuminé « par des souvenirs, par des pensées de bonheur » (*CH*, IX, p. 679). Cette métamorphose qui n'a été « jamais bien expliqué[e] » par l'entourage provincial de Véronique, est bien comprise par le narrateur médicalement parlant : « Son visage perdit ces ardents tons bruns qui annonçaient un commencement d'hépatite, la maladie des tempéraments vigoureux ou des personnes dont l'âme est souffrante, dont les affections sont contrariées » (*CH*, IX, p. 679). La disparition des « ardents tons bruns » de petite vérole est due à « un commencement d'hépatite », « maladie des tempéraments vigoureux » (les surexcités selon les docteurs), ou « des personnes dont l'âme est souffrante », les mélancoliques, souffrant eux aussi d'un déréglement de la bile quand la violence quasi morbide de leur *libido* est contrariée.

Certains ouvrages médicaux de l'époque, fidèles en cela à ceux de la Renaissance, attribuaient la disparation passagère des marques cutanées[6] et notamment du blanchissement du front à des changements météorologiques[7] ou aux « phases de la lune » (Lagneau, 1828, p. 142). Néanmoins, ayant publié en tant qu'éditeur *Le Trésor des poumons du docteur Portal*[8] en 1827, Balzac, plus docte sur la « choze », savait sans doute qu'Antoine Portal, médecin de Louis XVIII, avait établi clairement depuis 1813 la relation entre « les maladies cutanées » comme la « petite vérole » ou la « dartre » (Portal, 1813, p. 334) et les « affections du foie » (*ibid.*, p. 334-335). En outre, Belliol avait établi aussi la relation entre « des maladies vénériennes anciennes et rebelles à tous les traitemens, se manifestant [...]

6 Voir Alibert, 1825 a, p. 393-394.

7 Voir *ibid.*, p. 282.

8 Voir Hanoteaux, 1903, p. 231.

par des boutons ou des ulcérations paraissant et disparaissant à certains intervalles » (1839, p. 29). De plus, la syphilis était considérée comme une maladie simulatrice car elle imitait les maladies de foie[9], le cancer, le squirrhe, le mésentère syphilitique de l'intestin, ou de la matrice[10], tout autant que l'hypocondrie et les maladies mentales. Signalons ici, par parenthèse, que les symptômes de la syphilis attribués à M. de Morsauf dans le *Lys dans la vallée* prouvent que Balzac était conscient des multiples maladies que pouvait imiter la syphilis. Que l'hépatite de Véronique renvoie à une maladie sinon honteuse du moins physique (et non morale) pourrait donc être envisageable.

Certes, la variole que contracta Véronique à la puberté était considérée par Jules Guérin comme une maladie infectieuse, contagieuse, caractérisée par une éruption de taches rouges devenant des pustules qui ne se produisait qu'une fois dans la vie. Néanmoins, parce qu'elle avait un rapport parfois avec le foie et les maladies honteuses, n'avait-elle pas un rapport avec le jardin de Vénus quand il souffre d'être « en frische » ?

Conçu en partie comme une intrigue policière, ce roman ne force-t-il pas le lecteur à chercher une clef, autre que celle d'une maladie morale, à cette variole et à la maladie cutanée aiguë et réelle du mari ? Il existe en effet une clef qui passe presque inaperçue car elle n'est fournie qu'à la fin du roman au moment où la foi de Véronique triomphe : le docteur Roubaud ne révèle qu'à la fin à Bianchon que Véronique lui a toujours interdit d'enlever le cilice qui, signe de sa foi, lui ceignait le ventre ; par conséquent, il avoue qu'il n'a jamais pu « palper » l'« estomac » (*CH*, IX, p. 857) et donc le foie de sa patiente, l'« estomac [étant] un centre qui communique avec tous les organes » (*CH*, XII, p. 71). Certes, le narrateur rappelle peu après que Napoléon est mort d'un cancer de l'estomac. Néanmoins, il reste que, à l'époque de Balzac, on confondait le cancer avec la tuberculose ou la syphilis, l'origine cellulaire du cancer n'ayant été découverte que plus tard. Encore une fois, l'imaginaire médical de Balzac tâtonne comme la médecine de son temps et, irrésistiblement ironique ou réaliste, Balzac laisse supposer le meilleur et le pire.

Cette révélation *in extremis* est d'autant plus surprenante que Bianchon reste alors coi et ne suggère pas qu'une autopsie ait lieu. Bianchon refuse ainsi de diagnostiquer la véritable maladie de Véronique, et de nouer,

9 Voir Yvaren, 1854, p. 415.
10 Voir *ibid.*, p. 429, 433, 456, 470.

par exemple, sa petite vérole à son hépatite ou bien encore à la maladie de son mari, maladie qui reste elle aussi obscure. D'où la question suivante : Véronique serait-elle une de ces femmes qui, comme celles évoquées dans les *Pensées*, aurait refusé de se laisser examiner et donc de se laisser diagnostiquer par son médecin ? Et finalement, n'est-il pas vrai que seuls l'époux Graslin et l'amant, Tascheron, ont palpé le ventre de cette femme qu'il était « impossible de voir froidement » ? Ils sont les seuls à avoir éprouvé « le charme » de « leve[r] » le « voile » « cach[ant] » ce ventre « à tous les regards » et à « laiss[er] retomber » ce voile « sur les voluptés permises » (*CH*, IX, p. 652) ou interdites. L'époux qui n'a manifestement pas satisfait le tempérament vigoureux de sa femme, aurait par conséquent provoqué hépatite, mélancolie, laideur et dévotion. L'amant, qui a un tempérament vigoureux et de surcroit violent, a déjoué momentanément l'hépatite, la mélancolie, la laideur et surtout… la dévotion ! De plus, Tascheron a eu un effet sur les tâches cutanées de Véronique et sur son ventre : de leur union est né Francis dont le nom est « rest[é] […] sans tache » (*CH*, IX, p. 746).

Éditeur en 1827, Balzac était familier de prospectus médicaux comme *La mixture brésilienne de Lepère pharmacien*[11], un anti-vénérien qui avait fait l'objet d'un long article en 1825 dans le journal de la pharmacie et de la chimie[12]. Lepère, auteur aussi d'un prospectus sur ces écoulements vaginaux nommés fleurs blanches, présentait sa mixture comme un remède que l'Académie de médecine approuvait car il guérissait sans mercure, en peu de jours, la gonorrhée récente ou invétérée, en détruisant son principe. Ce remède qu'on pouvait porter sur soi, prendre partout, permettait « aux malades de traiter leur mal *avec le plus grand secret* » (*Archives générales de médecine*, 1825, p. 293). Ce prospectus parmi tant d'autres montre que, maladie fatale mais familière, la vérole était entourée du plus grand secret et que les remèdes miracles étant monnaie courante, la possibilité de faire disparaître les symptômes cutanés existait, tout au moins dans l'esprit du public.

En outre, le docteur Alibert, cité par César Birotteau pour la fabrication de l'huile césarienne[13], fut l'auteur non seulement de nombreux

11 Voir *Le Constitutionnel*, 1827, p. 14, p. 98, p. 29 et p. 151.
12 Voir Henry, 1825, p. 29 ; Julien, 1995, p. 393-394.
13 Voir *CH*, VI, p. 95.

ouvrages sur les maladies de la peau mais aussi d'un ouvrage moral en 1825 sur l'effet des passions sur la physiologie. Là, il fulminait contre « l'immodération » des personnes qui s'adonnaient à « tout ce qui flatte la sensualité » et finissent par avoir « une mort triste et douloureuse » (1825 b, p. 199). Les maladies de peau tout autant que l'état de la chevelure (Véronique perd ses cheveux) avaient cet intérêt de rendre visibles les maladies cachées comme l'hépatite et les maladies de Vénus, de ceux qui, s'étant adonnés à « tout ce qui flatte la sensualité », étaient dès lors maudits.

Retenons aussi parmi les ouvrages médicaux moraux qui abondaient sur la syphilis, celui de Sacombe, *Venusalgie ou la maladie de Vénus*, ouvrage tout aussi prude que celui d'Alibert et qui mettait aussi Fracastor, dont il était question plus haut, au rang de Virgile. Selon lui, les maladies vénériennes ne venaient absolument pas d'une bactérie contractée du sexe opposé : « la Vierge la plus saine qui aura un commerce amoureux et fréquent avec plusieurs hommes aussi sains qu'elle, sera atteinte de la Vénusalgie ». Le « libertinage et l'intempérance », et non une bactérie, pouvaient être à l'origine du « croupissement des semences mélangées » et donc de la vénusalgie (Wenger, 2014, p. 174-175). Est-ce le cas avec Véronique qui avait eu deux amants (son mari et Tascheron) ?

Que l'héroïne, héroïque certes mais adultère, soit punie d'une maladie innommable et mortelle allait de soi pour le public puritain de l'époque, lecteur d'Alibert et de Sacombe. Elle allait aussi de soi pour les poètes pour qui Véronique (ou Henriette de Mortsauf) était une fleur du mal, une fille d'Ève de la race déchue que les hommes aiment tant, comme le répète Balzac dans *Le Curé de village*. Le choix de la petite vérole comme maladie reconnue n'est donc pas un hasard, selon nous. De fait, et comme on le voit plus tard dans *Nana*, roman que Wald Lasowski (1982) compte parmi les ouvrages consacrés à la syphilis, l'expression « petite vérole » était restée, en 1880, élastique : le fils de Nana mourait de la petite vérole, maladie plausible pour un enfant. Mais la maladie mortelle attribuée à Nana, la petite vérole, n'était pas plausible, les symptômes de sa maladie étant clairement ceux de la syphilis, comme le souligne Lasowski. Que, dans *Nana*, un autre personnage manifestement frappé de la grosse vérole affirme qu'il avait contracté la petite vérole deux fois montrait aussi combien l'expression « petite vérole » était restée ambigüe.

Il n'est peut-être pas indifférent également que Balzac ait eu la petite vérole dans sa jeunesse et qu'il s'en soit rétabli sans infirmité contrairement aux milliers de morts causées par les épidémies fréquentes. Lors de l'épidémie qui sévit en Angleterre, Napoléon, dont Balzac fait grand cas, fit vacciner son armée et son fils. Néanmoins, récente et tenue encore pour responsable de nombreuses morts d'enfants et d'adultes, la vaccination de la variole était jugée plus dangereuse que bénéfique et quasiment inutile, convaincu qu'on était encore alors que, comme le péché originel, tout le monde avait le virus à la naissance et que, si on ne l'expulsait pas, on en mourait.

Gérard Grégoire, dont le beau-frère de Balzac est le modèle, est, contrairement à Véronique et son père, un survivant de la variole, cela comme Balzac. Bien que Gérard soit un homme supérieur, son corps n'est cependant pas marqué de tons bruns ou de complexion brune comme Sauviat père, Véronique, Graslin, Tascheron et Farrabesche : il est d'une « blancheur éclatante » (*CH*, IX, p. 809). Polytechnicien talentueux, il réussit aussi à expulser les « maladies inflammatoires » (*CH*, IX, p. 816) des vaches de la région en les installant dans un lieu salubre. De fait, des contaminations accidentelles dans des laboratoires où il y avait eu un échange de gènes avec le virus de la variole avaient eu lieu faisant apparaître un virus vaccinal affectant les vaches en 1800.

Puisque Graslin, l'époux, souffre aussi de « maladie inflammatoire » comme les vaches du pays (*CH*, IX, p. 746), peut-être Balzac veut-il suggérer qu'il est non seulement malsain mais aussi bestial. Il est en effet décrit comme un « satyre antique », un « faune en redingote » (*CH*, IX, p. 661), mi-homme, mi-bête. Dès avant son mariage, bien que sobre, il avait un visage « rouge comme celui d'un ivrogne émérite, et couvert de boutons âcres, saignants ou près de percer » (*CH*, IX, p. 660). Sa maladie morale liée à sa banqueroute, seule maladie reconnue dans le roman pour expliquer sa mort, porte en fait un nom médical : « Sans être ni la lèpre ni la dartre, ces fruits d'un sang échauffé [...] semblaient tenir de ces deux maladies » (*CH*, IX, p. 660). Les dartres étaient une maladie cutanée des plus difficiles à cerner d'après le pathologiste Alibert, car maladie souvent liée aux maladies vénériennes selon Belliol. Quant à la lèpre, son bacile n'ayant été découvert qu'après la mort de Balzac, elle était attribuée au moyen-âge soit aux maladies vénériennes, soit à l'hérédité, ainsi que le mentionne Aurélien Robert (2011). Naturellement destinée à se voir remplacée par la syphilis à la Renaissance, elle n'avait néanmoins pas disparu au XIXe siècle dans des foyers localisés et elle était associée à des maladies comme la pinta sud-américaine et le pian, maladie vénérienne dont il est aussi question dans *La Cousine Bette*. D'où les insinuations concernant les maladies qu'aurait pu contracter Graslin auprès de personnes vénales avant (pendant ?) son mariage : pour séduire Véronique, ne lui apporte-t-il pas des fleurs choisies, de « délicieux bijoux » (*CH*, IX, p. 663), avec un soin d'homme à femmes ?

À ces ambiguïtés, viennent s'en ajouter d'autres : l'épouse, Véronique, est « un fruit » dont « la couleur » laisse « soupçonner la présence d'un ver rongeur » (*CH*, IX, p. 811). Les « teintes » rouges de son visage « permettent aux médecins de reconnaître » ses « pensée[s] vénéneuse[s] » (*CH*, IX, p. 811). Véronique est certes présentée tout au long comme une sainte. Mais n'est-elle pas aussi un fruit au sang vicié par son mari qui a une maladie suspecte, par son amant qui a un passé qui pourrait sembler douteux ou par son père qui avait lui aussi la petite vérole ? La mort de Véronique et celle de son mari sont suspectes ; celle du père de Véronique pourrait être considérée comme invraisemblable : sa légère blessure à la jambe aurait causé une gangrène[14]. Or la gangrène n'est-elle pas le nom donné à la syphilis contractée par Marneffe et sa femme dans *La Cousine Bette* et n'a-t-elle pas aussi un rapport, dans *Les Deux Rêves*, avec les animalcules peuplant le sperme qu'avait découverts Leeuwenhoek cité par Balzac et dont il est question dans ses *Pensées* ? En outre, fruit corrompu de naissance, Véronique réagit en femme qui pourrait presque sembler vénale lorsqu'elle rencontre Graslin : « Est-ce possible ? dit Véronique, à qui la personne de Graslin était inconnue, mais à l'imagination de laquelle il se produisait comme se produit un des Rothschild à celle d'une grisette de Paris. » (*CH*, IX, p. 659) N'étonne pas alors qu'en dépit des « boutons âcres, saignants ou prêts à percer » de Graslin, Véronique se laisse séduire comme une « grisette » par les dons de ce dernier, ces « délicieux bijoux, ces perles, ces diamants, ces bracelets, ces rubis qui plaisent à toutes les filles d'Ève » (*CH*, IX, p. 663).

D'autres personnages pourraient sembler tout aussi suspects : pompadour de village, Catherine Curieux s'est laissée séduire à 17 ans par un homme sans mœurs, Farrabesche, et elle contracte une maladie causée par les veilles à Paris, maladie qui est guérie à l'hôpital Saint-Louis,

14 Voir *CH*, IX, p. 666.

haut lieu de la tradition dermatologique et vénérologique où le docteur Alibert traitait les maladies de peau. Quant à Tascheron, non seulement il a une tare congénitale, mais il est aussi né à l'époque où son village abondait en mauvais sujets et « mauvaises mœurs » (*CH*, IX, p. 686). Sa réputation d'homme vertueux pourrait presque sembler contredite par son père qui le renie et regrette que sa femme l'ait empêché de lui donner « les corrections » qu'il voulait lui « infliger » (*CH*, IX, p. 726). De fait, Tascheron ne chante-t-il pas « à tue-tête des chansons obscènes », ne vomit-il pas « les plus dégoûtantes injures » (*CH*, IX, p. 701) ? Enfin, il ne faudrait pas oublier la référence à l'affaire Fualdès, et à Mme Manson, fait divers criminel qui a eu pour théâtre une maison close : « Limoges jouit alors de son procès Fualdès, orné d'une Mme Manson inconnue », en l'occurrence Véronique Graslin (*CH*, IX, p. 690-691)[15]. Or, ce Fualdès avait été assassiné dans une maison close, où se trouvait aussi Mme Manson[16].

Partisan « des règles classiques fondées sur le respect du bon sens et du bon goût » (Macaigne, 2015, p. 264), Sainte-Beuve fut scandalisé de voir s'étendre la réputation de Balzac ainsi qu'une « maladie vénérienne » (1988, p. 122). Sainte-Beuve éprouvait en effet une « défiance presque prophylactique » face aux romans de Balzac. Cette défiance était justifiée car le roman balzacien ne se conformait pas aux règles classiques. « Corrompu et corrupteur », le roman était « un élément étranger qui pénètr[ait] dans le corps parfaitement organisé de la littérature ». Les règles classiques ayant assuré « la santé de cet organisme », le roman faisait « facilement figure d'agent pathogène ». De la critique du mauvais goût, « on aboutit à une étude des pathologies du genre » romanesque, selon Macaigne (2015, p. 264), et, tout particulièrement avec les romans balzaciens.

Que Balzac ait donc eu le mauvais goût d'introduire certaines pathologies honteuses du corps comme la grosse vérole ou les fleurs blanches dans son œuvre donne raison à Marc Fumaroli qui a récemment écrit du monde balzacien qu'il « réfléchi[t] un monde révolutionné » et que cette réflection est d'autant plus percutante qu'elle « plonge ses tentacules dans les mondes analogues de la mémoire française », celui par exemple de

15 Voir l'introduction d'André Lorant dans l'édition de la Pléiade (*CH*, IX, p. 628).
16 Voir Borowitz, 1975.

Rabelais (2019, p. 334) : il a ainsi vu dans *Conversation entre onze heures et minuit* un « joyau » où se « révèle pleinement » la « poétique » tout autant que la « puissance métamorphique précoce » de l'érotique balzacienne (*ibid.*, p. 335). De fait, on y raconte en toute franchise, comme dans les chroniques rabelaisiennes, des histoires où le corps humain est à la fête ou, au contraire, en pleine défaite, une jeune femme distinguée mourant d'une hémorragie affreuse, massacrée qu'elle a été par le chirurgien malhabile d'une maison de prostitution. Un programme médical, qui défie donc tout surnaturel.

Marie-Christine GARNEAU
DE L'ISLE-ADAM
Langues & Literatures of Europe
& the Americas
University of Hawaii al Manoa,
E-U-A

ÉTUDES CITÉES

Alibert Jean-Louis, 1825 a, *Descriptions des maladies de la peau observées à l'hôpital Saint-Louis…*, Bruxelles Wahlen, 2 t.

Alibert Jean-Louis, 1825 b, *Physiologie des passions, ou Nouvelle doctrine des sentiments moraux*, Paris Béchet jeune.

Archives générales de médecine, 1825, Paris Béchet & Migneret, t. VIII.

Balzac Honoré de, [1910], *Pensées, sujets, fragments*, Paris Blaizot.

Belliol Jean-Alexis, 1839, *Traité sur la nature et la guérison des maladies chroniques, des dartres, des écrouelles et des maladies syphilitiques*, Paris Baillière.

Borowitz Albert I., 1975, « Henri de Latouche and the murder memoirs of Clarisse Manson », *Nineteenth-Century French Studies*, vol. 3, n° 3/4, printemps-été, p. 165-191.

Bui Véronique, 2003, *La femme, la faute et l'écrivain. La mort féminine dans l'œuvre de Balzac*, Paris Honoré Champion.

Chantoury-Lacombe Florence, 2008, « Pustules de peinture : épidémie et syphilis dans les arts visuels (XVe-XVIIe siècles) », *Corps*, n° 5, p. 65-73.

Chung Ye Yung, 2008, « Balzac et le système de Leibniz », *Revue d'histoire littéraire de la France*, n° 3, p. 563-579.

De Pietra Santa Prosper, 1897, *Journal d'Hygiène*, 23e année, vol. 22, n° 1106, jeudi 2 décembre.

Donoghue William, 2004, « Sade, Vanille et Manille : Urology and the Body of the Text », *French Forum*, vol. 29, n° 3, automne, p. 13-26.

Fumaroli Marc, 2019, *Parti Pris*, Paris Robert Laffont (« Bouquins »).

Guérin L. N., 1811, *Dissertation sur la variole, ou petite vérole*, Paris.

Henry M., 1825, « Réflexions sur la mixture brésilienne de M. Lepère, Journal de pharmacie et des sciences accessoires », *Bulletin de pharmacie de Paris*, Paris, Colas fils, t. XI.

Julien Pierre, 1995, « Impressions balzaciennes médico-pharmaceutiques », *Revue d'histoire de la médecine*, n° 307, p. 393-394.

Lagneau Louis-Vivant, 1828, *Traité pratique des maladies syphilitiques…*, Bruxelles Rémy.

Lancereau Étienne, 1866, *Traité historique et pratique de la syphilis*, Paris Bailleres et fils.

Le Yaouanc Moïse, 1959, *Nosographie de l'humanité balzacienne*, Paris Maloine.

Levent Jean-Marc, 2004, « Sade, l'homme naturel du XIXe siècle », *Lignes*, n° 14, p. 167-191.

Macaigne Samuel, 2015, « Le médecin narrateur. Le roman et l'interprétation de la maladie au tournant des Lumières », *Dix-huitième siècle*, n° 47, p. 259-273.

Mozet Nicole, 2002, « Balzac et la question de l'origine. De l'androgynie romantique à la bisexualité freudienne », *in* Christine Planté (dir.), *Masculin/féminin dans la poésie et les poétiques du XIXe siècle*, Presses Universitaires de Lyon, p. 355-363.

Portal Antoine, 1813, *Observations sur la nature et le traitement des maladies du foie*, Paris Longchamp.

Pouillet Thésée, 1879, *Des écoulements blennorhagiques contagieux aigus et chroniques de l'homme et de la femme, par l'urèthre, la vulve, le vagin et le rectum*, Paris Vve Delahaye.

Robert Aurélien, 2011, « Contagion morale et transmission des maladies : histoire d'un chiasme (XIIIe-XIXe siècle) », *Tracés*, n° 21, p. 41-60 (https://journals.openedition.org/traces/5139 [consulté le 25 avril 2020]).

Sainte-Beuve Charles-Augustin, [1926] 1988, *Mes Poisons*, Paris José Corti.

Spoelberch de Lovenjoul Charles de, 1879, *Histoires des œuvres de Balzac*, Paris Calmann-Levy.

Vanoncini André, 2009, « Débris et déchets dans quelques romans de Balzac », *AB*, p. 181-195.

Wald Lasowski Patrick, 1982, *Syphilis. Essai sur la littérature française du XIXe siècle*, Paris Gallimard (« Les Essais »).

Wenger Alexandre Charles, 2014, « Médecine et poésie au XIXe siècle. Les traductions françaises de *Syphilis* (1530) de Fracastor », *in* M. Louâpre, H. Marchal, M. Pierssens (dir.), *La Poésie scientifique, de la gloire au déclin*, www.epistemocritique.org, p. 171-188 (https://archive-ouverte.unige.ch/unige:76070 [consulté le 25 avril 2020]).

Yvaren Prosper, 1854, *Des Métamorphoses de la syphilis : recherche sur le diagnostic des maladies que la syphilis peut simuler et sur la syphilis à l'état latent*, Paris Baillière.

EUGÉNIE ET LOUISE

Paroles brodées, paroles gelées

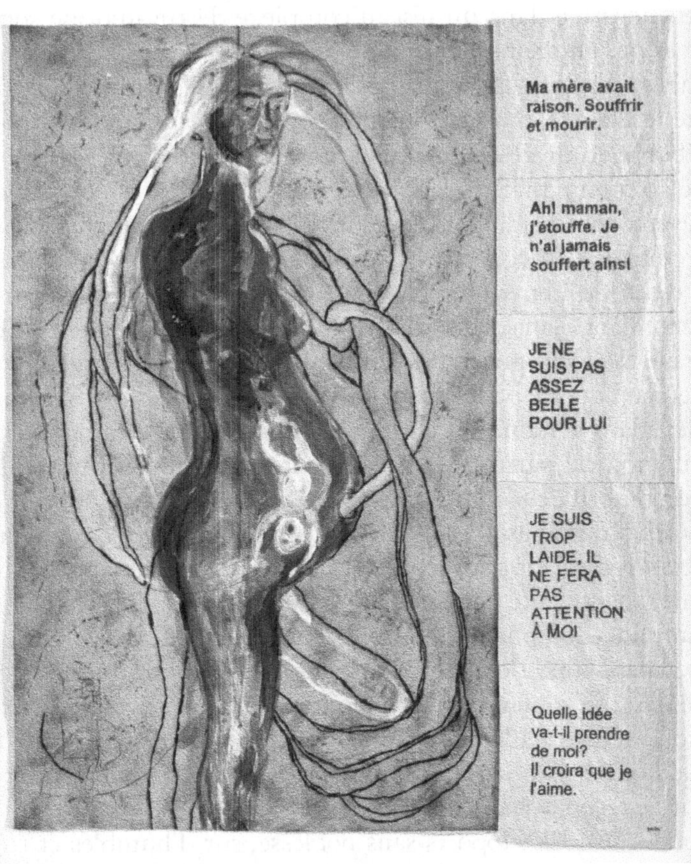

FIG. 1 – Louise Bourgeois, *My inner life* (#5), 2008, Etching, gouache, watercolor and pencil on paper with embroidered fabric on panel 152.7 x 123.1 cm. © The Easton Foundation / ADAGP, Paris, 2020. Photo: Christopher Burke. Œuvre reproduite ici en noir et blanc.

DE ROUGES PAROLES GELÉES

En 2010, l'exposition Louise Bourgeois à la Maison de Balzac présente une œuvre saisissante, exposée par la suite, en 2018, au MoMA à New York. Cette immense aquarelle de plus d'1,5 mètre sur 1,3, réalisée également avec de la gouache et du crayon, représente une femme rouge sang enchevêtrée dans un réseau complexe de tuyaux que son corps suscite et qui en même temps le ligotent : cheveux qui explosent de la tête, tubes sans doute digestifs mais circulant en dehors d'elle, sein nourricier relié à la tête, tous expriment une énergie sanguine et alimentaire qui déborde en un réseau extérieur continu faute d'être cohérent. Une vitalité intérieure incontrôlée s'y déverse de manière irrépressible, dans les cheveux comme dans la couleur de peau, selon une représentation des circuits de l'énergie très balzacienne[1].

Au centre de l'œuvre, dans le ventre de cette femme entièrement rouge sang, un enfant blanc comme suspendu par les pieds, qui donc n'est pas encore né, mais crie pourtant comme un enfant qui vient de naître[2], les bras pendant vers le bas, comme s'il était tenu par les pieds, comme s'il était déjà dans le monde et non plus dans l'apesanteur amniotique. Un cordon ombilical participe effectivement du réseau des tuyaux. Mais il part du nombril de la femme vers l'extérieur : l'enfant pourtant encore en gestation n'est pas ou n'est déjà plus relié au corps de la mère. Cet équilibre précaire, pris sur le vif, est donc à la fois intérieur et extérieur, explosif, sans sérénité aucune. Une violence tragique y éclate.

Maternité triomphante, angoissée, mystérieuse, refusée ? Cette représentation par Louise Bourgeois d'une femme enceinte d'un enfant comme déjà né mais ne voulant pas naître est si forte que c'est sans doute dans un second temps seulement que l'attention peut se porter sur le côté droit de l'œuvre, sur les cinq torchons disposés verticalement et qui la bordent de façon asymétrique.

Brodées sur des supports sans noblesse, sur d'humbles et rugueux torchons, tracées d'une écriture rustique, ces phrases sont décalées, en

1 Voir aussi « Les Cheveux des femmes », *in* Perrot, 2019, p. 727. Pendant sa période de réclusion, le père Grandet se cache pour observer sa fille en train de peigner ses longs cheveux (voir *CH*, III, p. 1163).

2 Ou comme dans *Le Cri* de Munch.

marge de l'œuvre, et elles lui confèrent une sorte d'inquiétante étrangeté. Comme pour le Pantagruel de Rabelais, elles sont visibles mais inaudibles, ce sont des images entre le son et le silence. Le statut de ces textes est en effet figé et non ancré à la fois : contrairement à celui de « bulles » de bande dessinée, ils ne flottent pas, mais on ne sait pas pour autant à qui ou à quoi les raccrocher. Ils sont détachés, disposés à la marge, en colonne, proches de la femme à l'enfant, et en même temps déconnectés. Ces paroles sans provenance claire « éclatent » littéralement à côté de l'image, existent matériellement par elles-mêmes et rappellent donc les paroles gelées de Rabelais, figées pour la transmission, signes *a priori* arbitraires[3] mais violents comme des cris silencieux en attente d'exploser.

> Ma mère avait raison. Souffrir et mourir.
> Ah ! maman j'étouffe. Je n'ai jamais souffert ainsi
> JE NE SUIS PAS ASSEZ BELLE POUR LUI
> JE SUIS TROP LAIDE, IL NE FERA PAS ATTENTION À MOI
> Quelle idée va-t-il prendre de moi ? Il croira que je l'aime.

Brodées en grosses lettres rouges, pour certaines en lettres capitales[4], ces cinq phrases sont parfaitement lisibles. On cherche d'abord en vain à les rattacher à des situations d'échanges : à qui renvoient les pronoms ? Qui souffre ? Qui parle à qui ? Qui juge qui ? Y a-t-il un ordre de lecture ou les phrases sont-elles indépendantes ? Et surtout de quelle façon ces phrases se raccrochent-elles à l'œuvre ? Puisqu'on ne perçoit pas l'origine de ces paroles, on les regarde effectivement comme des sortes d'images en elles-mêmes. On y sent aussi le labeur de la broderie, donc une forte et curieuse tension entre la violence du fond et le patient travail de la forme, en un temps indéfinissable de dramaturgie immobile. Dans la matérialité de sa réalisation, concrètement travaillé par la couleur et la broderie, le texte acquiert un statut de communication intermédiaire : il parle déjà par lui-même.

Les phrases brodées par Louise Bourgeois sont ainsi comme en liberté, elles ont valeur de vérité générale, ce qui tient à leur temporalité, entre un imparfait prédictif de fatalité, des infinitifs de vérité intemporelle, un

---

3 Voir Sensini, 2102 ; Ossola, 2015-2016.

4 Et l'on pense d'emblée au fil rouge de Sade, au « gros fil rouge ciré » analysé par Barthes (1971, p. 174).

présent connoté négativement puis un futur d'attente là encore négatif. Ces phrases résonnent aussi de façon quasi liturgique. On pourrait donc les imaginer provenant d'un contexte d'iconographie mariale religieuse, « Voici le fruit de mes entrailles », ou même, avec cette violence angoissée latente, à « Ceci est mon corps, livré pour vous », ou « Mon Dieu pourquoi m'as-tu abandonné », phrases de la passion du Christ. Car c'est bien le corps qui souffre ici dans sa chair. Est-ce l'enfant qui crie ? Ces paroles semblent pourtant renvoyer à une douleur amoureuse, donc à une souffrance de femme et non à un cri de nouveau-né. Est-ce alors la femme enceinte qui évoque là le père de son enfant ? Mais alors de quelle autre « mère » s'agit-il ? On a le sentiment toutefois que toutes les phrases émanent d'un seul locuteur.

Il est difficile de comprendre ce décalage des phrases brodées et de les réinterpréter. Elles devraient ajouter une dimension à la compréhension globale de l'œuvre dont elles sont partie prenante tout en s'en détachant, mais les places d'énonciation assignées ici au regard de cette présentation physiologique et anatomique des deux personnages représentés ne sont pas évidentes. On comprend tout de même qu'il y a au moins trois personnes dans le jeu (« maman », « ma mère » / « je », « moi » / « lui », « il ») ; que cette triangulation se noue dans des émotions fortes (« souffrir », « étouffer », « mourir ») ; mais aussi dans des relations de jugement (« avoir raison », « faire attention », « prendre une idée », « croire ») ; enfin que l'ensemble du champ sémantique est fortement négatif.

La mise en scène des paroles fait qu'elles semblent exister de manière autonome, qu'elles acquièrent comme une valeur générale d'affirmation sacramentelle tout en renvoyant visiblement à une situation relationnelle individuelle. Les pronoms comme les temps plongent dans une temporalité angoissante partagée qui oscille entre le tragique et l'anecdotique, entre l'historiette et le drame. Car il y a aussi une forme de banalité du drame amoureux dans ces phrases qui tirent vers le mélo.

Dans son journal intime, Louise Bourgeois écrit en lettres rouges cette litanie :

> Rouge est la couleur du sang
> Rouge est la couleur de la douleur
> Rouge est la couleur de la violence
> Rouge est la couleur du danger
> Rouge est la couleur de la honte

Rouge est la couleur de la jalousie
Rouge est la couleur des reproches
Rouge est la couleur des ressentiments[5].

Dans cette œuvre picturale où le rouge est si dominant, le travail créateur de l'artiste donne à percevoir effectivement d'emblée le sang, la douleur, la violence, la peur du danger dans l'incarnation d'un corps dans le corps ; et les phrases brodées expriment quant à elles la honte, la jalousie, les reproches, les ressentiments. On a le corps d'un côté et « du discours », du jugement, de l'autre. Donc l'intériorité silencieuse est figée tout autant que tumultueuse. Le monologue intérieur – mais lequel ? – est ainsi extériorisé par la broderie, en quelque sorte en amont du cri.

UNE MYSTÉRIEUSE IDENTIFICATION ENTRE LOUISE ET EUGÉNIE

Le titre de cette œuvre s'avère à cet égard aussi surprenant qu'éclairant : *My Inner Life*, et surtout, Louise Bourgeois le précise au dos de l'œuvre : « Mother and daughter / Eugénie et sa mère ». Le bébé est donc une fille, et le bébé est Eugénie Grandet. Gérard Genette nomme « transcendance » le phénomène qui « recouvre toutes les manières, fort diverses et nullement exclusives les unes des autres, dont une œuvre peut brouiller ou déborder la relation qu'elle entretient avec l'objet matériel ou idéal en lequel, fondamentalement, elle "consiste", tous les cas où s'introduit une sorte ou une autre de "jeu" entre l'œuvre et son objet d'immanence » (1994, p. 185).

De fait, les phrases brodées sont bien des citations exactes, si on en exclut les incises, de paroles d'Eugénie dans *Eugénie Grandet*. Celle qui est disposée en haut appartient plutôt à la conclusion de l'œuvre[6], comme si l'effet narratif était inversé. La seconde évoque l'angoisse amoureuse d'Eugénie à la perspective de ne plus revoir Charles qui va partir aux Indes. La troisième et la quatrième expriment la naissance de l'amour en même temps que la crainte et les souffrances qu'y associe Eugénie. La

5 Cité par Frémon (2008, p. 32).
6 Par ordre descendant, on les trouve respectivement *CH*, III, p. 1189, p. 1084, p. 1075, p. 1076, p. 1103.

dernière repose sur des contradictions morales, dues à une ignorance naïve, entre le vice et la vertu. Mais mettre ainsi ces phrases en exergue n'éclaire pas l'œuvre à première vue, et brouille au contraire davantage encore les postures d'énonciation : même avec l'explication donnée par le titre, et même pour un « balzacien », on ne sait finalement qui parle à qui, qui est la mère, qui est l'enfant, et qui est le masculin absent : le « il » est-il le père ou l'amant ? Et est-il un père trop présent ou un amant trop absent ?

Il faut d'abord rappeler le phénomène d'identification de Louise Bourgeois à Eugénie Grandet. Dans le petit essai publié à l'occasion de l'exposition de 2010, « Mystères d'une identification », Jean Frémon en donne plusieurs lectures particulièrement convaincantes et énumère tous les parallèles de vie supposés entre Louise et Eugénie : « victimes de la manipulation et de l'arrogance d'un père », « despote domestique doublé d'un opportuniste cynique », n'admettant pas qu'on leur résiste et ayant pour eux « l'autorité de la chose jugée » ; un amour pour le cousin dont le père a été tué ; une relation complexe avec une mère de santé fragile et qui perd le goût de vivre car le mari la délaisse ; une tentative de suicide dans la Bièvre pour Louise ; l'apprentissage de l'art par le rapiéçage de tapisseries (Bourgeois, 2009, p. 23-36). Et, toujours à cause du père : vrais-faux plans de mariage, refus d'éducation et d'émancipation.

La mythologie personnelle de Louise Bourgeois s'inspire d'autres problématiques balzaciennes pour pousser à leur extrême la lecture analytique des corps. Ainsi la maison est-elle chez Louise Bourgeois « le théâtre des constructions psychiques qui se forment dans l'enfance et impriment leur marque indélébile » (*ibid.*, p. 18). Elle a beaucoup travaillé sur le thème de la « femme-maison ». On sait combien les héros et héroïnes balzaciens adhèrent à leurs coquilles comme une huître à son rocher. Eugénie Grandet est elle aussi une « femme-maison ». Dans ces figures hybrides peintes par Louise Bourgeois, tel un bernard-l'hermite surmonté d'un coquillage en guise de tête, le corps de la femme instaure et subit une circulation complexe entre l'intérieur et l'extérieur, l'intime et le public : « En apparence, cette femme est belle, mais elle ne réalise pas l'effet qu'elle a sur nous. Elle ne sait pas qu'elle est à moitié nue, elle ne sait pas qu'elle est en train de se cacher. Elle est en totale contradiction avec elle-même parce qu'elle croit se cacher alors qu'en fait elle se montre. » (Maldonado, 2008, p. 47) Eugénie Grandet est de même à la fois transparente et inconsciente de sa beauté, épiée par tous et totalement pudique.

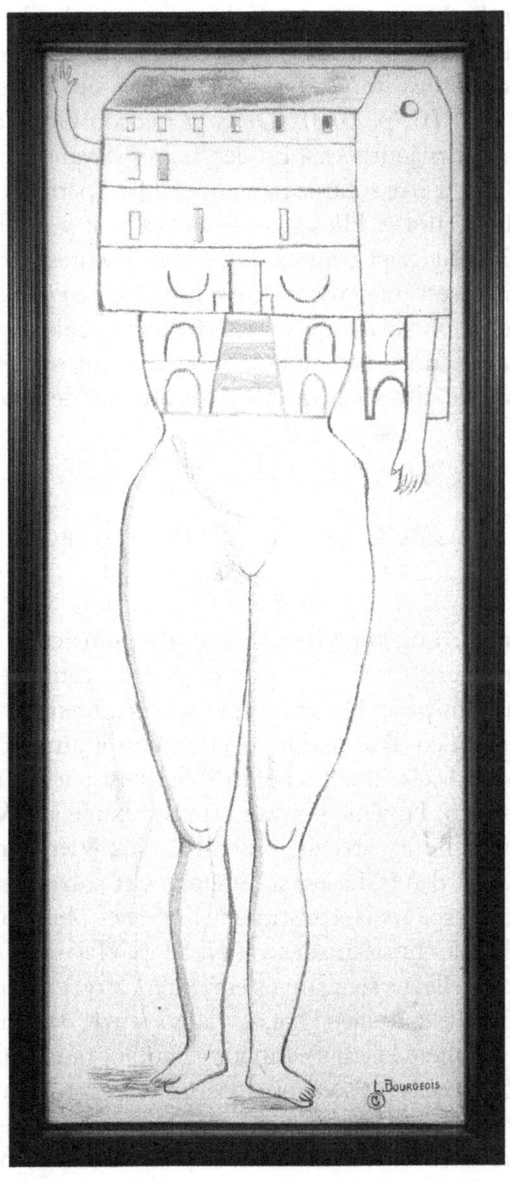

FIG. 2 – Louise Bourgeois, *Femme maison*, 1946-47, Ink on linen 91.4 x 35.5 cm.
Private collection © The Easton Foundation / ADAGP, Paris, 2020.
Photo: Christopher Burke.

Balzac écrit dès les premiers mots du roman que la physionomie de la maison Grandet existe comme un principe de mélancolie[7], le paradoxe étant que « ces maisons impénétrables, noires et silencieuses n'ont point de mystères » (*CH*, III, p. 1030). Dans la maison Grandet, Eugénie et sa mère passent leurs journées à broder assises devant les croisées et un peu surélevées afin d'être « à une hauteur qui [...] permît de voir les passants » (*CH*, III, p. 1041). Elles voient et elles sont vues. La vertu et les sentiments d'Eugénie sont connus de tous et discutés par tout Saumur. Sa vie « intérieure » est totalement extérieure et apparemment identique à elle-même, une vie transparente et « sans histoires », alors que son histoire est en permanence suivie par toute la ville. Son corps est transparent et cerné d'une nuée de discours, comme dans l'œuvre de Louise Bourgeois.

EUGÉNIE, DE PLUS EN PLUS VIERGE

Dans le roman, Eugénie Grandet est aussi sans cesse explicitement comparée à une vierge peinte : « Depuis ce jour, la beauté de Mlle Grandet prit un nouveau caractère. Les graves pensées d'amour par lesquelles son âme était lentement envahie, la dignité de la femme aimée donnèrent à ses traits cette espèce d'éclat que les peintres figurent par l'auréole. Avant la venue de son cousin, Eugénie pouvait être comparée à la Vierge avant la conception ; quand il fut parti elle ressemblait à la Vierge mère : elle avait conçu l'amour. Ces deux Maries, si différentes et si bien représentées par quelques peintres espagnols, constituent l'une des plus brillantes figures qui abondent dans le christianisme. » (*CH*, III, p. 1146-1147) Mais Eugénie est une vierge qui, elle, ne sera jamais enceinte. Ce qu'elle a conçu, c'est un amour stérile. Est-elle donc bien l'enfant, dans l'œuvre de Louise Bourgeois ? Face à son père, sa mère la croit « innocente autant que l'enfant qui naît » (*CH*, III, p. 1157). Pourtant son corps vierge s'est transformé.

Serait-il donc possible qu'une vierge tombe enceinte ? Peut-on raconter une telle histoire ? L'écriture balzacienne se joue avec un humour non dénué de tendresse de l'histoire de cette vraie-fausse vierge qu'est Eugénie : son corps travaille malgré elle. Dans son livre étonnant sur *La Madonna del Parto*

7 Voir *CH*, III, p. 1027.

de Piero della Francesca, fresque de Monterchi, Hubert Damisch, analysant cette vierge *ante partum*, décrit comment cette représentation objective du mystère de l'incarnation, cette question de savoir « comment les enfants sont entrés là et qui les y a mis », de savoir « ce que le père a à voir avec leur naissance », est la question « la plus vieille et la plus brûlante de la jeune humanité selon Freud », et risque de fragiliser les lignages fondés sur la masculinité (1997, p. 58-60)[8]. La grossesse est aussi une menace. Mais Eugénie n'est pas enceinte. Elle n'attend, sans le savoir, que de l'argent.

FIG. 3 – BEN-F-002791-0000, *Madonna del Parto*, fresco, ca. 1445, Piero della Francesca (Sansepolcro 1410/1420 ca.-1492), Cemetery Chapel, Monterchi, Arezzo. Photographer: Bencini, Raffaello Mandatory photo credit: Raffaello Bencini/ Alinari Archives, Florence.

8 Damisch analyse les énigmes posées par cette fresque, et évoque même *Le Chef-d'œuvre inconnu* (1997, p. 100). Ce peut être aussi l'occasion de s'interroger sur le peu de représentations de vierges enceintes. Christian Jouffroy explique qu'il y a très peu de sources bibliques canoniques sur la grossesse de Marie et que rares sont de surcroît les livres ou articles qui s'intéressent à « cet aspect réaliste de la maternité », sinon quelques références bibliographiques dont les titres mêmes laissent un peu rêveur, tant ils résonnent de façon plus psychanalytique que religieuse : « Vierges ouvrantes, vierges ouvertes », « Représentation par transparence de la grossesse dans l'art chrétien », « Les grossesses à enfant visible dans l'art chrétien » (2007, p. 218).

À mesure que progresse le roman, Eugénie se consume d'amour, tout en étant, pour ainsi dire, de plus en plus vierge et donc de plus en plus belle. Elle devient aussi, bien malgré elle, de plus en plus riche, du fait de la mort de ses parents. À l'annonce de la trahison de Charles, quand son attente n'a plus de sens, elle demande « Monsieur le curé [...], serait-ce pécher que de demeurer en état de virginité dans le mariage ? » (*CH*, III, p. 1192). Elle demeurera donc vraiment vierge, sans enfant. La cruauté tragique de son histoire, c'est ce refus d'enfant exprimé par elle-même auprès de son mari. Car ce mari, se sachant épousé sans amour, espère lui aussi n'avoir pas d'enfant pour hériter de sa femme, de même que Grandet a hérité de la sienne : en une inexorable répétition, il ne voit lui aussi dans l'enfant qu'un « héritier concurrent ». Or le mari d'Eugénie meurt avant elle, et c'est elle qui hérite de lui :

> La Providence la vengea des calculs et de l'infâme indifférence d'un époux qui respectait, comme la plus forte des garanties, la passion sans espoir dont se nourrissait Eugénie. Donner la vie à un enfant, n'était-ce pas tuer les espérances de l'égoïsme, les joies de l'ambition caressées par le premier président ? (*CH*, III, p. 1197)

Donner la vie n'a dans ce couple aucun sens car le mari ne rêve que d'héritage, donc de mort. Les phrases brodées sont-elles donc prononcées par le bébé qui deviendra la future vierge richissime ? Dans le roman, la relation d'Eugénie avec sa mère est toute de tendresse. Mais c'est la chaîne de la souffrance des femmes qui se transmet par elle. Eugénie, le « je » qui parle déjà à sa mère en son ventre, souffrirait alors déjà comme future femme et refuserait même de naître comme femme. C'est pour Louise Bourgeois une « *reticent child*[9] ».

Si la « vie intérieure », titre de l'œuvre, n'évoque donc pas la vie émotive de la mère, ni la vie affective de la fille, mais, à l'intérieur du ventre de la mère, l'angoisse de l'enfant à naître, c'est alors une angoisse de naître femme, selon Louise Bourgeois qui brode ces paroles à l'extérieur de l'œuvre. La seule vie « intérieure » de la mère n'est-elle pas tout simplement de porter cet enfant dans son corps, à l'intérieur d'elle ? La phrase d'Eugénie « Ah Maman, j'étouffe, je n'ai jamais souffert ainsi » correspond au moment où la mère, devinant tout de

9 Voir la photo d'un détail de l'œuvre dans le hors-série de *Connaissance des Arts* sur Louise Bourgeois de 2008, p. 66.

l'amour de sa fille pour son cousin, ouvre la fenêtre pour lui donner de l'air. Balzac compare alors leur relation et leur vie à celle « des célèbres sœurs hongroises, attachées l'une à l'autre par une erreur de la nature » (*CH*, III, p. 1084). La transparence anatomique de l'œuvre de Louise Bourgeois et la complexité du réseau relationnel représenté soulignent ce paradoxe contre-nature à la fois anatomique et relationnel : la mère et la fille ne sont en réalité que deux sœurs[10]. Leur autarcie asphyxiante suscite et étouffe à la fois les cris de révolte.

Eugénie devient donc une héroïne de la rupture de la chaîne de la reproduction et de la transmission, mais d'une rupture malgré elle, qui lui est source de souffrance. Faite pour être mère, elle ne sera que la mère des pauvres, car elle saura donner de l'argent, à défaut de donner la vie. Le père Grandet, lui, ne donne rien, et il ne « par-donne » même à sa propre fille que par peur de perdre la fortune de sa femme :

> Songez donc à la situation où vous seriez, vis-à-vis votre fille, si Mme Grandet mourait. [...] elle succède à sa mère, de qui vous ne pouvez pas hériter. [...]
> – Cela est donc bien vrai. Je serai dépouillé, trahi, tué, dévoré par ma fille.
> – Elle hérite de sa mère.
> – À quoi servent donc les enfants ! (*CH*, III, p. 1164-1166)

Tout passe donc obligatoirement par les femmes, la reproduction comme la fortune des Grandet. Le père de Louise Bourgeois espérait la naissance d'un garçon, apprend-on[11]. L'anthropologue Françoise Héritier ne cessait de souligner combien écrasante pour les hommes, dans le processus de reproduction, est cette capacité de la femme à engendrer les deux sexes. L'œuvre de Louise Bourgeois nous donne à penser que le père est absent quand il ne le faudrait pas, même s'il prend aussi trop de place. À propos de la relation entre son mari et son père, Louise Bourgeois écrit « ils se sont détestés immédiatement... ». Louise réalise des œuvres intitulées « Destruction du père », puis « Reconstruction du père ». Sa relation à son père reste pourtant très ambivalente[12], puisqu'elle s'identifie à lui, quand ils jouent tous deux et qu'il se laisse guider comme un aveugle. De même Eugénie, dans son corps, dans son attitude, dans ses expressions, dans son langage et sa gestuelle, se met

10 Rien à voir avec la relation entre la belle demoiselle du Hautoy et sa mère, qui, par « jalousie », « la fagote si mal ! » explique Mme des Grassins (*CH*, III, p. 1068).

11 Voir Boutoulle, 2008, p. 14.

12 Voir Xenakis, 2008, p. 59-60.

à la fin du roman à ressembler à son père, dont elle était tout l'opposé. La certitude de la filiation réapparaît malgré elle dans son corps.

Cette transparence anatomique de la femme enceinte se découvre donc comme une fausse transparence, créatrice d'angoisses : où est le masculin ? Comment va-t-il apparaître ? Et quel rôle va-t-il jouer ? De même que l'argent, le sang rouge qui circule dans ce lacis anatomique est aussi bien le sang féminin retenu des menstrues, pour nourrir la grossesse et faire grandir l'enfant, que pour moitié le sang du père. Le père Grandet joue pour sa part avec l'argent de sa femme et dissimule les opérations financières (parfois difficiles à comprendre) qui vont faire fructifier et prospérer sa fortune : il est tout en dissimulation de la circulation de l'argent, qu'il opère secrètement et nuitamment. Mais il est trompé par celle qui est de son propre sang et qui, par amour et par affirmation identitaire, rompt la circulation autarcique et donne son argent à un autre homme. Cet autre homme, Charles, est certes du même sang, mais en fait il ne comprend pas du tout où et comment circule l'argent, alors qu'il pourrait le gagner avec l'amour. Son excuse lâche pour trahir Eugénie dans la lettre qu'il lui écrit finalement est que « Nous nous devons à nos enfants » (*CH*, III, p. 1187). Tandis que le Président de Bonfons, lui, comprend tout. « [N]ous sommes presque parents » (*CH*, III, p. 1194) lui dit d'ailleurs Eugénie en lui proposant un vrai-faux mariage, sans enfant. Charles ne s'étant pas affirmé comme père, lui qui a perdu le sien de mort à la fois honteuse et violente, le Président peut s'immiscer par le mariage dans une structure paradoxale de refus d'enfant.

La durée de l'absence de Charles, si exotique et apparemment si aventureuse, a donc été en fait pour lui un temps perdu et stérile, alors qu'Eugénie l'attendait, elle, en héritant. Charles n'a rien appris, il n'a toujours pas compris… pourquoi on fait ou non des enfants ! Eugénie, elle, l'a attendu en continuant à broder inlassablement et le temps du roman s'est alors accéléré, sept années en quelques pages.

Mais il faut se souvenir que le roman d'Eugénie avait été en quelque sorte miné dès le départ, lorsque Mme Des Grassins s'était chargée de « faire des confidences » à Charles :

> « Si vous restiez chez M. Grandet, que deviendriez-vous, bon Dieu ! Votre oncle est un grigou qui ne pense qu'à ses provins, votre tante est une dévote qui ne sait pas coudre deux idées, et votre cousine est une petite sotte, sans éducation, commune, sans dot, et qui passe sa vie à raccommoder des torchons. »

> « Elle est très bien, cette femme », se dit en lui-même Charles Grandet en répondant aux minauderies de Mme des Grassins. (*CH*, III, p. 1061-1062)

Ainsi la perception de Charles a-t-elle été corrompue et biaisée d'emblée par les paroles de la malveillance sociale, provinciale et intéressée. L'histoire tragique d'Eugénie, de plus en plus vierge, de plus en plus riche, est en réalité déjà écrite dès les premières pages. La suite n'est qu'un rêve de neuf ans qui dure dans sa « vie intérieure », mais dont le réveil sera tardif et brutal. Durant ce temps à la fois si long de l'attente, mais condensé de façon si elliptique dans le roman, deux récits se sont menés en parallèle sans jamais se rencontrer.

BRODER, ÉCRIRE

Selon Mme des Grassins, Eugénie « passe sa vie à raccommoder des torchons ». C'est vrai. Elle est « sans dot » ? C'est faux. Les paroles de la malveillance sont figées et incohérentes. La mère d'Eugénie est accusée par Mme Des Grassins d'être « une dévote qui ne sait pas coudre deux idées », mais ce discontinu est de toute façon le propre des rumeurs en général, et en l'occurrence de celles qui cernent la famille Grandet. Toutes ces paroles de l'extérieur environnent Eugénie et sa famille d'un « tissu de mensonges » mais mélangé aussi de vérités qui se révèleront prédictives dans le roman. Comment donc « coudre des idées » pour que les exclamations intérieures d'Eugénie, le présent tragique de ses émotions et l'angoisse de son futur impossible, deviennent des vérités générales ? C'est sans doute ce que réussit à son tour Louise Bourgeois. On sait que le texte est étymologiquement un tissu, que l'écriture est une broderie. Selon Roger Chartier, « le lien entre l'identité féminine, le travail de la broderie et l'écriture avec l'aiguille est une donnée fondamentale des sociétés traditionnelles » (2004, p. 14)[13] : « En brodant l'écriture, en tissant les textes, les jeunes filles et les femmes moins jeunes respectent les normes qui leur assignent des tâches particulières et des apprentissages propres. Mais, en même temps, alors qu'elles devraient

13 Voir aussi sa référence en note 49 : Scheid et Svenbro, 1994, p. 149 et p. 160-162.

être seulement des lectrices obéissantes, l'écriture avec l'aiguille, puis avec la plume, leur permet de construire une autre image d'elles-mêmes et la possibilité d'une existence moins complètement soumise à l'ordre masculin. La proximité entre texte et tissu peut, de ce fait, être comprise comme l'un des recours qui ont autorisé les femmes à desserrer les contraintes traditionnelles et à entrer en écriture » (*ibid.*). En brodant, Louise Bourgeois renvoie certes à une préhistoire de tâches féminines anachroniques, mais aussi à un processus d'émancipation, qu'illustrent Eugénie et sa mère. Ainsi, dans *Dépressions* d'Herta Müller (dans un contexte de dénonciation de l'aliénation de l'individu dans une société d'oppression des minorités, notamment pour des raisons linguistiques), on peut lire :

> La mère avait de nombreux torchons muraux dans la maison. Dans la cuisine au-dessus de la table il y en avait un avec des pommes et des poires, une bouteille de vin et un poulet rôti sans tête. En-dessous cette phrase : Un bon repas fait oublier ses traces. Cette maxime plaisait à tout le monde. La mère dut la recopier plus d'une fois sur un bout de papier journal pour des visiteurs parce qu'ils voulaient eux aussi la broder. La mère disait que les torchons muraux sont très instructifs. (2015, p. 97)

Dans ce texte, la parole de la mère est affirmative : les torchons « sont » instructifs, elle le décrète. En réalité la signification de ce proverbe plaît à tout le monde car elle n'est pas claire et on ne comprend pas ce qu'il ajoute à la nourriture brodée. C'est la reproduction d'un lieu commun qui plaît à tous, parce que personne ne le comprend vraiment. Pas de bons repas en tout cas chez les Grandet, pas de plaisirs du corps. La nourriture est parcimonieuse, et on ne consomme pas de sucre. Et dans la maison du père Grandet, tous les corps sont réglés à l'unisson pour contrôler toute dépense : « lorsqu'il se couchait, chez lui tout devait dormir [...]. Quant à Mme Grandet, elle dormait, mangeait, buvait, marchait suivant les désirs de son mari. » (*CH*, III, p. 1134) Les corps de la maison Grandet suivent une chorégraphie rodée et rigide, dans l'espace comme dans le temps.

Ainsi la broderie serait-elle une échappatoire heureuse si Eugénie marquait son trousseau, car elle pourrait rêver de mariage et d'enfant, et sa broderie pourrait relever d'un monologue intérieur de douce projection sur l'avenir ; mais elle est une astreinte car c'est un simple « raccommodage d'ouvrière ». La broderie d'Eugénie n'est donc pas ici le texte d'un récit qu'elle pourrait s'approprier : les phrases violentes que Louise Bourgeois a choisi de rebroder sont celles qui empêchent Louise de s'extraire d'une vie intérieure angoissée car trop contrainte par le jugement masculin.

> La mère et la fille entretenaient tout le linge de la maison, et employaient si consciencieusement leurs journées à ce véritable labeur d'ouvrière, que, si Eugénie voulait broder une collerette à sa mère, elle était forcée de prendre sur ses heures de sommeil en trompant son père pour avoir de la lumière. (*CH*, III, p. 1041)

La ruse d'Eugénie n'est pas même celle de Pénélope qui trompe le temps de l'attente d'un mari en défaisant la nuit ce qu'elle fait le jour. Toutes deux prennent sur leur temps de sommeil et leur travail clandestin défie les ombres de la nuit pour tenter de prendre le temps à rebours. Mais Eugénie, elle, doit aussi tromper son père pour offrir quelque chose à sa mère, sa sœur siamoise, celle qui lui a donné sa vie. Elle doit échapper au système de contrôle pour pouvoir donner, en un geste gratuit.

Quelle « vie intérieure » Eugénie et sa mère brodent-elles alors silencieusement sur des torchons ? Ceux-ci deviennent bien « instructifs » lorsque Louise Bourgeois les re-brode pour en montrer la rougeur et la violence. Eugénie pense en effet que ses « pensées sont gravées sur [son] front et sautent aux yeux d'autrui » (*CH*, III, p. 1077). Certainement ce sont de « mauvaises pensées », croit-elle, aux yeux du monde. Mais c'est parce que son corps étouffe : elle manque d'air quand l'émotion la submerge. Corps siamois, fonctionnements physiologiques liés, mimétisme des postures : comment « coudre des idées » pour échapper à la famille ? La représentation que Louise Bourgeois se fait d'Eugénie Grandet participe du fait d'apprendre à « demeurer en soi-même[14] » tout en fuyant la douleur provoquée par le jugement des autres, donc tout en se demandant avec angoisse s'il faut demeurer dans le ventre de sa mère ou s'en émanciper.

Louise Bourgeois a composé une « Ode à Eugénie Grandet » dont voici quelques extraits :

> Je n'ai jamais grandi
> Je me tiens près de la fenêtre
> J'ai passé ma vie à faire des rideaux

14 Selon la métaphore de la psyché développée par la psychanalyste Valentina Supino (2004).

> Pour cacher les vitres sales
> J'ai passé ma vie à faire des rideaux
> En surveillant l'immeuble d'en face
> J'ai passé ma vie à attendre…
> […]
> J'ai passé ma vie à faire des jours à tirer des fils pour les draps et les nappes
> J'ai passé ma vie à me faire un trousseau
> Moi qui n'ai jamais été troussée… (2009, p. 96-97)

Ironie tragique de ce dernier jeu de mots : dans cet autre texte, au passé composé irrémédiable, Louise Bourgeois extériorise la pauvre et transparente vie intérieure d'Eugénie Grandet, en une interminable et vaine durée de vieille fille besogneuse et frustrée. On ressent pourtant encore de la révolte, donc de l'espoir, dans l'œuvre picturale dans laquelle elle re-brode les paroles intérieures d'Eugénie, lorsqu'elle représente Eugénie dans le ventre de sa mère comme un « *reticent child* », un enfant qui crie « *Do not abandon me*[15] », parole christique, mais d'une femme dans le corps d'une autre femme.

De ces deux corps de femmes, si proches, certes celui de la mère d'Eugénie n'est « techniquement » pas vierge, mais elle est quand même un « [a]gneau sans tache » (*CH*, III, p. 1170) qui va au ciel : elle est représentée dans une assomption quasi mariale, et sa mort est comme sanctifiée, alors que, par contraste ironique, son mari l'appelle soudain « la mère, mémère, timère » (*CH*, III, p. 1169), en écho à sa « fifille ». « Nous ne faisons qu'un maintenant » dit le père Grandet, qui précise « chez moi, tout se passe en dedans et me trifouille l'âme » (*CH*, III, p. 1170), alors que ses prières ne reposent en fait que sur de basses considérations notariales.

La représentation et les champs sémantiques dans ce roman oscillent sans cesse entre la pureté, la sainteté, et la logique matérialiste et commune des enjeux financiers. La mère, la fille et le père finissent par se retrouver au sein de cette pseudo-Sainte Trinité, mystère relationnel dont Eugénie reproduira successivement et fidèlement tous les fonctionnements, paternels comme maternels, qu'elle a intériorisés. C'est d'ailleurs le curé qui finira par réconcilier de façon acrobatique les considérations religieuses et les opérations financières, en jouant le rôle de conseiller matrimonial d'Eugénie, pour éviter que sa fortune ne soit mal gérée.

15 Titres de plusieurs de ses autres œuvres.

Dans son œuvre, Louise Bourgeois inscrit deux corps de personnages balzaciens l'un dans l'autre, en une troublante confusion mère-fille-sœur qui montre que la chaîne de la reproduction n'a rien en fait de « naturel » : toute la représentation tire sa douleur des éléments de construction de langage purement sociaux qui lui sont juxtaposés. Ces paroles extériorisées sont d'abord subies puis rebrodées sur de pauvres torchons, en un cycle tragique qui tente de dénoncer les violences sociales des discours tout faits sur la femme et l'identité physiologique qui la contraint, sur les contradictions entre l'émancipation et le respect de la transmission.

Cette « *Inner Life* » dévoilée par Louise Bourgeois, qui dissocie le corps des discours environnants, semble pousser à l'extrême cette intuition de George Sand écrivant à Balzac après la lecture des *Mémoires de deux jeunes mariées* : « il faut, mon cher, que vous ayez, suivant nos idées de Leroux, un souvenir d'existence antérieure où vous auriez été femme et mère. Après tout vous savez tant de choses que personne ne sait. Vous vous assimilez tant de mystères du non-moi [...]. Grâce à votre intensité de persistance dans la vie, vous êtes dans un continuel rapport de souvenirs et de sensations avec les séries infinies du *non moi* que votre *moi* a parcourues. » Et plus loin : « J'admire celle qui procrée, mais *j'adore* celle qui meurt d'amour » (*Corr.*, III, p. 18-19). Cette distinction des destinées entre Louise de Chaulieu et Renée de Maucombe s'applique ici de façon surprenante et inattendue aux destins respectifs de la mère, qui procrée et est admirable, et de la fille, dont l'amour meurt au point qu'elle assume le choix de ne pas procréer.

Eugénie Grandet se termine pour Eugénie sur une dérisoire et tragique nouvelle perspective de mariage purement financier : elle ne porte décidément que des grossesses financières. Dans l'œuvre de Louise Bourgeois, en un écho troublant, la mère d'Eugénie donne la vie à sa fille qui sait déjà que sa vie amoureuse va mourir. Déjà *in utero*, le corps d'Eugénie est visible et commenté, convoité, cerclé de jugements et de projets d'alliances, blessé de jugements, et donc assigné à résidence. Louise Bourgeois montre que le personnage d'Eugénie n'est pas tant prisonnier de son corps que des discours qui le désignent.

Presque en conclusion de son livre sur la nostalgie, sur le lieu d'où l'on est et sur le périple d'Ulysse, Barbara Cassin cite Günther Anders : « Tout le monde sait que sa mère est mortelle, mais personne ne sait que sa maison est mortelle[16] » (2018, p. 148). Femme-maison, Eugénie Grandet est aussi, telle que nous la fait voir Louise Bourgeois, la femme dans sa mère, dans ce non-moi dont elle est issue mais comme une siamoise, et dans lequel elle veut demeurer : sa seule résistance possible aux discours et aux jugements est de rester elle-même stérile.

Louise Bourgeois voit dans la saga familiale d'Eugénie Grandet comme « un miroir naturel » de sa propre vie (2009, p. 20). Elle a eu des enfants, n'a eu que des fils, dont un qu'elle a adopté juste après la guerre. Ses célèbres araignées représentent sa mère, mais paradoxalement et de façon complexe, en une distanciation ambivalente, aussi comme des animaux sympathiques et protecteurs parce qu'elles tissent des toiles, façon primitive d'entrer en écriture. En voulant représenter la vie intérieure supposée d'Eugénie et de sa mère, Louise Bourgeois apporte au spectateur, tout comme au lecteur balzacien, ses intuitions troublantes sur la violence des situations de transmission intrafamiliales et sur la brutalité des jugements sociaux extérieurs mais intériorisés.

À la fin de sa propre vie, Louise retravaille à sa façon la représentation de la maternité telle qu'elle la perçoit dans ce roman, toute d'un amour étouffant et finalement stérile. Elle y projette sans doute ses propres angoisses existentielles et sa sensibilité aux jugements masculins, du père et du mari, en une confusion qui reproduit toutes les résonances et situations possibles pour chacun des acteurs et des spectateurs. Elle sépare d'un côté le corps physiologique pris dans le travail de l'enfantement, et de l'autre la transmission intériorisée de paroles glaçantes qui ne vont engendrer que de la souffrance. En une réparation symbolique, Louise Bourgeois a pris et repris ce temps à la fois laborieux et libérateur de la couture d'idées. Peut-on l'imaginer brodeuse heureuse ? À sa façon, elle répète et représente à la fois le véritable travail de l'écriture, en tension permanente entre la mise en récit d'une douce romance rêvée et la violence toujours à l'œuvre d'une sociologie cynique. Ainsi Louise

16 On ne peut s'empêcher de penser aux toutes dernières lettres de sa vie dans lesquelles Balzac correspond en connivence avec sa mère pour aménager sa nouvelle maison de jeune marié. Leurs échanges portent sur des comptabilités d'aménagement, des qualités de tissus et de tentures des rideaux, des tapisseries. Ce corps si gravement malade, à quelques jours de sa mort, souffre et s'épuise durant tout ce temps du trajet du retour de Pologne, en se projetant dans un aménagement d'intérieur, dans les choix de matières et de couleurs pour des rideaux aux fenêtres, des coussins, des jetés de lits, en vue de broder le récit d'une nouvelle vie.

Bourgeois montre-t-elle de façon éclatante que ces tensions omniprésentes dans *La Comédie humaine* ne sont pas de simples vues abstraites de l'esprit mais qu'elles déchirent et meurtrissent la chair des corps.

Florence TERRASSE-RIOU
Directrice des Affaires culturelles
et des relations extérieures
du Collège de France
Directrice de la Fondation Hugot
du Collège de France

ÉTUDES CITÉES

Barthes Roland, 1971, *Sade, Fourier, Loyola*, Sade II, « Le fil rouge », Paris Seuil.

Bourgeois Louise, 2009, *Moi, Eugénie Grandet*, Précédé d'un essai de Jean Frémon, Paris Gallimard (livre publié à l'occasion de l'exposition « Louise Bourgeois : Moi, Eugénie Grandet », à la Maison de Balzac, Paris, novembre 2010).

Boutoulle Myriam, 2008, « Roman de famille », *Connaissance des Arts*, hors-série n° 354, Centre Pompidou.

Cassin Barbara, 2018, *La Nostalgie. Quand donc est-on chez soi ?*, Paris Autrement.

Chartier Roger, 2004, « Texte et tissu. Les dessins d'Anzoletto et la voix de la navette », *Actes de la recherche en sciences sociales*, n° 154, p. 10-23.

Damisch Hubert, 1997, *Un souvenir d'enfance par Piero della Francesca*, Paris Seuil.

Frémon Jean, 2008, « Quand les mots deviennent formes », *Connaissance des Arts*, hors série n° 354, Centre Pompidou.

Genette Gérard, 1994, *L'œuvre de l'art, 1 : immanence et transcendance*, Paris Seuil.

Jouffroy Christian, 2007, « *La maternité dans l'iconographie mariale. Les Vierges enceintes ou allaitantes dans l'art chrétien* », Académie nationale de Metz (http://documents.irevues.inist.fr/bitstream/handle/2042/34017/anm_2007_217.pdf?sequence=1 [consulté le 25 avril 2020]).

Maldonado Guitemie, 2008, « Dans la peau de Louise Bourgeois », « Femmes Maisons », *Connaissance des Arts*, hors série n° 354, Centre Pompidou.

Müller Herta, 2015, *Dépressions*, Paris Gallimard (« Folio »).

Ossola Carlo, 2015-2016, « Paradigmes pour une métaphorologie, II : mots de glace et de neige », Annuaire du Collège de France (https://www.college-de-france.fr/media/carlo-ossola/UPL3711617906687232549_36_Ossola_431_452.pdf [consulté le 25 avril 2020]).

Perrot Michelle, 2019, *Le Chemin des femmes*, Paris Robert Laffont (« Bouquins »).

Scheid John et Svenbro Jesper, 1994, *Le Métier de Zeus. Mythe du tissage et du tissu dans le monde gréco-romain*, Paris La Découverte.

Sensini Francesca Irene, 2012, « Paroles gelées : les images entre parole et silence chez Italo Calvino », *Italies*, n° 16 (https://journals.openedition.org/italies/4428 [consulté le 25 avril 2020]).

Supino Valentina, 2004, *Habiter sa maison intérieure*, Paris Fayard.

Xenakis Mâkhi, 2008, *Louise Bourgeois : l'aveugle guidant l'aveugle*, Arles Actes Sud.

BIBLIOGRAPHIE SÉLECTIVE / *SELECTIVE BIBLIOGRAPHY*

Abraham Pierre, 1931, *Recherches sur la création intellectuelle : créatures chez Balzac*, Paris Gallimard.

Balzac et la peinture, 1999, catalogue de l'exposition du Musée des Beaux-Arts de Tours, Farrago.

Bonard Olivier, 1969, *La Peinture dans la création balzacienne. Invention et vision picturale de* La Maison du Chat-qui-pelote *au* Père Goriot, Genève Droz.

Borderie Régine, 1994, « Portrait de corps. Questions de ressemblances et de références », *Poétique*, n° 97, p. 65-79.

Borderie Régine, 2002, *Balzac, peintre de corps.* La Comédie humaine *ou le sens du détail*, Paris SEDES.

Cabanès Jean-Louis, 1991, *Le corps et la maladie dans les récits réalistes (1856-1893)*, Paris Klincksieck, 2 t.

Corbin Alain, Courtine Jean-Jacques, Vigarello Georges (dir.), 2005, *Histoire du corps. II, De la Révolution à la Grande Guerre*, Paris Seuil.

Cussac Hélène (dir.), 2009, *Les Discours du corps au* XVIIIe *siècle : littérature – philosophie – histoire – science*, Presses universitaires de Laval.

Diethelm Marie-Bénédicte, 2005, « À la manière de Pierre Abraham : créatures chez le jeune Balzac », *AB*, p. 37-61.

Edelman Nicole, 2001, « Matérialisme et magnétisme animal : les limites du corps en question », *in* Éric Bordas, Jacques-David Ebguy & Nicole Mozet (dir.), *Un matérialisme balzacien ?*, site du GIRB, http://balzac.cerilac.univ-paris-diderot.fr/materialisme.html (consulté le 25 avril 2020).

Frappier-Mazur Lucienne & Roulin Jean-Marie (dir.), 2001, *L'Érotique balzacienne*, Paris SEDES.

Frappier-Mazur Lucienne, 1982, « Sémiotique du corps malade dans *La Comédie humaine* », *in* Claude Duchet & Jacques Neefs (dir.), *Balzac. L'invention du roman*, Paris Belfond, p. 15-41.

Gaillard Françoise, 1985, « La cinétique aberrante du corps social au temps de Balzac », *Littérature*, n° 58, p. 3-18.

Gauthier Henri, 1984, *L'Image de l'homme intérieur chez Balzac*, Paris-Genève Droz.

Heathcote Owen, 2009, « Gérer l'altérité ? Le travail du corps dans les "Études analytiques" », *in* Claire Barel-Moisan & Christèle Couleau (dir.), *Balzac, l'aventure analytique*, Saint-Cyr-sur-Loire Christian Pirot, p. 215-227.
Jallat Jeannine, 1979, « Fœdora ou le corps de l'autre », *in* Claude Duchet (dir.), *Balzac et* La Peau de chagrin, Paris C.D.U. et SEDES, p. 153-160.
Jallat Jeannine, 1985, « Petite poétique du corps empêché », *Littérature*, n° 60, p. 73-88.
Kempf Roger, 1968, *Sur le corps romanesque*, Paris Seuil.
Kerlouégan François, 2006, *Ce fatal excès du désir. Poétique du corps romantique*, Paris Honoré Champion.
Kerlouégan François, 2016, « Du code des convenances au roman balzacien : les gestes sociaux dans *Illusions perdues* », *Revue des sciences humaines*, José-Luis Diaz (dir.), *Balzac et l'« homme » social*, n° 323, p. 111-132.
Labouret Mireille, 2002, *Balzac, la Duchesse et l'idole. Poétique du corps aristocratique*, Paris Honoré Champion.
Laforgue Pierre, 2005, « La marque, la lettre, le sexe : le corps de Vautrin », *in* Jean-Marie Roulin (dir.), *Corps, littérature, société (1789-1900)*, Publications de l'Université Saint-Étienne, p. 79-89.
Le Yaouanc Moïse, 1959, *Nosographie de l'humanité balzacienne*, Paris Maloine.
Massol Chantal, 2007, « Corps naturels, corps politiques dans *L'Envers de l'histoire contemporaine* », *in* Boris Lyon-Caen & Marie-Ève Thérenty (dir.), *Balzac et le politique*, Saint-Cyr-sur-Loire Christian Pirot, p. 97-107.
Mozet Nicole, 1984, « Alençon, ville-corps », *AB*, p. 297-305.
Nesci Catherine (dir.), 1999, *Corps/Décors : femmes, orgie, parodie. Hommage à Lucienne Frappier-Mazur*, Amsterdam-Atlanta Rodopi.
Reboul Jeanne, 1950, « Balzac et la "vestignomonie" », *RHLF*, n° 2, p. 210-233.
Richard Jean-Pierre, 1970, « Corps et décors balzaciens », *Études sur le romantisme*, Paris Seuil, p. 7-150.
Rosen Elisheva, 1982, « Le grotesque et l'esthétique du roman balzacien », *in* Claude Duchet & Jacques Neefs (dir.), *Balzac. L'invention du roman*, Paris Belfond, p. 139-157.
Roulin Jean-Marie, 2006, « L'Histoire à l'estomac : corps, société, pouvoir dans le récit romantique », *in* Lise Dumasy, Chantal Massol, Marie-Rose Corredor (dir.), *Stendhal, Balzac, Dumas. Un récit romantique ?*, Toulouse Presses Universitaires du Mirail, p. 235-249.
Vannier Bernard, 1972, *L'Inscription du corps : pour une sémiotique du portrait balzacien*, Paris Klincksieck.
Vigarello Georges, 2016, *Le Sentiment de soi. Histoire de la perception du corps. XVI*[e]*-XX*[e] *siècles* [2014], Paris Seuil.
Yücel Tahsin, 1972, *Figures et messages dans* La Comédie humaine, Paris Mame.
Zola Émile, 1881, *Les Romanciers naturalistes*, Paris G. Charpentier.

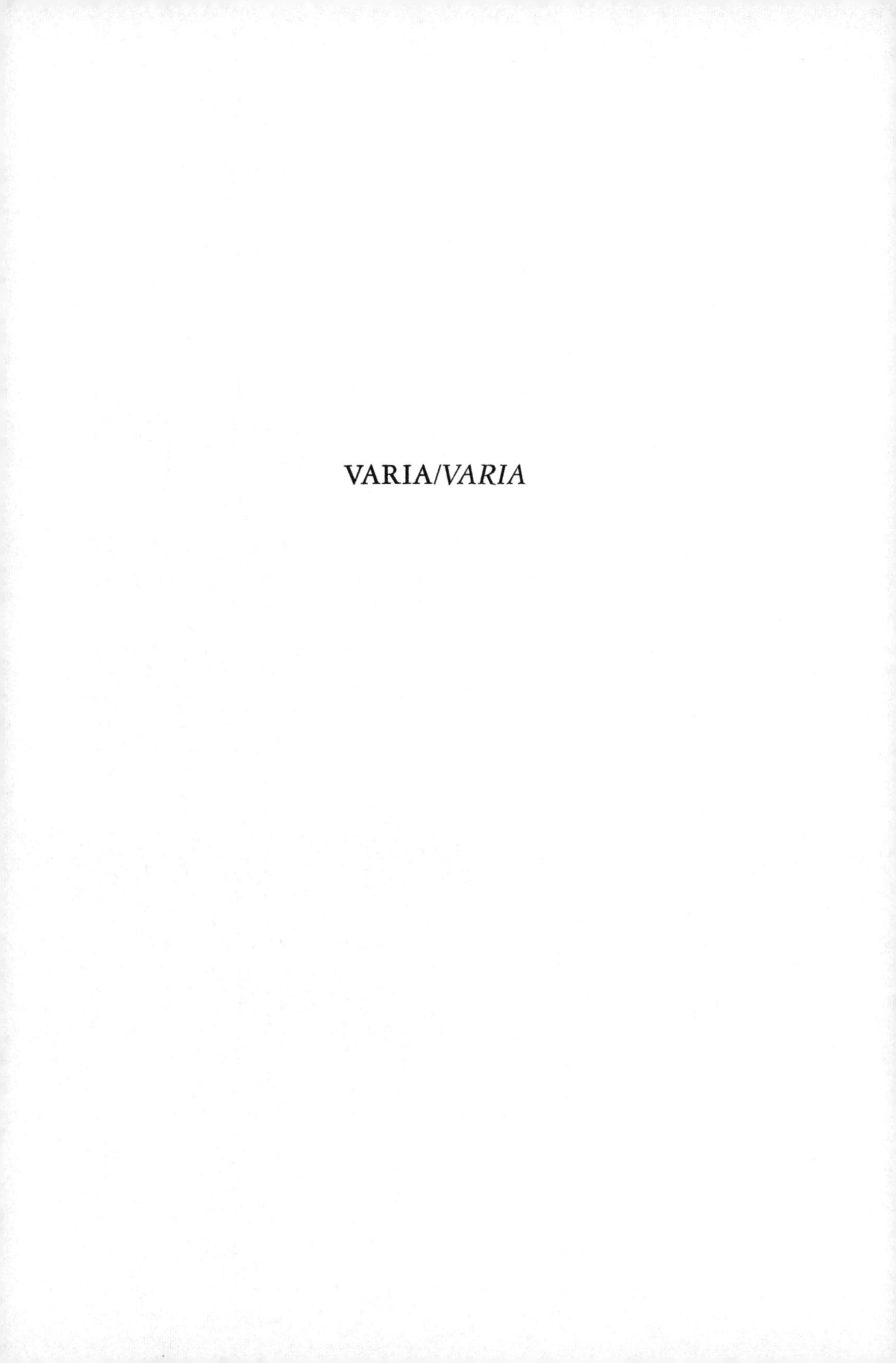

VARIA/*VARIA*

LE POISON DANS *LE COUSIN PONS*

Le poison occupe une place à part dans l'imaginaire dix-neuviémiste du crime. Devenu une donnée statistique à partir de 1825 avec le *Compte général de l'administration criminelle* et profitant d'une visibilité médiatique inédite grâce à des faits divers retentissants tels que l'affaire Lafarge en 1840[1], le crime d'empoisonnement préoccupa plus que jamais, au XIXe siècle, l'opinion publique et le pouvoir. Les chiffres enregistrés témoignaient en effet d'une recrudescence de ce type d'homicide dont la nature fantasmatique fut paradoxalement renforcée par son apparente objectivation. Le médecin s'adjoignit alors au juge dans une tentative de rationalisation ayant abouti à la naissance de la médecine légale, « comme si le poison [...] livrait [...] ses secrets à la science » (Bloch, 1997, p. 102) pour enfin sortir du mystère dont les hantises collectives l'entouraient. En effet, depuis Circé ou Locuste jusqu'à la Brinvilliers, le crime d'empoisonnement avait profité des ressources du leurre en tant que forfait insidieux par excellence. Incorporés dans la nourriture et ne laissant aucune trace, potions et philtres létaux, parce qu'imperceptibles, rendaient le coupable insaisissable. Avec l'ingérence de la médecine dans les affaires criminelles, le doute cédait à la certitude et l'élucidation triomphait de l'insoluble. À l'ère du soupçon succédait, enfin, celui de la pièce à conviction. Le statut sémiologique complexe du poison s'en trouvait ainsi modifié : échappant à l'indécelable et à l'insoupçonnable, la substance toxique semblait enfin pouvoir laisser une trace soumise à l'examen et acquérir, par là même, la fonction de preuve au sein de la casuistique pénale. Pourtant, la réquisition de l'expert renforça la nature fuyante d'une substance qui échappait inexorablement à la justice. Si la toxicologie substituait l'enquête à l'énigme, elle affirmait en retour

1 Marie Lafarge fut accusée d'avoir empoisonné son époux à l'arsenic. Les médecins convoqués multiplièrent les expertises contradictoires jusqu'à ce qu'Orfila, éminent spécialiste, intervienne et prouve la présence de poison dans le corps du défunt. La jeune femme fut condamnée à la prison avant d'être graciée par Napoléon III en 1852.

les limites du judiciaire par la difficile articulation de la culpabilité à la condamnation.

Au confluent de l'alimentaire, du médical et du juridique, le poison catalyse, dans *Le Cousin Pons*, les grandes thématiques du roman tout autant qu'il recoupe les enjeux et questionnements criminologiques – même si le terme est anachronique – du temps. Pourtant, quoique doublement présent dans l'œuvre, où le mari de la Cibot décède des soins toxiques de Rémonencq avant que ce dernier ne soit lui-même empoisonné sous l'effet d'une Providence aussi narquoise que vengeresse, l'empoisonnement n'occupe qu'une place secondaire dans l'économie narrative du roman. En effet, l'assassinat de Cibot se déroule en parallèle de l'agonie de Pons tandis que la mort de Rémonencq a lieu, telle une hyperbate macro-structurelle, après le dénouement de l'intrigue principale. Aussi l'empoisonnement se distingue-t-il à la fois par sa centralité et sa marginalité. Mais si ces deux crimes apparaissent comme ponctuels et périphériques, tel n'est pas le cas du poison lui-même qui nourrit un réseau métaphorique particulièrement dense dans une sorte de dissémination de la nocivité et de la malignité sur fond de rupture entre l'apparent et l'avéré. Le poison, entre représentations archaïques et découvertes contemporaines, procède en effet, dans *Le Cousin Pons*, d'une discordance hautement significative entre ce qui est perceptible et ce qui est caché dans un vacillement généralisé des signes et des valeurs.

Après avoir montré en quoi le poison profite dans ce roman d'un imaginaire fantasmatique que l'auteur articule à une appréhension médicale qui implique une lecture diagnostique du crime, nous nous intéresserons à l'échec de toute investigation juridique, le poison déroutant le jugement par un divorce constant entre culpabilité effective et reconnaissance pénale de la culpabilité. Enfin, nous considérerons le crime d'empoisonnement comme une allégorie des exactions commises par le quatuor malveillant du roman, dont les actes procèdent d'une même cupidité quand leurs agissements profitent d'un art de la dissimulation comparable à celui du perfide ferrailleur. Le dernier mouvement de cette intervention sera ainsi l'occasion de s'interroger sur la définition balzacienne du crime en un temps où « la déclaration des droits de l'Envie » (*CH*, II, p. 906) entraîne la distinction immorale du Droit et de l'Équité.

MYTHOLOGIE ET PHYSIOLOGIE DE L'EMPOISONNEMENT DANS *LE COUSIN PONS*

La présence du poison dans le roman de Balzac convoque un imaginaire pluriséculaire nourri de mythes et d'affaires célèbres mais elle connaît un très net infléchissement vers le médical. Le roman relaie en effet les motifs topiques du crime d'empoisonnement tout en leur apportant un éclairage résolument moderne, au confluent de la clinique et de la toxicologie, toutes deux sciences nouvelles et redevables d'une « culture des indices et de la preuve expertale » (Bodiou, Chauvaud, Sonia, 2011, p. 220).

Illustré par les figures antiques de Circé et de Médée ou encore par la Voisin, personnage tristement célèbre dans l'affaire des poisons qui fit trembler la cour de Louis XIV, le crime d'empoisonnement a essentiellement partie liée avec la magie et s'entoure d'une aura ésotérique qui apparie la science des poisons à la sorcellerie. Or le fantastique pénètre bien *Le Cousin Pons* par le truchement de madame Fontaine ou de la Sauvage qui, même si on ne peut pas parler d'empoisonneuses, font affleurer, non sans ironie, l'irrationnel dans le roman réaliste balzacien. Ainsi la bonne de Fraisier se rattache-t-elle à l'imaginaire surnaturel tout autant qu'à l'espace domestique au moment où elle accueille la Cibot :

> Et Mme Sauvage se manifesta ! C'était une de ces vieilles devinées par Adrien Brauwer dans ses *Sorcières partant pour le Sabbat*, une femme de cinq pied six pouces, à visage soldatesque et beaucoup plus barbu que celui de la Cibot, d'un embonpoint maladif, vêtue d'une affreuse robe de rouennerie à bon marché, coiffée d'un madras, faisant encore des papillotes avec les imprimés que recevait gratuitement son maître, et portant à ses oreilles des espèces de roues de carrosse en or. Ce cerbère femelle tenait à la main un poêlon en fer-blanc, bossué, dont le lait répandu jetait dans l'escalier une odeur de plus, qui s'y sentait peu, malgré son âcreté nauséabonde. (*CH*, VII, p. 634)

La référence picturale vient parfaire un portrait hautement inquiétant au sein duquel l'accoutrement bariolé digne d'une bohémienne (notons le port du madras, le choix de la rouennerie et les lourdes boucles d'oreilles) s'ajoute à la fonction nourricière de la vieille femme, le lait – aliment maternel s'il en est – exhalant une odeur pestilentielle plus que douteuse. Désignée, dans le titre du chapitre 34 de l'édition Pétion, comme un « personnage des contes d'Hoffmann », Mme Fontaine est, quant à elle, connue dans Paris sous le nom d'« oracle du Marais » (*CH*, VII, p. 584). Or outre ses dons mantiques, cette voyante possède les animaux emblématiques que sont la poule noire et le crapaud dont les plumes et la salive entrent traditionnellement dans la composition fantasmatique de philtres et de poisons en tout genre. Notons pour finir que ces deux personnages, par leur féminité même, offrent l'image exemplaire d'un pouvoir occulte profitant des ressources maléfiques de substances toxiques dans une culture accueillant une « relation privilégiée [...] entre venin et féminin » (Berthier, 2014, p. 48)[2].

Toutefois, comme le notent Lydie Bodiou, Frédéric Chauvaud et Myriam Sonia dans « Les objets du poison de l'Antiquité à nos jours », l'empoisonnement est aussi un « crime de proximité » (2011, p. 240) et, en tant que tel, un crime principalement domestique qui effraie d'autant plus au XIXe siècle qu'il investit le quotidien et devient, dès lors, une menace latente. Magali Bloch souligne d'ailleurs la difficulté du Code pénal à circonscrire ce crime tant l'hyperonyme « poison » recouvre des substances différentes mais surtout familières. En effet, les grands poisons du XIXe siècle sont avant tout des produits de consommation, au sens large, et donc largement commercialisés malgré leur potentielle toxicité.

2 En recensant le sexe du délinquant, *Le Compte général de l'Administration de la Justice française* a ouvert sur la question, inédite, de la criminalité genrée. Les essais de statistique morale de Guerry et de Quételet, consacrant tous deux un chapitre à « l'influence du sexe » sur le penchant au crime, ont ainsi amorcé une réflexion, promise à une longue postérité, sur les rapports entre genre et violence. Or cette quête étiologique ouvrit, comme le remarque Nathalie Buchet Rogers, dans *Fictions du scandale*, sur une « prolifération des discours sur la femme, sur sa sexualité, sa pathologie, sa criminalité » (1998, p. 69). Bien que posée explicitement pour la première fois au début du siècle, la question des relations entre féminité et mal n'est certes pas nouvelle : partagée entre les figures tutélaires de l'Ève tentatrice, cause de tous les maux de l'humanité, et de Marie, incarnation de la pureté, la femme entretient dans notre civilisation, et ce depuis l'Antiquité, un rapport ambivalent à la faute. « Éternelle coupable » (Tsikounas, 2008) ou archétype de l'innocence immaculée, elle n'a eu de cesse d'osciller entre ces deux pôles de la culpabilité, et les discours produits en un siècle pourtant épris de modernité ne firent en réalité qu'agrémenter ces clichés pluriséculaires de constats ou de découvertes prétendument scientifiques. Ainsi, alors que la faible représentation des femmes dans le domaine de la violence comptabilisée aurait dû la disculper, le regard masculin – et largement misogyne – du scientifique et du juge dota ce sexe dit « faible » d'une criminalité spécifique. Chiffres et diagnostics réinvestirent alors le fantasme ancestral d'une figure faite de faiblesse et de perfidie sur laquelle pesaient plusieurs siècles de défiance.

Nul besoin alors des décoctions savantes ni de l'érudition botanique d'une Mme de Villefort ou d'un comte de Monte Cristo pour tuer, de sorte que Mme Bovary n'a qu'à se rendre chez le pharmacien pour y trouver, au sens le plus littéral, la mort. La grande vedette des faits divers n'est autre, d'ailleurs, que l'arsenic, auquel Marsh consacra ses travaux, qui aboutirent à l'invention, en 1836, d'un appareil permettant d'en détecter les traces.

Or les poisons effectifs mentionnés dans *Le Cousin Pons* délaissent le versant irrationnel et légendaire de l'imaginaire collectif pour investir le quotidien le plus prosaïque. Balzac est ainsi au plus près des pratiques et des hantises contemporaines lorsqu'il mentionne l'arsenic[3] ou bien le vitriol dans l'*explicit* du roman, autant de *realia* mises au service de la vraisemblance du récit. Mieux, le cuivre que le brocanteur emploie pour se débarrasser de monsieur Cibot provient du magasin du personnage, plus précisément d'une « rondelle en cuivre fortement oxydée » que l'auvergnat « nett[oie] économiquement [...] dans la tisane » (*CH*, VII, p. 689) de son voisin. Contrairement au poison exotique rapporté du Brésil par Montès de Montéjanos dans *La Cousine Bette*, Rémonencq détourne de son usage initial un métal omniprésent et inoffensif, pour peu qu'on ne l'ingère pas. Quoique le *modus operandi* élaboré par le personnage soit fantaisiste (les doses de vert-de-gris n'étant alors pas assez fortes pour entraîner la mort), le cuivre apparaît dans les traités de toxicologie du siècle comme un des poisons les plus couramment utilisés. Orfila, le père et le maître de la médecine légale, énonce ainsi dans son *Traité des poisons* de 1818 que « l'empoisonnement par les préparations cuivreuses est un des plus communs et des plus importants à connaître » (1818, p. 291) ou bien que « l'action délétère que cet oxyde exerce sur l'économie animale [...] expliqu[e] la fréquence de cette espèce d'empoisonnement » (*ibid.*). Issu de l'espace trivial de la boutique et relevant du champ licite du commerce, le poison de Rémonencq est en outre comparé à une « pièce de cent sous » (*CH*, VII, p. 689), symbole de la banalité s'il en est qui déplace le venin de l'exotique vers l'endotique.

Mais c'est avant tout le mode d'administration de l'agent morbide qui inscrit véritablement le poison dans le quotidien puisque le mortifère se conjugue à l'alimentaire, le roman mettant au jour l'essentielle ambiguïté de la nourriture, partagée entre diététique et nocivité. À côté

3 Voir *CH*, VII, p. 642.

de la gourmandise et des plaisirs de la table, le roman met en scène la relation de l'aliment avec la physiologie et souligne alors l'ambiguïté inhérente à l'absorption, tantôt revigorante, tantôt funeste, le corps faisant les frais de la bouche. Articulant les grandes thématiques que sont la maladie et l'alimentation, le roman postule alors la réversibilité de la nourriture, considérée non seulement du point de vue de la dégustation mais encore de la nutrition, dans ses effets sur l'organisme.

Déjà responsable de la maladie de Pons, que sa gourmandise a conduit à de fâcheux impairs, l'aliment relève de manière évidente de l'hygiène et conditionne l'état de santé des personnages. Parce qu'elle engage un organe de la digestion – le foie –, la maladie du musicien nécessite un régime reconfigurant l'alimentation en soin et en poison, tel le *pharmakon* antique. L'ingestion échappe alors au domaine gustatif pour récupérer des implications physiologiques. Les ordonnances de Poulain sont en effet avant tout alimentaires et elles soumettent Pons à une véritable purge qui bannit les plats roboratifs et privilégie l'eau. En tant que garde-malade, la Cibot se fait fort de faire boire le malade, l'ingestion devenant ici salvatrice et fondant une cure déterminant la guérison :

> Buvez donc, mon mignon, allons, un plein verre ! Voulez-vous boire, monsieur ! D'abord, M. Poulain a dit : « S'il ne veut pas aller au Père-Lachaise, M. Pons doit boire dans sa journée autant de voies d'eau qu'un Auvergnat en vend. » Ainsi, buvez ! allons !...
> – Mais, je bois, ma bonne Cibot... tant et tant que j'ai l'estomac noyé...
> – Là, c'est bien ! dit la portière en prenant le verre vide. Vous vous en sauverez comme ça ! M. Poulain avait un malade comme vous, qui n'avait aucun soin, que ses enfants abandonnaient et il est mort de cette maladie-là, faute d'avoir bu !... Ainsi faut boire, voyez-vous, mon bichon... ! (*CH*, VII, p. 602)

L'hyperbole et le polyptote autour du verbe boire font de l'eau une sorte de panacée, voire d'antidote, de même que la modalité injonctive fait entendre par personne interposée le ton péremptoire de l'autorité médicale, si bien que l'ingestion, sursignifiée ici avec la mention de l'estomac, s'impose comme une véritable prescription. À l'inverse, l'ingestion peut être fatale :

> La Cibot, malgré les recommandations du docteur, ne croyait pas, elle, femme du peuple sans expérience ni instruction, à ces tiraillements du système nerveux par le système humoristique. Les explications de M. Poulain étaient pour elle des *idées de médecin*. Elle voulait absolument, comme tous les gens

> du peuple, nourrir Pons, et pour l'empêcher de lui donner en cachette du jambon, une bonne omelette ou du chocolat à la vanille, il ne fallait rien moins que cette parole absolue du docteur Poulain : « Donnez une seule bouchée de n'importe quoi à M. Pons, et vous le tueriez comme d'un coup de pistolet. » (*CH*, VII, p. 669)

Aussi manger peut-il tuer : la comparaison hyperbolique avec le coup de pistolet n'est pas sans rappeler la fameuse formule de la Brinvilliers, selon qui le poison était un « coup de pistolet dans le bouillon », et atteste alors la toxicité potentielle de la nourriture. L'aliment est donc essentiellement ambivalent en ce qu'il procure des bienfaits curatifs ou introduit des principes délétères dans l'organisme : la nourriture est ainsi pensée dans ses effets physiologiques et, en cela, relève pleinement des prescriptions médicales de Poulain.

Conformément aux modèles mythologiques et historiques (les champignons offerts par Agrippine à Claude ou bien les mets préparés par Circé, ou encore le gâteau additionné d'arsenic que Marie Lafarge aurait cuisiné pour son époux), le poison implique, dans *Le Cousin Pons*, l'ingestion et se rattache ainsi à la thématique de l'alimentation, médium privilégié de l'intoxication criminelle. Alors que Balzac exploite dans ses œuvres de jeunesse les ressources dramatiques d'objets trempés dans le poison (*Le Vicaire des Ardennes*, *Annette et le criminel*), les criminels ont par la suite recours à la méthode moins spectaculaire, mais plus répandue et partant plus angoissante, qui consiste à introduire la substance toxique dans l'alimentation. C'est d'ailleurs plus précisément la boisson qui devient mortelle dans *Le Cousin Pons* : dans l'exemple pris par Fraisier pour s'associer la Cibot, la justice « saisit une tisane » et y « trouve de l'arsenic au fond » (*CH*, VII, p. 642), de la même manière que Rémonencq élabore son projet d'assassinat en voyant « le petit tailleur buvant de la tisane » (*CH*, VII, p. 689), et reproduit alors les gestes de madame Cibot qui prépare la décoction de son époux, le ferrailleur récupérant ainsi les fonctions nourricières d'un personnage attaché à l'univers de la cuisine. L'acte criminel parodie la préparation amoureuse et maternelle de la tisane et consiste à faire tremper la rondelle oxydée retenue par une ficelle dans la tasse du voisin. Se substituant effectivement à la Cibot, Rémonencq donne « à boire [à son voisin] en l'absence de sa femme » (*CH*, VII, p. 700) et dénature la figure de l'épouse et de la mère protectrices et nourricières, perversion qui se trouve justement au fondement de la mythologie propre à l'empoisonnement. Le crime du ferrailleur est donc bel et bien domestique puisqu'il singe la relation matrimoniale et les soins conjugaux et s'inscrit dans le quotidien par la régularité de la prise de la tisane. L'action du cuivre se porte d'ailleurs, de manière significative, sur le ventre, espace de la digestion, le tailleur se plaignant « d'avoir le feu dans l'estomac » (*CH*, VII, p. 700) après que Rémonencq l'a fait boire. Plus tard, délaissant l'infusion, Rémonencq sert à son épouse « un petit verre de vitriol » (*CH*, VII, p. 765) que l'Auvergnat « aval[e] », cet empoisonnement final terminant de lier poison et absorption.

Par-delà ces affinités entre poison et boisson, qu'atteste déjà l'étymologie du vocable – *potionem*, le breuvage – l'empoisonnement se mêle de manière particulièrement significative à la médication dans le cas de monsieur Cibot et superpose alors le médical et le morbide. Le médium employé par Rémonencq n'est autre qu'une tisane aux vertus médicinales ayant été prescrite par Poulain pour soigner une légère « indisposition » (*CH*, VII, p. 689). La fonction curative de la tisane apparaît d'ailleurs plus tôt dans le roman, avec Fraisier, qui lui aussi boit « un bol en faïence à demi-plein d'un jus d'herbes » censé guérir sa « toux dite de cercueil » (*CH*, VII, p. 636). Pareillement, il suffit de relire la phrase énoncée par la concierge à Pons l'encourageant à « boire dans sa journée autant de voies d'eau qu'un Auvergnat en vend » pour y voir une prolepse ironique anticipant le procédé du ferrailleur pour empoisonner son rival. Additionnée de vert-de-gris, « la tisane bienfaisante » de Cibot se change alors en un breuvage mortifère faisant des « ravages incalculables » (*CH*, VII, p. 689). L'ambivalence de la tisane ressort en outre de l'oxymore ironique « homéopathie criminelle », le poison relevant paradoxalement du traitement et de l'assassinat. Les effets physiologiques du médicament sont alors concurrencés par ceux du cuivre : « Le troisième jour, les cheveux du pauvre Cibot tombèrent, les dents tremblèrent dans leurs alvéoles, et l'économie de cette organisation fut troublée par cette imperceptible dose de poison » (*CH*, VII, p. 689). Le terme « économie » est ici à relever car il renseigne sur les répercussions organiques de l'absorption ainsi que le souligne le vocabulaire médical, si bien que la tisane de Cibot procède de la dualité même de l'ingestion.

Mais surtout, par ses conséquences sur l'organisme, le poison appelle le diagnostic et fonde une démarche herméneutique scellant l'alliance, nouvelle, du médical et du judiciaire : le corps empoisonné manifeste en effet un certain nombre de signes fonctionnant à la fois comme symptômes et comme preuves. Aussi le poison entraîne-t-il une double enquête rapprochant deux instances de jugement désormais associées : le médecin et le juge. Pourtant, le corps empoisonné échappe résolument dans le roman à la lecture et pose la question de l'imputabilité dans un divorce constant entre justice et équité. *Le Cousin Pons*, dans un vacillement généralisé des signes, pose à travers l'empoisonnement la question de la culpabilité et de son châtiment.

POISON ET JUSTICE, OU COMMENT LE POISON ATTESTE LA FAILLITE DES SIGNES

Le XIXe siècle a érigé le médecin au rang de « modèle de toute activité herméneutique (déchiffrement des signes) et curative (restauration de l'harmonie), que ce soit dans le domaine individuel ou social » (Dumasy-Queffélec, Spengler, 2014, p. 4). La méthode médicale impliqua dès lors le concours d'un regard empirique qui ouvrait et pénétrait les corps afin d'en mettre au jour les composantes et le fonctionnement. Les théories spéculatives cédèrent la place à l'observation si bien que « l'œil [devint] le dépositaire et la source de clarté » (Foucault, 1963, p. IX), ouvrant ainsi l'ère de la clinique. Ce regard fut avant tout un regard brut, attentif à ce qui était resté « au-dessous du seuil du visible et de l'énonçable » (*ibid.*, p. VIII). L'anatomie, dont le développement remonte au XVIe siècle, connaît alors un véritable emballement à la fin du XVIIIe siècle où elle devient la pratique exclusive des médecins pour en constituer le protocole exemplaire. Le regard spécialisé du médecin se fait alors, dans le cadre du modèle anatomo-clinique, plus sensible et plus matérialiste que jamais. Strictement empirique, refusant l'interprétation, le *degré zéro* du regard médical fonde la lisibilité d'un corps transparent : l'œil se tait pour enfin laisser parler la chair. Cette nouvelle conception du corps est fondamentale en ce qu'elle véhicule la représentation d'un corps faisant sens *par nature*, mieux, d'un *organisme-langage* qui confond visible et dicible. Regarder constitua donc un accès privilégié au sens, et voir permit de savoir. Le regard clinique ouvrait donc sur les *mots du corps* qu'il revenait au médecin d'interpréter.

Tel est bien le cas dans *Le Cousin Pons* où l'état du tailleur interpelle le docteur Poulain : après avoir décrit les effets du cuivre sur l'organisme de la victime, le narrateur détaille la démarche du médecin en deux temps, contenus dans les verbes « apercevoir » et « reconnaître » : « Le docteur Poulain se creusa la tête en apercevant l'effet de cette décoction, car il était assez savant pour reconnaître l'action d'un agent destructeur » (*CH*, VII, p. 689). Le regard médical porté sur le corps empoisonné reconfigure les effets du cuivre en symptômes mais assimile avant tout ces manifestations physiques à des signes dont l'évidence s'impose au médecin (« assez savant pour reconnaître l'action… »). La mention de l'expertise du regard médical souligne dans un premier temps combien le langage du poison engage la question d'une intelligibilité *relative* : essentiellement ambigu, le poison réclame une intervention scientifique à même d'établir un diagnostic après « une analyse » qui fait du corps de la victime un espace d'enquête. Le roman postule ainsi l'essentielle équivocité des signes d'empoisonnement qu'un non initié pourrait confondre avec les manifestations d'une simple pathologie, et enregistre alors la mise en place, contemporaine de l'auteur, de la médecine légale. Mieux, *Le Cousin Pons* met au jour la nature duelle du poison en révélant l'inexorable tension entre l'indiscernable et le tangible se trouvant au fondement de ce crime. En effet, le poison oscille entre l'imperceptible (« cette imperceptible dose de poison ») et le manifeste (« les effets de cette décoction ») mais aussi entre présence et absence (il faut ici noter l'opposition entre l'empoisonnement effectif et l'absence de trace de substance toxique dans l'échantillon de tisane prélevé par Poulain) dans une insoluble rupture entre l'apparent et l'avéré. Face à cette incohérence, le savoir médical est battu en brèche et conduit Poulain à poser un mauvais diagnostic, le docteur devenant ainsi la dupe de Rémonencq : l'origine du mal échappe alors au médecin et les souffrances de Cibot sont expliquées par une « incurable viciation du sang » (*CH*, VII, p. 690). Le poison se trouve d'ailleurs lié de manière intrinsèque à l'erreur et à la méprise dans le roman puisque l'empoisonnement final repose lui aussi sur un jeu d'apparences trompeuses : « En effet, l'Auvergnat, après s'être fait donner par contrat de mariage les biens au dernier vivant, avait mis à portée de sa femme un petit verre de vitriol, comptant sur *une erreur* [nous soulignons], et sa femme, dans une intention excellente, ayant mis ailleurs le petit verre, Rémonencq l'avala » (*CH*, VII, p. 765).

Ce divorce entre l'apparent et l'avéré opère aussi, et de manière plus inquiétante encore, au sein du système judiciaire. Il faut ici considérer la menace à peine voilée que formule Fraisier lors de la première visite de la portière :

> Eh bien ! reprit Fraisier, vous pouvez bien admettre que la présidente ne se laissera pas dépasser par vous dans cette course à la succession... On vous observera, l'on vous espionnera... Vous obtenez d'être mise sur le testament de M. Pons... C'est parfait. Un beau jour, la justice arrive, on saisit une tisane, on y trouve de l'arsenic au fond, vous et votre mari vous êtes arrêtés, jugés, condamnés, comme ayant voulu tuer le sieur Pons, afin de toucher votre legs... J'ai défendu à Versailles une pauvre femme, aussi vraiment innocente que vous le seriez en pareil cas ; les choses étaient comme je vous le dis, et tout ce que j'ai pu faire alors, ç'a été de lui sauver la vie. La malheureuse a eu vingt ans de travaux forcés et les fait à Saint-Lazare. (*CH*, VII, p. 642)

Le poison met donc en faillite les deux instances de jugement que sont la médecine et la justice, toutes deux capables d'erreurs. Si Poulain devine le crime sans trace de substance toxique, les juges trouvent dans l'exemple fourni par l'homme de loi des traces d'arsenic sans qu'il y ait eu crime. La preuve, bien loin d'être l'instrument de la vérité, est dans le roman dénoncée comme mensongère :

> Un crime sans objet, sans aucun gain, sans aucun intérêt, finit par effacer dans l'esprit du docteur Poulain ses premiers soupçons. [...] Une assez grande quantité de crimes échappent à la vengeance de la société, c'est en général ceux qui se commettent, comme celui-ci, sans les preuves effrayantes d'une violence quelconque : le sang répandu, la strangulation, les coups, enfin les procédés maladroits ; mais surtout quand le meurtre est sans intérêt apparent [...]. Le crime est toujours dénoncé par son avant-garde, par des haines, par des cupidités visibles dont sont instruits les gens aux yeux de qui l'on vit. Mais, dans les circonstances où se trouvaient le petit tailleur, Rémonencq et la Cibot, personne n'avait intérêt à chercher la cause de la mort, excepté le médecin. (*CH*, VII, p. 690)

L'enquête de Poulain, malgré la saturation des signes, aboutit à un manque et les symptômes de l'empoisonnement, en conduisant le docteur du soupçon au fourvoiement, passent de l'indice à la croyance dans un rapport toujours plus lâche au savoir et, partant, à la vérité. La lecture du corps empoisonné est donc déceptive faute de preuves – preuve au sens de *marque* puisqu'il manque à ce crime « le sang répandu, la strangulation, les coups, enfin les procédés maladroits » mais aussi de justification, Poulain ne devinant pas à qui profiterait cet assassinat. L'agonie de Cibot se résorbe ainsi dans le fortuit et l'aléatoire : sans preuve, son état reste sans cause, contre les faits. En effet, l'empoisonnement s'impose avant tout comme un crime jouant des apparences et il s'illustre comme le crime des perfides. Et pour cause, crime prémédité par excellence et pénalement défini comme tel[4], l'empoisonnement correspond idéalement à une nature en apparence froide et calculatrice, qui prépare avec patience et sophistication ses assassinats. Anne-Emmanuelle Demartini, dans son article « L'empoisonneur au miroir de l'empoisonneuse », définit d'ailleurs ce crime comme le « type même de l'homicide déloyal » (2015, p. 99).

Aussi le crime de Rémonencq a-t-il partie liée avec la dissimulation et la duplicité : muni de sa rondelle de cuivre vermoulue, le personnage introduit « secrètement un principe délétère dans la tisane bienfaisante » (*CH*, VII, p. 689) de sa victime au cours des visites amicales qu'il fait tous les jours à Cibot pour s'enquérir de son état. Le personnage se caractérise d'ailleurs par une hypocrisie définitoire et une identité fuyante :

> Il gardait sur sa figure un enduit poussiéreux produit par la limaille de fer et collé par la sueur, car il faisait tout lui-même ; ce qui rendait sa physionomie d'autant plus impénétrable, que l'habitude de la peine physique l'avait doué de l'impassibilité stoïque des vieux soldats de 1799. Au physique, Rémonencq apparaissait comme un homme court et maigre, dont les petits yeux, disposés comme ceux des cochons, offraient, dans leur champ d'un bleu froid, l'avidité concentrée, la ruse narquoise des Juifs. (*CH*, VII, p. 576)

Si, parmi les meurtriers balzaciens, la démesure est grandiloquente et donc bavarde, petitesse et étroitesse puisent leur potentielle menace dans la dissimulation et son cortège de faux semblants – fourberie, traîtrise et sournoiserie. La férocité se mue alors en ruse, délaissant l'affrontement au profit d'une méchanceté hypocrite. La silhouette réduite de Rémonencq ajoute ainsi à ses traits étriqués un véritable masque sapant toute analyse et confortant l'affinité constitutive, au sein du personnel criminel balzacien, entre petitesse et incertitude. Fourbe de

4 Magali Bloch insiste sur la notion de préméditation dans la définition pénale du crime d'empoisonnement : « Pour le législateur il ne peut exister de crime d'empoisonnement non prémédité puisque ce crime nécessite préparatifs et combinaisons » (1997, p. 104).

nature – et l'on retrouve ici le cliché racialiste d'une duplicité propre à la population auvergnate –, Rémonencq choisit un crime cohérent avec sa personnalité : tout, depuis le choix du poison jusque dans la mise en œuvre de l'assassinat, induit le calcul, la prudence précautionneuse mais déterminée et le soin apporté à la réalisation du projet de l'Auvergnat.

La place de cet empoisonnement au sein de l'intrigue et son traitement narratif sont d'ailleurs particulièrement significatifs. Parallèle à l'agonie de Pons, ce sur quoi nous aurons l'occasion de revenir, l'empoisonnement de Cibot reste périphérique. Concentré sur les manœuvres de la Cibot, de Rémonencq, de Fraisier et de Magus, le texte place l'assassinat du tailleur à la marge du récit, auquel il se rattache de manière collatérale. Si Balzac consacre deux pages à l'empoisonnement de Rémonencq, il ne le fait qu'*a posteriori* et ne mentionne la progression du poison que de manière fort sommaire, refusant au lecteur le spectacle de la mort du tailleur. Aussi les réticences du ferrailleur à se trouver en présence du médecin sont-elles expliquées alors que « depuis dix jours » Rémonencq « rempli[t] le rôle de la Providence » (*CH*, VII, p. 688). Il n'y aura par la suite que des points très rapides sur l'état de Cibot sans que le récit ne le donne à voir : le lecteur l'entend mais jamais le texte ne le décrit. Le regard narratorial semble toujours se détourner du tailleur, le laissant à la marge du récit de même que la victime est toujours située à côté des personnages auquel le narrateur s'intéresse : au moment des « plaintes déchirantes » du tailleur, sa femme et son rival sont « sur le pas de la porte » (*CH*, VII, p. 712). L'inénarrable se confond alors avec l'invisible et le personnage de Cibot se soustrait aux regards. Certes, le lecteur sait ce que les personnages ignorent et, contrairement au roman policier, l'intérêt du récit ne réside pas dans l'élucidation d'une énigme. Mais ce point aveugle du récit doit être interrogé du point de vue des personnages : si le récit ne dit et ne montre pas, il nous semble que c'est aussi parce que le crime de Rémonencq passe inaperçu. Nulle inquiétude, nul soupçon, après le diagnostic erroné du médecin. La mauvaise lecture du corps assassiné le relègue dans un à côté du récit, celui de l'indistinct et de l'indiscernable : la preuve essentielle que constitue le corps est inexorablement cachée, savamment maintenu dans les coulisses du récit. Pareillement, l'assassinat manqué qui clôt le roman est raconté de manière lapidaire et ce, après le dénouement du récit dans une consécration de l'arbitraire et de l'obscurité du signe criminel : plus de victime, plus de coupable, plus de crime !

Or l'empoisonnement providentiel *in extremis* mais en marge de l'intrigue conduit à reconsidérer l'empoisonnement au sein de l'intrigue. Se présentant sous la forme d'une moralité, l'empoisonnement final invite à lire le roman comme un apologue et le tire du côté de l'axiologie. Dans l'*explicit*, Balzac livre en effet une leçon et fait du crime d'empoisonnement une clef de lecture de l'œuvre : ce crime interroge la validité d'un système de valeurs manichéen et manifeste l'inanité de la frontière entre bien et mal. C'est alors que le titre du chapitre 58 de l'édition Pétion, « Un crime punissable », prend tout son sens dans la mesure où il instaure une inadéquation fondamentale entre transgression et châtiment et donc entre culpabilité effective et reconnaissance de la culpabilité : le suffixe confond en effet la possibilité et l'obligation morale de la sanction sans impliquer la réalisation de la rétribution. De fait, le crime de Rémonencq reste pénalement impuni et il faut interpréter, selon nous, cette fin apparemment morale comme la mise en évidence plus efficace des manquements de l'appareil judiciaire, certes, mais surtout comme la révélation de l'éthique pervertie d'une société corrompue. Car le poison, dans sa victoire sur le système pénal, atteste la différence entre justice et équité quand la frontière entre le vrai et le faux et celle entre le bien et le mal s'opacifie. Le crime effectif d'empoisonnement doit ainsi être pensé comme l'allégorie de ces autres forfaits perpétrés au sein du roman que sont la spoliation et la persécution – jusqu'à la mort – de Pons, et ce, en toute impunité.

LA VALEUR ALLÉGORIQUE DU CRIME DE RÉMONENCQ

En effet, la comparaison de l'empoisonnement de Cibot et du sort de Pons met au jour des analogies notables justifiant une lecture allégorique du crime de Rémonencq. Comme dans le cas de l'empoisonnement, Fraisier, Magus, Rémonencq et la Cibot œuvrent dans le secret et le texte appelle de lui-même le rapprochement : alors que Fraisier quitte Mme Camusot, le narrateur précise qu'il se « sen[t] capable, à la façon de Rémonencq, d'un crime, pourvu qu'il n'en existât pas de preuves, pour réussir » (*CH*, VII, p. 667). Soucieux de parvenir à leur « faim », Fraisier et la Cibot vont jusqu'au délit sans être inquiétés, leurs actes, même les plus graves – comme celui de détruire un testament – n'étant que « des peccadilles qui n'ont pas de témoins » (*CH*, VII, p. 702). Aussi la Cibot se persuade-t-elle de brûler le testament par le constat du secret qui entoure leur comportement : « Il n'y a que vous et moi qui saurons » (*CH*, VII, p. 709) déclare-t-elle à Fraisier. Pareillement, c'est en faisant promettre à Rémonencq et à Magus le silence le plus total que la concierge révèle aux deux hommes son plan et leurs rôles respectifs dans celui-ci :

> Je ne peux décider M. Schmucke à vendre quelques tableaux, que si vous m'aimez assez pour en garder le secret… oh ! mais un secret ! que la tête sur le billot vous ne diriez rien… ni d'où viennent les tableaux, ni qui les a vendus. […] Eh bien ! mes fistons, d'ici à quelques jours, j'amènerai M. Schmucke à vous vendre sept à huit tableaux, dix au plus ; mais à deux conditions : la première, un secret absolu. (*CH*, VII, p. 657-658)

Le roman oppose alors constamment aux mobiles et aux forfaits cachés de ces personnages leur fourberie pateline dans une tension constante entre l'être et le paraître. Le *topos* du *theatrum mundi* court d'ailleurs dans tout le roman et le narrateur propose une lecture théâtrale de son récit : « Cette comédie, à laquelle cette partie du récit sert en quelque sorte d'avant-scène, a d'ailleurs pour acteurs tous les personnages qui jusqu'à présent ont occupé la scène » (*CH*, VII, p. 630). La Cibot excelle ainsi dans le rôle héroï-comique de la tragédienne, qui culmine dans ce qui équivalait, dans l'édition Pétion, au chapitre 49, « La Cibot au théâtre », et dans le suivant, « Une entreprise théâtrale fructueuse ».

De fait, les tractations des personnages et la mort du musicien qui en résulte sont bel et bien assimilées à un meurtre. Aussi le cousin Pons se considère-t-il comme « assassiné dans un but cupide » (*CH*, VII, p. 686) par la Cibot, l'action mortifère de cette femme ayant déjà été formulée plus tôt, lorsque le malade avait appris la perte de son emploi au théâtre. Fraisier assimile d'ailleurs explicitement sa complice à un poison dans sa conversation avec madame Camusot :

> Ma foi, madame, il s'en tirerait, surtout soigné par un homme aussi consciencieux que le docteur Poulain, car mon ami, madame, n'est qu'un innocent espion dirigé par moi dans vos intérêts, il est capable de sauver ce

> vieux musicien, mais il y a là, près du malade, une portière qui, pour avoir trente mille francs, le pousserait dans la fosse… Elle ne le tuerait pas, elle ne lui donnera pas d'arsenic, elle ne sera pas si charitable, elle fera pis, elle l'assassinera moralement, elle lui donnera mille impatiences par jour. (*CH*, VII, p. 666)

Si la Cibot n'use pas de poison, elle est tout de même présentée ici comme une empoisonneuse. L'assassinat n'a dès lors pas valeur d'hyperbole mais permet au narrateur de révéler la responsabilité des cupides dans la mort du chef d'orchestre. Et il convient à ce sujet de noter l'action délétère de la portière sur la santé de Pons, à qui l'on doit épargner toute irritation. Pourtant, comme la tisane de monsieur Cibot, la portière promue garde-malade guérit et tue son « protégé ». Comme Rémonencq, cette femme soumet le malade à une médication, notamment lorsque Fraisier, Rémonencq et Magus viennent estimer la collection alors que le vieillard dort « après avoir pris des mains de Schmuke une potion calmante, ordonnée par le docteur, mais dont la dose avait été doublée à l'insu de l'Allemand » (*CH*, VII, p. 680) par les quatre complices. Ainsi le tranquillisant préparé par la Cibot est-il détourné de sa fonction première de la même manière qu'il nécessite un mode opératoire comparable au procédé du ferrailleur. Mais surtout, provoquant des accès de colère ou bien harcelant de sa volubilité histrionique le pauvre Pons, l'ancienne écaillère exaspère le pauvre musicien jusqu'à l'épuisement si bien que le chef d'orchestre meurt avant tout des coups portés par la Cibot, qui lui empoisonne la vie ! Son comportement agit ainsi directement sur l'organisme de Pons et, à la manière de l'homéopathie criminelle qu'administre Rémonencq au tailleur, il provoque une réaction physiologique contre laquelle Fraisier la met en garde : « J'ai vu Poulain hier au soir, il paraît que vous menez votre malade grand train… Encore un assaut comme celui d'hier, et il se formera des calculs dans la vésicule du fiel… » (*CH*, VII, p. 679-680). L'action corrosive et létale des chagrins s'apparente d'ailleurs aux effets du poison dans le récit fait par le narrateur de la vie du père Brunner, à qui sa seconde épouse a causé des « peines telles, que cet aubergiste, d'une constitution herculéenne, se vit, à soixante-sept ans, diminué comme si le fameux poison des Borgia l'avait attaqué » (*CH*, VII, p. 534-535). D'une maladie bénigne, la portière et ses acolytes font donc une maladie mortelle – si l'on pense, à tort, au XIXe siècle que la jaunisse est causée par un vif chagrin, on sait qu'elle ne menace pas la vie du patient – par leur influence néfaste et, en définitive, par leur toxicité.

En effet, le roman est véritablement traversé par le motif de la venimosité et convoque ainsi tout un bestiaire malfaisant alliant venin et perfidie. Fraisier a la main « froide comme la peau d'un serpent » (*CH*, VII, p. 644) et jette un « regard de vipère » (*CH*, VII, p. 640) à la Cibot, chez qui l'estimation des trésors de Pons « fait éclore [...] un serpent contenu dans sa coquille pendant vingt-cinq ans, le désir d'être riche, cette créature avait nourri le serpent de tous les mauvais levains qui tapissent le fond des cœurs, et l'on va voir comment elle exécutait les conseils que lui sifflait le serpent » (*CH*, VII, p. 601). De même, l'homme de loi et Mlle Vivet sont « deux natures de vipère » (*CH*, VII, p. 660), quand la Sauvage et son maître prennent au piège de leurs machinations infernales comme une araignée capture une mouche dans sa toile[5]. Parallèlement à cette animalisation, les personnages sont explicitement assimilés au poison. Si Fraisier se distingue par une « nature vénéneuse » (*CH*, VII, p. 644), il ressemble en outre « à ces poisons mis dans du cristal et bouchés d'une peau blanche dont l'étiquette, et tout jusqu'au fil, est coquet, mais qui n'en paraissent que plus dangereux » (*CH*, VII, p. 659) si bien qu'en comparaison, la Cibot trouve « le crapaud Astaroth de Mme Fontaine moins dangereux à toucher que ce bocal de poisons couvert d'une perruque rougeâtre et qui parl[e] comme les portes crient » (*CH*, VII, p. 644). Et la portière n'est pas en reste, elle dont les « regards de femme haineuse [...] lancent à la fois des coups de pistolet et du venin » (*CH*, VII, p. 674).

À cela s'ajoute l'omniprésence de la couleur jaune et de ses dérivés qui manifeste l'influence morbide de ces bourreaux sur leur victime. La jaunisse dont est atteint Pons et qui altère son teint invite à mettre en relation sa maladie avec la malveillance d'une Cibot aux yeux orange, la sournoiserie d'un Fraisier au regard vert – la couleur du poison par excellence – mais aussi avec l'aigreur d'une Mme Camusot dont les yeux sont comme « deux fontaines de bile verte » (*CH*, VII, p. 562). Si l'état maladif de l'homme de loi – dont le sang est vicié comme celui de Pons – induit bien une forme de contamination et de contagion, l'acrimonie vindicative de la présidente semble tout aussi responsable de la mort d'un homme chez qui « la bile pass[e] dans le sang » (*CH*, VII, p. 569).

5 Voir *CH*, VII, p. 719.

Aussi ces analogies révèlent-elles la véritable nature des actes commis en réconciliant, par l'intermédiaire de l'allégorie, le mal et le pénal. Le méfait punissable et impuni offre une modélisation judiciaire de la malfaisance irrépréhensible mais condamnable sur le plan moral de la ligue des intérêts que déploie le roman. La discordance inhérente au crime de Rémonencq entre culpabilité et imputabilité se trouve significativement déplacée du cadre de la Loi vers celui de la Morale de sorte que les agissements des cupides sapent non plus un système de signes mais l'échelle des valeurs. *Le Cousin Pons* montre combien l'immoralité, dans ce qu'elle a de plus criminel, a investi l'espace de la légalité dans une totale dissociation du bien et du licite, du mal et de l'illicite. Cette dissonance entre l'éthique et le juridique est d'ailleurs formulée par Fraisier qui explique à la Cibot que

> N'avoir aucun remords [...] mais, c'est précisément pour ce résultat que les gens d'affaires sont inventés. On ne peut rien avoir dans ces cas-là sans se tenir dans les termes de la loi... Vous ne connaissez pas les lois, moi je les connais... Avec moi, vous serez du côté de la légalité, vous posséderez en paix vis-à-vis des hommes, car la conscience, c'est votre affaire. (*CH*, VII, p. 645)

Balzac conspue ainsi une société essentiellement corrompue ayant aboli toute distinction entre le bien et le mal pour ne considérer que la prospérité. L'idéal démocratique porté par la Révolution, en amorçant le règne des intérêts individualistes, a entraîné une lutte sans merci faisant fi de la morale mais respectueuse du Droit. Ainsi, l'existence et la reconnaissance sociales découlent de crimes commis « le Code à la main » (*CH*, I, p. 668), dans la mesure où il existe, pour Balzac, un paradoxal hiatus entre « le droit et l'équité » (*CH*, II, p. 432), laissant une large marge de manœuvre aux ambitieux peu scrupuleux. De tels actes, quoiqu'échappant au contrôle normatif de la légalité, revêtent pourtant un caractère criminel d'autant plus grand que la loi bafouée est celle de la morale ; mais surtout, ils établissent une inexorable distorsion entre le fait et sa cause. Le divorce entre légalité et justice véritable a en effet chez Balzac pour corollaire une essentielle inadéquation entre apparences et vérité et, de manière plus structurelle, entre mécanismes et vernis sociaux. La fin du roman est ainsi des plus dérangeantes car le succès, la reconnaissance sociale et la respectabilité récompensent les atrocités commises tout au long du roman au nom de l'intérêt, sans qu'aucune exaction n'ait laissé de trace.

Entre substrat fantasmatique et apports scientifiques, le poison investit le quotidien et le rationnel sans se départir d'une aura mystérieuse que Balzac redéfinit en termes d'équivocité. Même si le charme ésotérique du poison se dissipe sous l'effet de l'analyse clinique, le symptôme ne saurait être qu'un indice déroutant toute démarche herméneutique. Essentiellement ambigu, le poison révèle une inadéquation entre le perceptible et l'imperceptible, entre l'apparent et l'avéré si bien que la déroute de l'examen entraîne la faillite du jugement, au sens de verdict mais aussi d'appréciation morale. Balzac signifie ainsi l'opacité du principe de causalité ainsi que l'oblitération de la dimension axiologique des actes. Le mal se pare des oripeaux de la légalité. Aussi l'honnête Godeschal formule-t-il la totale dissociation de la moralité et de la légalité à la fin du *Colonel Chabert* :

> nous autres avoués, nous voyons se répéter les mêmes sentiments mauvais, rien ne les corrige, nos études sont des égouts qu'on ne peut pas curer. [...] J'ai vu mourir un père dans un grenier, sans sou ni maille, abandonné par deux filles auxquelles il avait donné quarante mille livres de rente ! J'ai vu brûler des testaments ; j'ai vu des mères dépouillant leurs enfants, des maris volant leurs femmes, des femmes tuant leurs maris en se servant de l'amour qu'elles leur inspiraient pour les rendre fous et imbéciles, afin de vivre en paix avec un amant. [...] Je ne puis vous dire tout ce que j'ai vu, car j'ai vu des crimes contre lesquels la justice est impuissante. Enfin, toutes les horreurs que les romanciers croient inventer sont toujours au-dessous de la vérité. (*CH*, III, p. 373)

Lauren BENTOLILA-FANON
Université Toulouse – Jean Jaurès

ÉTUDES CITÉES

Berthier Philippe, 2014, « La Poison », *Revue des sciences humaines*, n° 315, p. 45-57.

Bloch Magali, 1997, « Justice et science au 19e siècle ou la difficile répression du crime d'empoisonnement », *Recherches contemporaines*, n° 4, p. 101-123.

Bodiou Lydie, Chauvaud Frédéric, Sonia Myriam, 2011, « Les objets du poison de l'Antiquité à nos jours », *Sociétés et représentations*, n° 32, p. 217-240.

Buchet Rogers Nathalie, 1998, *Fictions du scandale. Corps féminin et réalisme romanesque au XIXe siècle*, West Lafayette Indiana Purdue University Press.

Demartini Anne Emmanuelle, 2015, « L'empoisonneur au miroir de l'empoisonneuse », *Les Vénéneuses. Figures d'empoisonneuses de l'Antiquité à nos jours*, Bodiou Lydie, Chauvaud Frédéric, Sonia Myriam (dir.), Rennes Presses universitaires de Rennes.

Dumasy-Queffélec Lise, Spengler Hélène (dir), 2014, *Médecine, sciences de la vie et littérature en France et en Europe de la révolution à nos jours*, Genève Droz.

Foucault Michel, 1963, *Naissance de la clinique*, Paris Presses universitaires de France.

Orfila Mathieu, 1818, *Traité des poisons tirés des règnes minéral, végétal et animal ou Toxicologie générale*, Paris Crochard.

Tsikounas Myriam (dir.), 2008, *Éternelles coupables. Les femmes criminelles de l'Antiquité à nos jours*, Paris Autrement.

THE MUDDY PARVENU

Reading the Urban Signs of Social Mobility

INTRODUCTION: THE CITY OF MUD

Before Rambuteau and Haussmann's renovations, Paris was in crisis. The streets were mudholes and open-air sewers, most of them without sidewalks. A channel in the middle of the road collected dirt, water, and waste of all kinds, even more so when the cesspits overflowed. The 1832 cholera pandemic further exposed two interconnected phenomena: insalubrity and overpopulation.[1] The capital would progressively be sanitized through the development of a network of covered sewers and the systematic implementation of sidewalks. The reconstruction and sanitizing of the city took on symbolic meaning with the opening of the boulevards: cutting through Old Paris, they were meant not only to aerate its narrow medieval streets, but also to impede the construction of barricades in the aftermath of the 1830 and 1848 revolutions, and to avoid the cohabitation of different social classes by relocating low-income tenants away from the city center.[2]

Owing to this context, the quagmire is a commonplace for describing urban settings in eighteenth- and nineteenth-century literature. But authors have used this trope with very different political agendas. Some to express a moral judgment, like Louis-Sébastien Mercier in *Tableau de Paris*: "Oh, si la pelle du boueur pouvait mettre dans le même tombereau toutes ces âmes de boue qui infestent la société" (1994, p. 1238). Others to denounce the precarity of the lower classes. In the section of *Les Misérables* entitled "La boue, mais l'âme", Jean Valjean flees the police

1 See Merriman, 1981, p. 17-25.

2 For more on Paris before Haussmann, see Loyer, 1987, p. 108-113, and Jordan, 1995, p. 93-97.

by going down into the sewers, and is thus covered in muck when he meets Thénardier there. In this context, mud stands as a material sign of the characters' "inégalité de conditions".[3]

In this article, I focus on yet another use of mud in nineteenth-century realist and naturalist novels: its presence in portraits of parvenu characters. If the muddiness of Paris was a result of the city's high population density and inward development caused by mass migration from the provinces, conversely, mud clings to the literary figure of the provincial who muddies his boots and pants in an attempt at making it in Paris (Eugène de Rastignac's mud-crusted attire is the most canonical example of this topos).

Interpretations of these literary mud stains, often offered up in passing, vary greatly from one critic to another. For Christopher Prendergast in *Paris and the Nineteenth Century*, *Le Père Goriot*'s mud functions as "a structural device for the forging of a plot of 'connections' binding all classes, high and low, to the moral implications of the metaphor [of the mud and filth]" (1992, p. 87). On the other hand, "mud signifies poverty" and "moral turpitude" in David Bellos's study of Balzac's 1835 novel (1987, p. 65). This article on the "muddy parvenu" does not consider mud as a metaphor of class leveling nor as a metonymy of poverty, but as an urban sign of social mobility. Boots and pants are mud-coated in novels because their owners have to walk and traverse the social "field", from one class to another, without being able to afford a clean mode of transportation.

To carry out this semiotic study of mud in literary texts from the nineteenth to the twenty-first century, I will start by tracking its literal and metaphorical uses in several of Balzac's novels. In a second part, a comparison with Jules Vallès's autobiographical novels on class mobility will allow me to show how mud is alternatively a social mark on a character's clothes, and a metaphor for language and knowledge. Finally, although class structure and modes of social mobility have significantly changed since the nineteenth-century, we will see that the figure of the

3 "Jean Valjean, on vient de le dire, tournait le dos au jour, et était d'ailleurs si défiguré, si fangeux et si sanglant qu'en plein midi il eût été méconnaissable. Au contraire, éclairé de face par la lumière de la grille, [...] Thénardier, comme dit l'énergique métaphore banale, sauta tout de suite aux yeux de Jean Valjean. Cette inégalité de conditions suffisait pour assurer quelque avantage à Jean Valjean dans ce mystérieux duel qui allait s'engager entre les deux situations et les deux hommes." (Hugo, 1951, p. 1325-1326)

muddy parvenu persists in contemporary literature, notably in the works of two *transfuges de classe*: Annie Ernaux and Édouard Louis.

THE PLOT OF MUD

Contrary to what one might think, encrustation with mud in nineteenth-century fictional portraits of class defectors does not signal a provincial childhood, but rather an arrival in Paris. This interpretation requires us to look more closely at the characteristics of the substance itself. Mud is not merely an inert and unchanging matter, made of a single component, but a combination of earth, rubbish, and water. Alain Corbin describes its heteroclite nature in *Le Miasme et la Jonquille*:

> La boue de Paris forme une mixture complexe de sable infiltré entre les pavés, d'ordures nauséabondes, d'eau croupie et de crottin; les roues des voitures la malaxent, la diffusent, font gicler les puanteurs sur la base des murs, sur les passants. (1982, p. 28)

Because it is a mixture, mud can be used by writers as a metonymy for socially mixed characters. Neither the trace of an origin nor a simple baggage, mud is a ductile material, amenable to signaling a process of shaping and reinvention. Such a positive vision of mud can be found in Gaston Bachelard's *La Terre et les rêveries de la volonté*: "Nous sommes démiurges devant le pétrin. Nous réglons le devenir des matières." (1948, p. 116) Hence the possibility for the pliability of mud to serve as metaphor for the self-fashioning of ambitious protagonists. In *Les Chiffonniers de Paris*, Antoine Compagnon underlines another positive aspect of mud in the nineteenth century: it has value in itself when used as manure in the fields.[4] Far from being exclusively a useless waste product, muck can thus also be a catalyst for growth. This recycling accentuates the instability of mud, its pendular movement between the country and the city. Mud stains on socially mobile characters thereby invert the motif

4 See Compagnon, 2017, p. 69. This book is primarily focused on Baudelaire. For a discussion on cleanliness, hygiene, and mud in Baudelaire's poetry, see also Cohen, 1996, p. 239-255.

of the earth, which is no longer the trace of a rooting but the sign of a displacement. While Sarah Sasson argues, in her book on French and German parvenus, that "the insistence on mud and grease [in *Le Père Goriot*] reveal[s] the concrete and fundamental importance of purity and authenticity" (2012, p. 82), I will explore the imagery and signification of mud in and of itself, not as the opposite side of cleanliness.

This article is interested in the features of the nineteenth-century plot of upward mobility, and more precisely in the polysemy of "plot" in this context. The word should be understood in all its usages, in French as well as in English: the outline or main story of a novel; a machination (in the case of Rastignac, a secret plan or a scheme to make it in Paris); or, in the French meaning of *intrigue*, a love affair (often the most efficient social ladder in nineteenth-century novels). My goal is to flesh out yet a fourth, potential meaning of *plot* in *Bildungsromane*: that of a patch of ground or piece of land. Peter Brooks starts his essay *Reading for the Plot* by underlining this original meaning of plot as "[a] small piece of ground, generally used for a specific purpose" and "[a] measured area of land; lot" (1985, p. 11). In the rest of the text however, he limits his analysis to the second definition, and uses this "measuring" as a metaphor for what he calls a narrative's "plottedness":

> There may be a subterranean logic connecting these heterogeneous meanings. Common to the original sense of the word is the idea of boundedness, demarcation, the drawing of lines to mark off and order. This easily extends to the chart or diagram of the demarcated area, which in turn modulates the outline of the literary work. (*Ibid.*, p. 12)

My readings will not be concerned with measures, but with the *plot* as a "small piece of ground". Brooks also explains how "[a]mbition provides not only a typical novelistic theme, but also a dominant dynamic of plot" (*ibid.*, p. 39), especially in *Le Rouge et le Noir* where the storyline operates as a "figure of displacement, desire leading to change of position" (*ibid.*, p. 84-85). The plot of ground (understood as pieces of mud) and the plot of class mobility also overlap in Stendhal's novel, starting with its hackneyed description of realism:

> Eh, monsieur, un roman est un miroir qui se promène sur une grande route. Tantôt il reflète à vos yeux l'azur des cieux, tantôt la fange des bourbiers de la route. Et l'homme qui porte le miroir dans sa hotte sera par vous accusé

> d'être immoral! Son miroir montre la fange, et vous accusez le miroir! Accusez bien plutôt le grand chemin où est le bourbier, et plus encore l'inspecteur des routes qui laisse l'eau croupir et le bourbier se former. (1997, p. 362)

Authors need to get their hands dirty (or their mirrors, for that matter), in order to write novels that *mirror* all aspects of nineteenth-century reality. In this excerpt, the looking glass functions as a transitional object between high and low, the mud and the sky. It reflects the muck, and resembles Stendhal's muddy parvenu himself:

> Au fond, Julien se rappelait l'entrée du roi de ***, à Verrières, et croyait monter à cheval supérieurement. Mais, en revenant du bois de Boulogne, au beau milieu de la rue du Bac, il tomba en voulant éviter brusquement un cabriolet et se couvrit de boue. Bien lui prit d'avoir deux habits. (*Ibid.*, p. 249)

Stendhal underlines the importance of the word "boue" with the scansion of its first consonant: "bois", "Boulogne", "beau", "Bac", "tomba", "brusquement", "cabriolet", "bien", "habits". The evocation of mud is immediately followed by a short note about Sorel's two outfits: it could be interpreted as a reference to the title (the red clothes of the army, the black clothes of the clergy), but also as an anticipation of Sorel's upward mobility and split social status. Thus in these two passages from *Le Rouge et le Noir*, mud binds realism, perambulation, and emancipation together. The aforementioned citations from Stendhal use "fange", "bourbier", and "boue". These three terms can all, by extension, designate the lower class, as well as a moral stain or an abject situation. Although they are often presented as synonyms in dictionaries, "un bourbier" is a pool of mud and "la fange" is a thick mud. The mire and quagmire are more often associated with misery because they are deep or heavy, and confined to the ground like silt, while mud, more volatile, not primarily associated with marshes and fields but present in both rural paths and urban streets, can stand in as a symbol of socially mobile characters in the novel.[5]

5 This lexical field merits further investigation in poetry. In "Perte d'auréole", for instance, Baudelaire seems to put "la boue" of the boulevard on the same level as "la fange du macadam" (1987, p. 173).

THE "CROTTORAMA"[6] OF SOCIAL MOBILITY

In a 2009 article of *L'Année balzacienne*, Alex Lascar gathers together the occurrences of mud and characterizes them as a "trait propre de l'œuvre balzacienne" (*AB*, 2009, p. 123). Balzac's emphasis on this substance is intentional, he argues, because the word is sometimes added only at the proofs stage. It is notably the case for the first occurrence of "boue" in *Le Père Goriot*: "ruisseaux noirs de boue" in the final version, but only "ruisseaux" in the manuscript.[7] Lascar unearths another characteristic of Balzac's mud: it is mostly Parisian. In *Les Paysans* for instance, the sludge is only associated with characters connected to the capital: "'Ces *Arminacs* de Parisiens devraient bien rester dans leurs boues de Paris…', dit le garde." (*CH*, IX, p. 148) The final consonant of *Arminac* is reminiscent of Rastignac, and "les boues" denotes the standpoint of a rural character: the plural does not designate the Parisian sludge, but the matter used for mud bath treatments in spa towns. In a footnote, Lascar explains his methodology as follows: "Ici la boue est strictement envisagée comme matière. Ne sont donc pas prises en compte les images langagières, comparaisons et métaphores où elle apparaît." (*AB*, 2009, p. 105) Unlike Lascar, my goal in the following paragraphs is to insist on the nuances separating matter from metaphor, as they authorize a social interpretation of the mire in modern and contemporary plots of class mobility. In "L'image de la ville et sa fonction dans *Le Père Goriot*", Wolfgang Matzat shows how Balzac's descriptions of Paris are not detailed or concrete, but rather moral and rhetorical, notably when it comes to the mire: "L'image […] du bourbier n'est pas préparée par l'évocation de la saleté des rues." (*AB*, 2004, p. 315) His article does not interpret the specific function of the muck in the representation of social mobility, which is the main focus here.

In Balzac's novels, mud often covers various clothes and body parts of the characters, from Vautrin's hand to Raphaël's waistcoat and Eugène's legs: "Il [Rastignac] voyait le monde comme un océan de boue dans

6 "La récente invention du Diorama, qui portait l'illusion de l'optique à un plus haut degré que dans les Panoramas, avait amené dans quelques ateliers de peinture la plaisanterie de parler en *rama*, espèce de charge qu'un jeune peintre, habitué de la pension Vauquer, y avait inoculée." (*CH*, III, p. 91)

7 See *AB*, 2009, p. 107.

lequel un homme se plongeait jusqu'au cou, s'il y trempait le pied." (*CH*, III, p. 262) In this passage, Balzac describes the Parisian society with a hyperbolic comparison to an ocean, then turns the simile into a metaphor with an idiomatic expression ("jusqu'au cou") before ending on the evocation of soiled feet. The figure of speech takes precedence over the matter, rejected at the end of the sentence, only as a possibility. The first occurrence of dung in *Le Père Goriot* is its negation in the description of "une fille [...] chaussée en brodequins de prunelle qui n'étaient pas crottés" (*CH*, III, p. 70). Dirt is so significant that a social object, such as a piece of cloth, must be defined in relation to its presence or absence.

Characters are not the only muddy literary elements in Balzac's prose. Mud also clings to the description of houses and stairsteps, notably in the famous opening of *La Fille aux yeux d'or*: "les quarante mille maisons de cette grande ville baignent leurs pieds en des immondices" (*CH*, V, p. 1050). And in *César Birotteau*: "Les marches étaient donc revêtues d'une couche de boue dure ou molle." (*CH*, VI, p. 257[8]) But this topography is turned upside down when it comes to using the house as a metaphor for a social climber's trajectory. This is the case in the following excerpt from *Illusions perdues*, part of a letter from Lucien to Mme de Bargeton:

> Après les belles espérances que votre doigt m'a montrées dans le ciel, j'aperçois les réalités de la misère dans la boue de Paris. Pendant que vous irez, brillante et adorée, à travers les grandeurs de ce monde, sur le seuil duquel vous m'avez amené, je grelotterai dans le misérable grenier où vous m'avez jeté. (*CH*, V, p. 291)

Using syntactic parallelism, Balzac superimposes the topographies of Paris and of a domestic space. These two sentences — connected by a notion both concrete and abstract: the threshold — form a chiasmus. On the one hand, Balzac designates the privileged classes by a figurative but coherent vocabulary. "Sky" and "grandeur" point to the same space: higher, superior, and inaccessible. On the other hand, Lucien flounders in the concrete, but also in a contradictory space, both downstairs (the mud) and upstairs (the attic, where he is paradoxically "thrown"). Understood as matter, mud fills the space, from the cobblestones to the roof. As a metaphor, it signals the promise of an ascent, not up into the

8 See *ibid.*, p. 117.

garrets but into high society. Facing such an "Escherian stairwell" in *Le Père Goriot*, that is to say a spiral staircase that gives the illusion of an indefinite up-and-down movement, Rastignac summons his courage with these terms: "Rampe, supporte tout." (*CH*, III, p. 150) The imperative creates a parallel between "crawling on the ground" (*ramper*) and climbing the stairs, of which the "handrail" (*la rampe*) goes up the successive floors. Such a polysemy further suggests that mud is not a sign of precarity, but of social mobility.

The description of the Maison Vauquer follows the same narrative strategy:

> Les particularités de cette scène pleine d'observations et de couleurs locales ne peuvent être appréciées qu'entre les buttes de Montmartre et les hauteurs de Montrouge, dans cette illustre vallée de plâtras incessamment près de tomber et de ruisseaux noirs de boue. (*CH*, III, p. 49-50)

The periphrasis "entre les buttes de Montmartre et les hauteurs de Montrouge" alludes to the inferiority and insalubrity of Paris. Yet the surroundings of the pension are not muddy: "Là, les pavés sont secs, les ruisseaux n'ont ni boue ni eau, l'herbe croît le long des murs." (*CH*, III, p. 50) From the incipit, we thus understand that *Le Père Goriot* takes place in a valley filled, concretely and symbolically, with mud. In addition, the novel is framed by two references to the land, from "la petite terre de Rastignac" (*CH*, III, p. 74) to Goriot's *enterrement*: "[Rastignac] regarda la tombe et y ensevelit sa dernière larme de jeune homme, [...] une de ces larmes qui, de la terre où elles tombent, rejaillissent jusque dans les cieux." (*CH*, III, p. 290) Between the Land of Origins and the ground of the grave, between "les buttes de Montmartre et les hauteurs de Montrouge", lies the interstitial, muddy space of class mobility. The lodging house also stands out due to its "local colors", its brown and yellow hues:

> La rue Neuve-Sainte-Geneviève surtout est comme un cadre de bronze, le seul qui convienne à ce récit, auquel on ne saurait trop préparer l'intelligence par des couleurs brunes, par des idées graves. (*CH*, III, p. 51)

> La façade, élevée de trois étages et surmontée de mansardes, est bâtie en moellons et badigeonnée avec cette couleur jaune qui donne un caractère ignoble à presque toutes les maisons de Paris. (*CH*, III, p. 52)

The frame is made of bronze: a yellowish-brown metal, a burnished alloy of copper and tin; the house's façade is built with "moellons" (rubble stones), the color of which ranges from beige to brown, daubed ("badigeonnée") with yellow paint; the juxtaposition "couleurs brunes, idées graves" suggests that the color is not so much brown as dark and murky. Quoting *Les Chouans*, Lascar explains that urban mud is black, while it is yellow in the fields. In his reading of *Le Père Goriot*'s topography, David Bell shows how "the Rue-Neuve-Sainte-Geneviève is a sort of border space between the city and the outside" (2000, p. 82). The color coding of the neighborhood reinforces the liminality of the Pension Vauquer: an emancipation chamber between the provinces and the city.

The alternation of valleys and mountains in *Le Père Goriot*'s description of Paris echoes the V-shaped structure of medieval streets built to collect the wastewater. The richest people walked on the side of the pavement, forcing the others to get muddy or to zigzag, literally to try to maintain the upper hand, *tenir le haut du pavé* in French.[9] We see the same structure in *Illusions perdues*: "les pieds heurtaient des montagnes et des vallées de boue durcie" (*CH*, V, p. 357). In *Le Père Goriot*, Madame de Langeais exclaims: "Le monde est un bourbier, tâchons de rester sur les hauteurs." (*CH*, III, p. 115) Madame de Restaud's last name (*reste haut*) encapsulates this metaphor, as well as the character of Madame de Beauséant, who fears her name might be dragged through the mud: "Je vous donne mon nom comme un fil d'Ariane pour entrer dans ce labyrinthe. Ne le compromettez pas, [...] rendez-le moi blanc." (*CH*, III, p. 117) Balzac's spatial imagery also explains the joke made by another resident (the medical student Horace Bianchon) during a meal at the Maison Vauquer: "Voici S. E. le marquis de Rastignac, docteur en droit-travers" (*CH*, III, p. 91). Balzac plays here on the polysemy of the French word *droit*, which means "law" (as a noun) and "straight" (as an adjective). Rastignac's mother wants him to keep studying law because "les voies tortueuses ne mènent à rien de grand" (*CH*, III, p. 126). But Rastignac needs to veer off in order to climb up: "Il s'agit pour moi de faire mon chemin

9 "[Lucien] passa bientôt dandy. Le jour où il se rendit à l'invitation du diplomate allemand, sa métamorphose excita une sorte d'envie contenue chez les jeunes gens qui s'y trouvèrent, et qui tenaient le haut du pavé dans le royaume de la fashion, tels que de Marsay, Vandenesse, Ajuda-Pinto, Maxime de Trailles, Rastignac, le duc de Maufrigneuse, Beaudenord, Manerville, etc." (*CH*, V, p. 479)

ou de rester dans la boue." (*CH*, III, p. 120) Rastignac gets dirty not because he walks straightforwardly in the wastewater stream located in the middle of the road, but because he oscillates between two spaces, two classes. This spatialization explains why, instead of social climber, class traitor, social defector, or transclass, I have used "parvenu" in the title of my article, despite its derogatory connotation: the word implies an arrival at one's destination, a successful upward trajectory; the prefix underlines the necessity of a spatial movement, a crossing, a deviation.[10]

To plot his social climbing, Rastignac relies on perambulation: "En s'en allant à pied, [...] Eugène tomba dans de sérieuses réflexions." (*CH*, III, p. 176); "La longue promenade de l'étudiant en droit fut solennelle. Il fit en quelque sorte le tour de sa conscience." (*CH*, III, p. 215); "Eugène revint à pied vers la maison Vauquer, par un temps humide et froid. Son éducation s'achevait." (*CH*, III, p. 268) Throughout *Le Père Goriot*, Balzac superimposes an urban itinerary and a social trajectory. Rastignac constantly regrets not being able to travel by carriage:

> Eugène marchait avec mille précautions pour ne se point crotter, mais il marchait en pensant à ce qu'il dirait à Mme de Restaud, il s'approvisionnait d'esprit, il inventait les réparties d'une conversation imaginaire, il préparait ses mots fins, ses phrases à la Talleyrand, en supposant de petites circonstances favorables à la déclaration sur laquelle il fondait son avenir. Il se crotta, l'étudiant, il fut forcé de faire cirer ses bottes et brosser son pantalon au Palais-Royal. "Si j'étais riche, se dit-il en changeant une pièce de trente sous qu'il avait prise *en cas de malheur*, je serais allé en voiture, j'aurais pu penser à mon aise." (*CH*, III, p. 94)

This passage starts with a *discours narrativisé* in the third person, used to list the benefits of walking, and Rastignac's frustration is subsequently expressed through direct speech. The expression "il se crotta" is located at the pivotal moment between these two forms of reported speech, but also between the parvenu's perambulation and his linguistic strategy. In this context, the reflexive verb *se crotter* is not only synonymous with the fact of getting dirty but also with the process of inventing sentences. As Bell points out: "A carriage might have spared his shoes and pants, but it would have not allowed him to fill in essential details to the

10 For a comparison between *Le Rouge et le Noir* and contemporary literature on the topic of class mobility, see Jaquet, 2014.

indispensable map of the city he is formulating by experience." (2000, p. 85) Walking the muddy streets of Paris is akin to a spatial and verbal "formulation". Balzac often plays on the double meanings allowed by the lexical field of mud: "Après s'être embourbé chez Mme de Restaud, [...], Eugène seul était capable de recommencer son métier de bouvier, en se présentant chez Mme de Beauséant." (*CH*, III, p. 106) "S'embourber" here means both to get stuck *and* to get bogged down in the mud, that is to say to make a faux-pas during a discussion with the upper class.

In this "crottorama" of social mobility, I have been focusing thus far on male characters, as there seems to be a tendency in the nineteenth-century novel, especially in Balzac, to spatter them with mud, whereas for women protagonists, mud is often turned into a personal attribute or a flaw, as in *Splendeurs et misères des courtisanes*: "Mais toi, dit-il [Carlos Herrera] à Esther, toi que j'ai tirée de la boue et que j'ai savonnée, âme et corps, tu n'as pas la prétention de te mettre en travers sur le chemin de Lucien?..." (*CH*, VI, p. 481) In this context, mud is a euphemism for prostitution. Émile Zola employs a similar image for Nana, whose face ends up covered with pustules "d'un aspect grisâtre de boue, elles semblaient déjà une moisissure de la terre" (1984, p. 467). Mud is thus not only different from, but worse than soil, a spoiled version of it. Despite her status as a "marquise des hauts trottoirs" (*ibid.*, p. 306), Nana cannot escape muck. But mud does not always distinguish men from women in the novel, particularly if we take into account Franco Moretti's remark in the preface to *The Way of the World*. Moretti explains that the literary equivalent of a *Bildungsroman* for women characters is "the novel of adultery" (2000, p. 246) such as *Madame Bovary*. Mud signals indeed Emma's deviation from the social norm of marriage: Gustave Flaubert describes "les chaussures d'Emma, tout empâtées de crotte – la crotte des rendez-vous" (1938, p. 197). In Zola's *Au bonheur des dames*, Denise Baudu's mobility (from the provinces to Paris, and from a little shop to a megastore) is symbolized by mud too: *Au Bonheur des dames* is in front of *Au Vieil Elbeuf*, but such a crossing necessitates to walk in "une boue épaisse" (Zola, 1999, p. 77). Unlike Balzac's Eugène however, Zola's Denise is not muddy herself. She contemplates mud from afar; she is kept at a distance from her potential class mobility.

FROM STREET TO SCHOOL: BALZAC'S MUD IN THE WORKS OF VALLÈS

Rastignac gets dirty on foot, Lucien by carriage: "Parti dans la calèche de Mme de Bargeton à côté d'elle, il est revenu derrière!" (*CH*, V, p. 643) In this episode from *Illusions perdues*, the aspiring parvenu is not muddy but "couvert de poussière" (*CH*, V, p. 552). The author retains only one of the components of mud — the dust — like in this other scene:

> Vous rencontrerez là tous les Essais poétiques, les Inspirations, les Élévations, les Hymnes, les Chants, les Ballades, les Odes, enfin toutes les couvées écloses depuis sept années, des muses couvertes de poussière, éclaboussées par les fiacres. (*CH*, V, p. 342)

Balzac spatters Lucien, the books, and the muses, with dust. One can understand this distinction as a means to differentiate the intellectual ascent of Lucien (the dust and the cultural capital of the poet) from the financial rise of Rastignac (mud and the economic capital of the banker). Mud is indeed connected to money in *La Comédie humaine*. As Lascar shows, it symbolizes the threat of bankruptcy in Balzac's novel *Gobseck*, notably when the eponymous usurer leaves the house of a debtor: "je m'en vais en signant ma présence sur le tapis qui couvr[e] les dalles de l'escalier. J'aime à crotter les tapis de l'homme riche, non par petitesse, mais pour lui faire sentir la griffe de la Nécessité." (*CH*, II, p. 971[11]) Jules Vallès also distinguishes between mud and dust in *L'Enfant*: "J'étais là quelquefois à l'arrivée: la diligence traversait le Breuil avec un bruit d'enfer, en soulevant des flots de poussière ou en envoyant des étoiles de boue." (1985a, p. 58) The car whips up the dust (which was lying on the ground), while it throws muddy stars (up to the sky). If we carry this metaphor further to read Balzac's *Bildungsromane*, then mud leads to social climbing (Rastignac's success), while dust quickly settles once again (Lucien's failed attempt at social climbing).

In his trilogy *L'Enfant*, *Le Bachelier*, and *L'Insurgé*, Vallès recounts an involuntary trajectory of social mobility, imposed on him by his parents. The author and his narrator Jacques Vintgras favor the land

11 See *AB*, 2009, p. 121.

and soil of their childhood over the school's "boulets de boue".[12] Vallès has been greatly influenced by Balzac.[13] Yet despite his hatred of the bourgeoisie and the parallels between Rubempré and Vintgras as two aspiring writers, he does not center his attention on dust but on mud. Comparing *La Comédie humaine* to Vallès's trilogy will reveal the persistence of Balzac's muck in narratives of social mobility.

Balzac and Vallès both suggest a comparison between journalism, dirt, and dung. The print shop smells like manure in *L'Enfant*,[14] and in *Illusions perdues*, "la boue du journal" stands in the middle of a tripartite list, between "la fosse du malheur" and "les marais de la librairie" (*CH*, V, p. 346). In *Illusions perdues* and *Le Bachelier*, ink replaces mud:

> – Mon cher, dit gravement Étienne Lousteau en voyant le bout des bottes que Lucien avait apportées d'Angoulême et qu'il achevait d'user, je vous engage à noircir vos bottes avec votre encre afin de ménager votre cirage. (*CH*, V, p. 341)

> Je n'avais pas d'argent pour prendre une voiture, bien entendu. J'ai dû marcher en sautillant pour éviter les flaques: j'ai sautillé depuis le quartier latin jusqu'à l'Hippodrome. J'ai un pantalon noir qui traîne dans la boue. Je suis forcé de l'éponger avec mon mouchoir.
>
> Mes bottes aussi sont sales; je les gratte avec ce que j'ai de papier dans mes poches. Il y a là-dedans des lettres auxquelles je tiens, mais je ne puis arriver crotté comme ça! (Vallès, 1985b, p. 334)

The transition from muddied to inked boots could be easily understood as the result of an attempt at saving money on a shoeshine, at escaping the stigma of muddy clothes, or as the irrefutable proof of a successful upward mobility. But Vallès complicates the motif of the mud by extending the metaphor in *Le Bachelier*: "les pieds boiteux comme ceux des *frottés de latin* qui – dans des souliers percés – ont marché jusqu'ici, le ventre creux" (*ibid.*, p. 213); "ma tête avec ce qu'il y a dedans: thèmes, versions, discours, empilés comme du linge sale dans un panier!" (*Ibid.*, p. 230-231) The imagery was already in place in *L'Enfant*:

12 "À peine elle pense à mon pantalon que je dois retrousser, à mes chaussures neuves qui ont des boulets de boue." (Vallès, 1985a, p. 58) "Il y a aussi l'achat d'un géranium et d'un rosier, puis d'une motte de terre où étaient attachées des marguerites. [...] j'emportais cela en cachette, [...] tant j'avais envie – et besoin aussi – dans cette boue de Paris, de me réfugier quelquefois dans les coins heureux de ma première jeunesse!" (Vallès, 1985b, p. 53)

13 See Goblot, 1957, p. 23-28.

14 "Il y a une odeur de résine et d'encre fraîche. C'est aussi bon que l'odeur du fumier." (Vallès, 1985a, p. 279)

> Mon *Alexandre* a les coins mangés; c'est moi qui les ai mordus de rage et j'ai de son cuir dans l'estomac.
>
> Tout ce latin, ce grec, me paraît baroque et barbare; je m'en bourre, je l'avale comme de la boue. (Vallès, 1985a, p. 167)

> De beaux cothurnes, vrai, avec des caillots de crottes et des dorures de fumier.
>
> Je vais toujours rôder dans une écurie qui est près de chez nous, et où je connais des palefreniers, avant d'entrer en classe, et je n'ai pas seulement du crottin aux pieds, j'en dois avoir aussi dans mes livres. (*Ibid.*, p. 224)

> "J'espère que voilà un beau sujet, hé!" a dit le professeur en se passant la langue sur les lèvres, – une langue jaune, des lèvres crottées. (*Ibid.*, p. 225)

The first two quotes stress the presence of "boue" and "crotte" by the use of alliterations: "baroque", "barbare", and "bourre" on the one hand; "cothurnes", "caillots", "écurie", "connais", and "classe" on the other. The rare word "cothurnes" (buskins), first used by a professor then mocked by the narrator, reinforces the association between shoes, ancient languages, and art: tragic actors wore buskins in Greek plays. In these three excerpts, lips, linens, books, heads, and shoes are coated with knowledge, pejoratively described as dirty. Even before arriving in Paris, the young narrator of *L'Enfant* detects mud, by anticipation, in the books he is reading, as they will lead him to stroll the muddy streets of the capital in order to further his education. Mud in this context functions as a metonymy of school and knowledge, possibly alluding to the fact that "boue" in French also designates the sediment at the bottom of an inkpot. The substance is thus fully connected to "class", understood as a category, a social rank, as well as a lesson and a group of students. In comparison, the metaphor of a muddied mouth in *Le Père Goriot* does not serve the same purpose: "Aussi, Mme de Nucingen laperait-elle toute la boue qu'il y a entre la rue Saint-Lazare et la rue de Grenelle pour entrer dans mon salon." (*CH*, III, p. 116) Mud here represents the acquisition of a network, not of a literary or linguistic knowledge. I interpret the modification of the trope of mud from Balzac's stains to Vallès's education as a sign of the displacement of social mobility itself, from climbing to a position in banking and politics, to climbing through the school system. This change, already present in the nineteenth century, is crucial to understand the imagery of mud in contemporary plots of social mobility.

Vallès is also important to study the posterity of Balzac's protagonists. Half a century after *Le Père Goriot*, the narrator of *Le Bachelier* measures up to Balzac's social climbers:

> J'ai lu mon Balzac, et je me rappelle que Lucien de Rubempré demeurait rue des Cordiers, hôtel Jean-Jacques Rousseau.
>
> [...]
>
> Balzac, sans doute, a choisi l'hôtel qui lui paraissait répondre le mieux à l'ambition et au caractère de son héros...
>
> [...]
>
> Je suis gelé par l'aspect misérable de cette maison. Ma fenêtre donne sur un mur. Je ne puis pas regarder Paris et le menacer du poing comme Rastignac! Je ne vois pas Paris. Il y a ce mur en face, avec des crottes d'oiseaux dessus. (Vallès, 1985b, p. 165-166)

Vallès combines the protagonists and settings of *La Comédie humaine* in two different ways. On the one hand, he starts to mention the hotel described in *La Peau de chagrin*, then turns to the final scene of *Le Père Goriot*. On the other hand, a comparison between the final version of *Le Bachelier* and its autograph manuscript at the Bibliothèque nationale de France reveals how Vallès made a synthesis: in the first sentence of this passage, he struck out "Lucien de Rubempré ou Rastignac ou un autre"[15] (most probably Raphaël de Valentin, who lives Rue des Cordiers in *La Peau de chagrin*) to keep only two distinct references to Lucien and Eugène. The motif of dirt comes along with the name-dropping of Balzac's protagonists: the wall in front of Vallès's narrator is covered with "turds". Stripped of their original differences, Balzacian parvenu characters appear as decontextualized and interchangeable symbols of social emancipation. This amalagmation continues in *L'Insurgé*: "*La Comédie humaine* est souvent le drame de la vie pénible" (Vallès, 1986, p. 45). The narrator indistinctly calls Rastignac, Rubempré, and Séchard his "frères d'ambition et d'angoisse!" (*Ibid.*) As we will now see, Vallès's conflation of characters, along with his use of the motif of dirt, is the vehicle by which Rastignac's mud is carried on from one generation of authors to the next, notwithstanding the differences between each author's social background and political intentions.

---

15 "J'ai lu mon Balzac et je me rappelle que Lucien de Rubempré ou Rastignac ou un autre demeurait rue des Cordiers." (Vallès, *Le Bachelier*, autograph manuscript, BNF Richelieu, p. 199). I would like to thank the Whitney Humanities Center at Yale University for awarding me an A. Whitney Griswold Faculty Research Fund in 2016 to conduct archival research on Vallès.

THE PERSISTENCE OF MUD IN CONTEMPORARY LITERATURE

In *Le Miasme et la Jonquille*, Corbin historicizes the perception of mud as a vector of smells and miasmas in the 1750-1880 period, before Pasteur's theories. He underlines a significant shift form the idea of an undifferentiated muddy crowd to the association between lower classes and "odeurs sociales".[16] In *Les Chiffonniers de Paris*, Compagnon extends Corbin's work by underlining the material difference between nineteenth- and twenty-first-century mud:

> Or cette boue parisienne du XIXe siècle n'a rien de la nôtre, mélange de terre et d'eau, combinaison certes adhérente, mais relativement propre et minérale, [...]. Au milieu du XIXe siècle, la boue de Paris est une mixture d'immondices pétries avec de la terre et de l'eau et déposées au coin des bornes et dans le ruisseau courant au milieu de la rue. (2017, p. 62)

If the matter, its perception, and social signification have changed over time, I now want to examine how literary mud has remained surprisingly stable as a sign of social mobility. In *The Way of the World*, Moretti surveys European *Bildungsromane* by focusing on "*plot differences*" (2000, p. 7). Conversely, I will turn to contemporary literature to show how the "plot of ground" is precisely that which does not change.

The incipit of Annie Ernaux's 1983 seminal emancipation novel *La Place* is organized around a reference to the Balzac novel: "Devant une classe de première, des matheux, j'ai expliqué vingt-cinq lignes – il fallait les numéroter – du *Père Goriot* de Balzac." (1983, p. 11) Ernaux flees her milieu by teaching Balzac's 1835 novel during the oral examination required to become a high-school teacher in France. "Première", "matheux", "vingt-cinq", "numéroter": she saturates the sentence with references to numbers before mentioning the title, thus showing how the economic capital constrains the acquisition of a cultural capital. References to nineteenth-century authors (Balzac, Hugo, Maupassant)

16 "Pour l'heure, on opère mal le partage entre l'odeur des humbles et celle des riches; c'est la foule qui est putride." (Corbin, 1982, p. 61-62) See also the part "Décrotter le misérable" (*ibid.*, p. 184-188).

and novels (*Illusions perdues*, *Notre-Dame de Paris*) are numerous in her narratives and interviews.[17] To reflect on her literary debut (the publication of *Les Armoires vides* in 1973), Ernaux uses the lexical field of mud, as a way to designate the grey zone between two social classes: "J'entrais 'mal', de façon incorrecte, boueuse, dans la littérature, avec un texte qui déniait les valeurs littéraires, crachait sur tout, blesserait ma mère." (2003, p. 51) *Les Armoires vides* is a scathing novel, mocking a fictional version of her parents. Ernaux's first book amounts to a double betrayal, vis-à-vis her social class of origin *and* her new class, as the text is full of argot, patois, and vernacular slurs. The adjective "boueuse", in the feminine, and isolated between commas, agrees with both "façon" and Ernaux. Thereby the author rhetorically underlines the similarities between mud as a substance (on herself) and as a figurative matter (in her writing style).

Zola uses the same adjective to a similar effect in *Thérèse Raquin*. While the eponymous protagonist is tied to the earth, "heureuse d'enfoncer ses doigts dans la terre" (2001, p. 41), her lover Laurent is on the side of mud because he ventures to paint: "son œil de paysan voyait gauchement et salement la nature; ses toiles, boueuses, mal bâties, grimaçantes, défiaient toute critique" (*ibid.*, p. 61). Mud, also highlighted by the use of commas, leaves a mark on those who escape social reproduction by way of art.

Édouard Louis has been greatly influenced by the writing of Ernaux. In his 2013 best-selling debut coming-of-age novel, *En finir avec Eddy Bellegueule*, he too reactivates the "plot" of upward mobility:

> Je faisais du théâtre dans un groupe formé par mon professeur de français: mon père, plus que dépassé par mon intérêt pour le théâtre, en était fortement agacé et refusait souvent de prendre la voiture pour venir me chercher après le cours, maugréant *Personne t'oblige à faire tes conneries de théâtre.* Je parcourais les quinze kilomètres qui me séparaient de chez moi à pied, marchant à travers champs pendant des heures, la boue et la terre qui s'accumulaient sous mes chaussures jusqu'à les faire peser plusieurs kilos. (2014, p. 106)

The retrospective narrative is influenced by the arrival of Bellegueule in the capital, and in the upper class: like Vallès's Vintgras, the narrator is

17 For a comparison between Ernaux's novels and literary realism, see McIlvanney, 1998, p. 247-266.

muddy in advance because the practice of theater has already started to emancipate him. The transition from the countryside to the city, and from one social class to another, is visible three times in this passage: mud is still associated with soil ("la boue et la terre"); both materials weigh the shoes down, thus hindering the return trip; yet mud is still hidden "sous les chaussures". In Louis's second novel *Histoire de la violence*, the narrator wanders in Paris:

> La place de la République était en travaux et le sol était couvert de boue; ou plutôt le sol était cette boue, il n'y avait rien d'autre, les routes avaient été détruites en attendant que les ouvriers y coulent du ciment et y posent les nouvelles dalles de béton pour la piétonisation de la place, et tous les jours je me salissais en la traversant, je rentrais chez moi avec de la terre sableuse sur le bas de mon pantalon. Ce n'était pas la boue marron presque rousse que j'avais connue pendant mon enfance à la campagne, cette boue qui dégage une odeur de terre fraîche, luisante comme de l'argile et qu'on s'étalerait volontiers sur le visage tant elle semblait saine, bienfaitrice, mais cette boue grise, austère et grumeleuse caractéristique des chantiers des villes.
>
> [...]
>
> Donc: le jour de Noël, je marche dans l'obscurité, je traverse la place de la République, chaotique, les chaussures couvertes de boue et les petites éclaboussures grisâtres, des gouttelettes sur le bas de mon pantalon, laissant penser qu'une pluie sale tombait non pas du ciel mais du sol, Nietzsche et Simon sous le bras. (2016, p. 51-52)

From the first to the second quote, dirt goes from brown and red to grayish, from sand and earth ("terre sableuse") to mud. In comparison with the aforementioned passage from *En finir avec Eddy Bellegueule*, the dirty matter is now fully visible: it covers the shoes entirely as if, according to the narrator, rain was falling in the opposite direction. Mud has not just replaced the soil of his childhood fields, but also the ground of Paris itself. The substance is thus not only associated with the city, but with an urban construction site: "le sol était couvert de boue; ou plutôt le sol était cette boue, il n'y avait rien d'autre, les routes avaient été détruites." All these elements highlight the narrator's metamorphosis and separation from the territory of his childhood. Crossing a space, appropriately called "La Place de la République", is thus akin to experiencing upward social mobility. The place is at the edge of the Marais neighborhood, an important detail on three counts: the literal meaning of "Marais" is "Marsh", which reinforces the muddiness of the place; it is known as the center of Paris's LGBT cultures, and Louis's work examines the intersection between class mobility and homosexuality; finally, although Le Marais is "le vieux Paris", that is to say one of the few districts that avoided Haussmannization, the Place de la République has regularly been remodeled[18]. This location, as liminal as Balzac's Pension Vauquer, puts the narrator at the crossroads of several different symbols and temporalities.

Moreover, the narrator is not only muddy literally because he walks, but also metaphorically because he reads. In the second aforementioned quote, the phrase "Nietzsche et Simon sous le bras" is apposed at the end of the sentence, in a way that does not elicit its connection to the other elements of the scene. Although the third chapter spells out the full names of Friedrich Nietzsche and Claude Simon, this isolated phrase at the beginning of the fourth chapter is polysemic. Could "Simon" be a friend, and not just the last name of the *Nouveau Roman* writer? To my ear, this name echoes the author's social mobility, ratified by his legal name change, from Eddy Bellegueule to his *nom de plume*: the two first names Édouard Louis. The narrator's sister incidentally proposes a connection between walking, reading, and social climbing when she says: "je suis certaine qu'il pensait en marchant, pendant qu'il avançait, quelque chose comme: Ça fait un sacré chemin parcouru" (Louis, 2016, p. 44).

In *Histoire de la violence*, the author uses italics to distinguish between the class renegade's voice and his sister's overarching narrative:

> *Tu avais emménagé à Paris, c'était il y a quatre ans, et tu voulais bêtement ressembler à un bourgeois pour enfouir ce que tu voyais comme tes origines pauvres et provinciales [...], mais ta vision de la bourgeoisie était une vision en retard de cent ans, justement à cause de la distance entre toi et ce monde, et tu avais acheté cette lavallière et un costume trois pièces que tu portais à toutes les occasions, souvent avec une cravate, même pour aller au supermarché ou à l'université. Tu enfilais tes vêtements anachroniques chaque matin en révélant par ton attitude angoissée le passé que tu t'acharnais à enterrer.* (*Ibid.*, p. 134-135)[19]

Enterrer means both to put underground, and to cover with earth. Paradoxically then, at the very moment the narrator endeavors to

18 See Loyer, 1987, p. 36.

19 Although unmentioned in the paperback edition, the text has changed since its first edition. This does not affect the content of the quotes in this article.

enterrer ("enfouir") his past by wearing formal clothes, he is precisely "unearthing" his social origin and connection to a rural area. In this passage, the author distances himself from the anachronistic project of a nineteenth- or early twentieth-century self-fashioning by using italics and the second person "you". The figurative soil on a suit contrasts with the mud on a pair of shoes, which stands as a sign of a successful upward mobility by way of literature.

Although Ernaux and Louis come from the north of France, the trace of mud is not so much an indication of their underprivileged upbringing in the countryside, as of their status as *transfuges*, torn between two social classes. We find a similar tension in their texts between the concrete (walking, publishing) and the abstract (writing). Paris is no longer the city of mud, but the literary Paris of social mobility remains muddy, notably when those who climb the ladder are students, professors, authors, and readers.

CONCLUSION

Footsteps in the mire are central in Sherlock Holmes's investigations. In this article, subtitled "reading the urban signs of social mobility", I have not tracked imprints in the mud but their inverse: the outward encrustation of mud on characters' clothes.

Despite significant differences in the socio-economic backgrounds of characters and in the meaning of *parvenir* in the works of Balzac, Vallès, Ernaux, and Louis, the origin of the "muddy parvenu" in today's literature can be traced to the nineteenth-century realist novel.[20] The trope even extends beyond the French corpus. To name only a few paradigmatic examples from the 1860s: Charles Dickens's *Great Expectations* is full of literal and figurative mudbanks;[21] in Horatio Alger's most famous narrative of upward mobility, *Ragged Dick*, the parvenu used to be a

20 It is beyond the scope of this article to address all the iterations of the plot of social mobility between Balzac and Louis. For an analysis of the influence of Balzac on Proust for instance, see Lucey, 2003, p. 225-237.

21 See Hagan, 1954. p. 169-178. On mess, waste, and stains in Dickens, see Trotter, 2000, p. 161-175.

shoeshiner; and in Dostoyevsky's *Crime and Punishment*, Raskolnikov (whose name and moral conflicts are modeled on Rastignac) is confronted with the same revelatory power of clothes: muddy for Rastignac, because he wanders the dirty streets of Paris; bloody for Raskolnikov, when he wonders whether the blood stains at the bottom of his pants could betray him, and reveal his two murders.[22]

From the literal mud on Rastignac's clothes to the figurative mud of books and knowledge in Vallès's autobiographical novels, this article has uncovered a decisive shift in the literary representation of dirt since Balzac: in literary texts after Vallès, upward mobility is no longer primarily achieved through money and business, but rather through education and culture. This significant transformation explains why mud persists in contemporary literature, given the importance of intertextuality and of the school system in the trajectories of today's *transfuges de classe*.

Octave Mirbeau's 1900 *Journal d'une femme de chambre*, adapted as a film by Benoît Jacquot in 2015, also creates a bridge between the nineteenth and the twenty-first century. In this novel, mud appears when an informal register returns in an elite context: "Souvent, dans ses querelles avec Monsieur, elle s'oubliait jusqu'à crier: 'Merde!' En ces moments-là, la colère remuait, au fond de son être mal nettoyé par un trop récent luxe, les persistantes boues familiales, [...]." (1983, p. 350) Here again, as in the other examples of this article, mud signals a spatial, social, and temporal displacement; it points to people who do not stay in their place, thus echoing Lord Palmerston's phrase, often attributed to Freud: "Dirt is matter in the wrong place." If the metaphor is a figure of displacement, mud is the metaphor *par excellence* for the displaced parvenu.

Morgane CADIEU
Yale University

22 "Raskolnikov is the Rastignac of the second half of the nineteenth century. Dostoevsky admired Balzac, had translated *Eugénie Grandet*, and surely quite consciously resumed the theme of his predecessor." (Lukács, 1973, p. 181)

WORKS CITED

Alger Horatio, 2008, *Ragged Dick, or Street Life in New York with the Boot Blacks* (New York: Norton & Company).

Bachelard Gaston, 1948, *La Terre et les rêveries de la volonté* (Paris: Corti).

Baudelaire Charles, 1987, *Le Spleen de Paris: petits poèmes en prose* (Paris: Flammarion).

Bell David, 2000, "Balzac and the Modern City: Mapping Paris in *Old Goriot*", *in* Ginsburg Michal (ed. by), *Approaches to Teaching Balzac's* Old Goriot (New York: Modern Language Association of America), p. 81-89.

Bellos David, 1987, *Honoré de Balzac:* Old Goriot (Cambridge: Cambridge University Press).

Brooks Peter, 1985, *Reading for the Plot: Design and Intention in Narrative* (New York: Vintage Books).

Cohen Emily, 1996, "Mud into Gold: Baudelaire and the Alchemy of Public Hygiene", *The Romanic Review*, 87.2, p. 239-255.

Compagnon Antoine, 2017, *Les Chiffonniers de Paris* (Paris: Gallimard).

Corbin Alain, 1982, *Le Miasme et la Jonquille. L'odorat et l'imaginaire social, XVIIIe-XIXe siècles* (Paris: Éditions "Aubier Montaigne").

Dostoïevski Fiodor, 2018, *Crime et Châtiment*, Victor Derély (trans. by) (Paris: Classiques Pocket).

Ernaux Annie, 1983, *La Place* (Paris: Gallimard, "Folio").

Ernaux Annie, 2003, *L'Écriture comme un couteau. Entretien avec Frédéric-Yves Jeannet* (Paris: Stock).

Flaubert Gustave, 1938, *Madame Bovary* (Paris: Cluny).

Goblot Jean-Jacques, 1957, "Jules Vallès et Balzac", *Europe*, n° 144, p. 23-28.

Hagan John, 1954, "The Poor Labyrinth: The Theme of Social Injustice in Dickens's 'Great Expectations'", *Nineteenth-Century Fiction*, 9.3, p. 169-178.

Hugo Victor, 1951, *Les Misérables* (Paris: Gallimard, "Pléiade").

Jaquet Chantal, 2014, *Les Transclasses ou la non-reproduction* (Paris: Presses universitaires de France).

Jordan David, 1995, *Transforming Paris: The Life and Labors of Baron Haussmann* (New York: Free Press).

Lascar Alex, 2009, "De la boue balzacienne", *AB*, p. 105-125.

Louis Édouard, 2014, *En finir avec Eddy Bellegueule* (Paris: Seuil, "Points").

Louis Édouard, 2016, *Histoire de la violence* (Paris: Seuil).

Loyer François, 1987, *Paris XIXe siècle. L'immeuble et la rue* (Paris: Hazan).

Lucey Michael, 2003, *The Misfit of the Family: Balzac and the Social Forms of Sexuality* (Durham: Duke University Press).
Lukács Georg, 1973, *Marxism and Human Liberation: Essays on History, Culture and Revolution* (New York: Dell Publishing).
Matzat Wolfgang, 2004, "L'image de la ville et sa fonction dans *Le Père Goriot*", *AB*, p. 303-315.
McIlvanney Siobhán, 1998, "Annie Ernaux: Un écrivain dans la tradition du réalisme", *Revue d'histoire littéraire de la France*, nº 2, p. 247-266.
Mercier Louis-Sébastien, 1994, *Tableau de Paris*, t. I (Paris: Mercure de France).
Merriman John (ed. by), 1981, *French Cities in the Nineteenth Century* (New York: Holmes & Meier).
Mirbeau Octave, 1983, *Journal d'une femme de chambre* (Paris: Garnier-Flammarion).
Moretti Franco, 2000, *The Way of the World: The Bildungsroman in European Culture* (London: Verso).
Prendergast Christopher, 1992, *Paris and the Nineteenth Century* (Cambridge: Blackwell).
Sasson Sarah, 2012, *Longing to Belong: The Parvenu in Nineteenth-Century French and German Literature* (New York: Palgrave Macmillan).
Stendhal, 1997, *Le Rouge et le Noir* (Paris: Le Livre de Poche).
Trotter David, 2000, *Cooking with Mud: The Idea of Mess in Nineteenth-Century Art and Fiction* (Oxford: Oxford University Press).
Vallès Jules, 1985a, *L'Enfant* (Paris: Le Livre de Poche).
Vallès Jules, 1985b, *Le Bachelier* (Paris: Le Livre de Poche).
Vallès Jules, 1986, *L'Insurgé* (Paris: Le Livre de Poche).
Vallès Jules, *Le Bachelier* (autograph manuscript), BNF Richelieu, NAF 28124.
Zola Émile, 1984, *Nana* (Paris: Le Livre de Poche).
Zola Émile, 1999, *Au Bonheur des Dames* (Paris: Flammarion).
Zola Émile, 2001, *Thérèse Raquin* (Paris, Gallimard, "Folio").

RUBRIQUE/*COLUMN*

RECHERCHES BALZACIENNES

SOUTENANCES DE THÈSES

Silvia Baroni, *Illustrer La Comédie humaine. Entre texte et image*[1].

La thèse porte sur un sujet peu exploité, à savoir les illustrations des œuvres de Balzac publiées de son vivant. L'étude est composée de deux volumes. Le premier, divisé en trois sections de trois chapitres chacune, est dédié à la description de la relation entre le texte balzacien et les images des éditions illustrées publiées entre 1820 et 1850. En prenant en considération d'abord les prémices du livre illustré romantique des années 1820, la première section vise l'analyse de la montée en puissance, du point de vue poétique et herméneutique, de l'illustration, s'affirmant au tournant de 1830. À partir des frontispices des ouvrages balzaciens, qui témoignent de l'importance de l'image-tableau, de l'image-scène, l'étude se concentre ensuite, dans la deuxième section, sur l'édition Delloye & Lecou de la *Peau de chagrin* (1838), interprétée comme un moment de transition. L'illustration, considérée auparavant comme une « fenêtre » sur l'œuvre, devient un véritable « iconotexte » qui entretient avec le mot trois relations diverses : l'image fonction comme un protexte lorsqu'elle entretient avec le récit un rapport d'analogie ; comme un altertexte quand les images racontent une histoire complètement autre par rapport au récit ; et comme un contre-texte lorsque l'illustration dénonce la tyrannie du mot sur l'image, de l'écrivain sur l'illustrateur. En parallèle à cette révolution, un deuxième tournant peut être identifié

1 Thèse des Universités de Bologne & Paris-Est préparée sous la direction de Donata Meneghelli & Mireille Labouret et soutenue le 9 avril 2019 à l'Université de Bologne ; jury : Daniele Giglioli, Francesco Fiorentino, Mireille Labouret, Chantal Massol, Donata Meneghelli, Nathalie Preiss.

dans l'*Histoire de l'Empereur racontée dans une grange par un vieux soldat*, dans la *Physiologie de l'employé* et la *Monographie du rentier*, où l'illustration de la scène cède progressivement la place au portrait du personnage, qui triomphe dans la littérature panoramique et dans l'édition Furne de *La Comédie humaine*, ouvrages qui font l'objet de l'analyse de la troisième section de l'étude. Une réflexion sur les enjeux entre texte et illustration dans les *Petites misères de la vie conjugale* achève la dernière section, où la valeur contre-textuelle de l'image rend encore plus complexe la forme hybride de ce texte. Le deuxième volume de la thèse, conçu comme un outil philologique destiné à tout lecteur balzacien, contient les catalogues des œuvres illustrées de Balzac analysées dans le premier tome, aussi bien que les catalogues des éditions françaises illustrées existantes des écrits balzaciens.

*

* *

Martin SHIELDS, *Balzac and the Notion of the "vol décent". A Sanction of Deceit in La Comédie humaine.*[2]

The phrase *vol décent* appears only once (*Les Marana*) in the entire Pléiade edition of *La Comédie humaine* (1979, t. X, p. 1082), yet, despite its textual rarity, this thesis proposes that the oxymoronic notion lends Balzac's vision originality, taking it beyond circumstantial or historic determinism. Whilst it is a notion grounded etymologically and socio-economically it also provides an original prospect from which to consider Balzac's position as narrator, observer and commentator of Restoration society undergoing multiple transitions. This research uses the *vol décent* as a core heuristic to probe the influential milieux of commercial speculation, business, theatre, private life and government

2 Thèse de l'Université de Lancaster pour le grade de "Doctor of Philosophy", préparée sous la direction de Charlotte Baker et soutenue en août 2019 à l'Université de Lancaster; jury: Charlotte Baker, Robert Crawshaw, Erika Fulop, Delphine Grass, Andrew Watts.

institution. Balzac's narrative treatment of those groups is observed to adopt the operative lenses of theatricality, caricature, bureaucracy, architecture, deception and legal opportunism to identify a common sanction of deceit both public and personal. Simultaneously, this thesis shows that the *vol décent* challenges the complex, fundamental relationship between narrative representation, human nature, historical and environmental determinism.

The notion of the *vol décent* facilitates a legally legitimate but morally suspect form of theft. The process involves a deception that leaves the victim suffering loss and the perpetrator with a consequential gain. It pushes at the limits of legality and social acceptability whilst retaining the appearance of probity; a process that successfully works to sanction deceit and avoid retribution. The thesis exposes the *vol décent*'s ubiquitous compromise with moral integrity, a prejudice that becomes a major contributor to a culture of creative opportunism and social cynicism. The political impact of the *vol décent* is first revealed in the 1832 publication of *Les Marana* set in the aftermath of 1789, where parliamentary voting is seen to become a marketable commodity. The "vol" is an action that surreptitiously deprives the process of integrity whilst "l'opinion publique" ratifies the deception, converting it into "une contrebande légale" whereby the actions rendered "ne sont plus des crimes ni des vols". The potency of the *vol décent* is also signalled in the melodramatic promise that the action "se trouve l'aristocratie du mal". *Un début dans la vie* pursues this notion in the way Balzac seeds its personal, social, and commercial powers. Diard, in his irresolution, is an unwitting victim. Conversely, Moreau with his bourgeois expertise and talent, is master exploiter of the *vol décent*, whilst Pierrotin, subject to social and economic disadvantage despite his commercial diligence, inspires his neighbours toward a *vol décent* that works in his favour as a socio-economic corrective.

The role of the individual, as dynamic perpetrator or hapless victim of the *vol décent*, in the burgeoning Parisian world of Restoration speculation and risk, is explored through the seminal texts of *César Birotteau* and *La Maison Nucingen* where transactions in non-tangible products create a new market in which the value of the investment is determined by the level of the market's hopes for future value. This is in direct contrast to the traditional fixed exchange of material goods. Aspiration becomes a marketable good, one capable of attracting speculative capital investment. Such transactions are shown to thrive on prediction and expectation, and are subsequently vulnerable to the *vol décent*'s artifice.

Whilst this thesis shows Balzac to be sensitive to historic and circumstantial pressures it centres on the individual's capacity not only to respond to adversity but to manipulate change. In this context, the supreme individual is represented by du Tillet and Nucingen, two masters of artifice both disinterested in any resultant human distress. Such characteristics satisfy the market and whilst they may invite moral questioning they remain free of retribution under the *vol décent*. Du Tillet is a character showing a pre-dominance of self-interest, allied to "une activité passionnée" and a cultural bias toward expediency. This confirms for him society's fundamental dishonesty and corruptibility, a condition that renders him free to act against it without conscience. However, the most extraordinary events that constitute "des phénomènes les plus extraordinaires de notre époque" (*CH*, VI, p. 338) are executed by Nucingen, a monomaniac, with an iron will exclusively focussed on the pursuit of wealth and a total indifference toward its social impact. The three suspensions of payments in *La Maison Nucingen*, which form the basis of his colossal wealth, form a serial *vol décent*. Nucingen's financial attractiveness is revealed to result as much from the investor's rapacity as it does from his own expertise. In this relationship a silent complicity is revealed, between the investor, unable to confront unresolved circumstances, and one who exploits that condition.

The female protagonists of the *vol décent*, dominate the domestic milieu portrayed in *Le Contrat de mariage* and *L'Interdiction* and provide a startling contrast with established marital and social practice. In the melodramatic exploitation of the respective patriarchs, the two women, Mme Évangélista and Mme d'Espard sever legal and social ties that have traditionally limited and defined the role, activity and status of married women. Whilst they share in the energy, focus and self-interest of their male counterparts, Balzac asserts the notion that success for a woman involves a negation of her femininity whereas the success of a man merely involves the extension of natural male prowess; attributes, that in a man would be lauded, must be hidden in a woman. This deception forms part of a living *vol décent* that ultimately cannot be sustained.

Whilst the Balzacian novel reveals an intrinsically theatrical style, *Mercadet*, partially drawn from the novel *César Birotteau*, adopts a comedic theatricality as part of a wider stagecraft in an *illusion comique*. The process reveals a flamboyant, fantastical comedy in which speculation and risk are the prime movers. The joint irreality of character and plot, revealed in a hectic flow of dramatic activity and verbal dexterity, largely serves to dominate the moral and social discord that underpins the *vol décent*. D'Ennery's re-structuring and pruning of the original Balzac text does not succeed in creating a play that works entirely in comedic isolation. It also signals the extent to which the *vol décent* has become an integral part of commercial and social manners. The extent of that infiltration is further recognised in *Les Employés* and *Aventures administrative d'une idée heureurse* where its presence in bureaucratic disguise is revealed.

The state bureaucracy in *Les Empoyés* operates within an institutional *vol décent* in which deception, deprivation and distortion become stable and sanctioned forms of power capable of manipulating or preventing civil performance. The result is that the *vol décent* acts to seal an unresolved discontent within the Ministry and a deviation from Balzac's notion of a dynamic administrative purpose. Its power motivates the public employee away from monetary aspiration toward a social status based on education, cultural association and political allegiance exercised or disguised with bourgeois decorum and decency. This is a public employment phenomenon still pervasive in the twenty-first century.

In using the *vol décent* as a heuristic, this research has found originality in the Balzacian vision which goes beyond socio-economic theory and current critical coverage. The centrality of circumstance and the interrelationship of time and place that Balzac commonly represents as determinants of human action are qualified and ultimately able to be subordinated by the hegemony he awards to individual genius. The *vol décent* finds and defines both the process and practice under which the supreme individual must act. This immanent activity wholly isolates the sovereign individual from external pressures and restraints. The dominant characteristic is the supreme individual's disinterestedness, a total absence of concern for others, a freedom of action liberated from external prohibition. Balzac recognises this disconnect mirrored in the new financial transactions in non-tangibles, where profit is measured by a purely mathematical calculation which has no need of human exchange. The detachment is consolidated by exclusive and relentless focus on process, at the expense of any engagement with transcendent values. The formula is not restricted to commerce however. The hierarchy of superior individuals that adopt its disciplines include musicians, artists, scientists, leaders and, in the case of Vautrin, extraordinary villains. The blueprint constitutes a combination of forces capable of maximising individual human potential.

In every aspect of his social enquiry, Balzac points to an underlying predisposition in the human condition to accommodate the *vol décent*. This thesis shows that the individual and society will accept breaches in established rule and convention in order to improve function or to satisfy aspiration. Where an absence of retribution and the chance of benefit collide, Balzac reveals a human susceptibility to amoral opportunism. The *vol décent* itself acts as a virus that infiltrates all milieux, offering an easy opportunity which is not without risk but is without fear of a social or legal reckoning.

Balzac's awareness of the commodification of life is graphically illustrated. He recognises that illusion, often stimulated by theatrical intervention, can be converted into actuality. In doing so he anticipates the cultural changes so evident in twentieth and twenty-first century society. The obsessive desire for commodity acquisition that he displays is of such persistence that it comes to represent and then determine much of human worth. We sense his fear of a total displacement of other values and his anxiety at the replacement of the ease and poise of the *ancien régime* by the anonymity of capitalist exchange.

The research demonstrates that the *vol décent* certainly acts for individual purpose but is also capable of informing social mood and practice. In turn, the *vol décent* reflects on the human capacity to accommodate individual desire in preference to common good. Balzac exposes an oxymoronic reality in which appearance is so persuasive and seductive that illusion can be accepted as actuality, a transmutation that acquires tradable social and financial value.

Balzac is a forerunner of the notion of a post-cultural society in which the individual is alienated from his natural values. This is a move that for George Steiner is consonant with rapid technological and scientific development; one that results "in a retreat from the word, spoken, remembered and written discourse, the backbone of consciousness".[3] Present time recognition and evaluation of the re-definition of culture by "the obsessive acquisition of manufactured products [which] brings about the reification of individuals, *turns them into objects*" is led by Mario Vargas Llosa.[4] His concerns still reflect Balzac's awareness of the fundamental social changes being forged post Revolution, post Empire and post Industrial Revolution. The *vol décent* is a contributor to that cultural change, recognised by its successful reliance on deceit and its social acceptance; factors which signal a departure from established social values and order. Balzac portrays it as part of the new order, holding a permanent place in a society where sophistry and disinterestedness have become institutionalised and admired.

This thesis demonstrates how the *vol décent* infiltrates society at all levels and across all milieux. It has explored how Balzac challenges the reader to question the human capacity for social conformity. Its established presence and ubiquity poses the question of whether it provides a necessary social function, as well as a pre-determined immunity. A breach with social conformity is one Balzac finds inevitable when, as in the cases of Mme d'Espard and Mme Évangélista, there is a conflict between ethical ideology and the demands of hard reality. Balzac also shows the *vol décent,* as with Pierrotin and Moreau, to be a tool capable of working in favour of social mobility and a re-distribution of wealth and of opportunity. Whilst not a palliative that could be made universally available, for the fear of triggering social chaos, the *vol décent* remains an attractive, acceptable and necessary release from authoritarian control. Its permanence, necessity and acceptability make it an inevitable cultural event. It also brings into the cultural mix a permanent tolerance of sharp practice.

Balzac observes this mood of flippancy infiltrating society, sanctioning deviousness as acceptable practice. Pierrotin's neighbours and the local police join forces in a conspiratorial entertainment to support his breach of regulations as a collective equalisation of opportunity. However, Balzac also reveals that when the social mood is acquiescent in chicanery, it does not need to be in support of a good cause. The thesis

3 George Steiner, *In Bluebeard's Castle: Some Notes Toward the Redefinition of Culture* (London: Faber & Faber, 1971), p. 86.

4 Mario Vargas Llosa, *Notes on the Death of Culture* (London: Faber & Faber, 2015), p. 10.

demonstrates that the *vol décent* certainly acts for individual purpose but is also capable of informing social mood and practice. In turn, the *vol décent* reflects on the human capacity to accommodate individual desire in preference to common good. Balzac exposes an oxymoronic reality in which appearance is so persuasive and so inviting that illusion is accepted as actuality, a transmutation that acquires tradable social and financial value.

Although *La Comédie humaine* is based upon the society in transition that Balzac experiences, the *vol décent* is revealed as an inherent feature of human nature, not the sole outcome of circumstantial or historical determinism. This is not to suggest that socio-economic and historic influences are not major formative determiners of the human condition but that they must be balanced against inherent, organic, selective powers that reveal Balzac as more than a traditional realist. The milieux selected for research all reflect these transitions and the *vol décent* as a heuristic still accommodates the notion of change and paradox, offering easy recognition of the inchoate as a determined position. The impact of those functioning, interim positions in operation contributes important additional insights into the complex relationship between human nature, historical determinism and their narrative representation in *La Comédie humaine*.

Balzac is shown to clearly mark a limit to the effectiveness of morality, where goodness and decency fail in the presence of necessity. The combined forces of Judge Popinot's application of integrity and the marquis d'Espard's dedication to a rectification of historic wrongdoing collapse in the face of Mme d'Espards self-interest. Balzac is able to use the construct of the *vol décent* to bring into play the underlying forces that determine individual human behaviour. However, in the bureaucratic *vol décent* of *Les Employés* he is shown to reverse, or at least restrict the hegemony of individualism. In what may be termed a sociological analysis of group behaviour, characteristic of the period, he observes power being wrested from the ministerial dictatorship of government. Although he observes social morality to fail, as an ultimate controller of behaviour when in conflict with necessity, he recognises a collective interest able to tame authority in a fundamental movement away from the acquiescence in employer power that characterised the *ancien régime*.

The thesis has engaged with Balzac's nostalgic view of the *ancien régime*, a period that provides him with a template for the ideal commercial exchange and national stability. It is a distorted perspective that searches for stability, looking back from an age characterised by social, political and economic upheaval. The underlying philosophic dilemma that this thesis identifies, between the ethical and the expedient, arises from the conflict between the immanent and the transcendent that confronts the notion of unfettered possibility. However, the thesis notes that Balzac does not mark the social limits to those behavioural paradigms. As novelist, he triggers reader awareness of an underlying philosophic dilemma but prioritises the dramatic, literary attraction of individual possibility.

*

* *

Anna HANOTTE-ZAWIŚLAK, *« Une espèce de Julien Sorel, mâtiné de Rastignac ». L'apparition des personnages d'arrivistes dans le roman français, polonais et anglais du XIX*e *siècle, 1830-1914*[5].

L'objet de la thèse est double et concerne l'apparition de l'arriviste en tant que type de personnage, de même que, selon la perspective narratologique, l'importance de son entrée dans le récit. Dans cette étude, l'arriviste n'est pas réduit à l'approche psychologique qui met en relief son manque de scrupules dans son ambition d'atteindre les sommets. L'arriviste est perçu comme une figure littéraire et sociologique, créée au XIXe siècle avec les changements sociaux qui touchent l'Europe. L'arriviste littéraire est avant tout un homme qui suit un parcours, tel un héros de conte moderne, afin de jouir de la position désirée parmi les hautes sphères.

Notre thèse étudie une sélection de vingt-six personnages d'arrivistes, masculins et féminins, des trois aires linguistiques : française, polonaise et anglaise. Parmi eux, nous avons inclus deux personnages balzaciens :

5 Thèse de doctorat de littérature comparée préparée sous la direction de Bernard Franco et soutenue le 16 novembre 2019 à Sorbonne Université ; jury : Danièle Chauvin, Andrea Del Lungo, Guy Ducrey, Bernard Franco, Edyta Kociubińska, Fiona McIntosh-Varjabédian.

Eugène de Rastignac (*Le Père Goriot*) et Lucien de Rubempré (*Illusions perdues*). Le premier cofonde avec Julien Sorel (*Le Rouge et le Noir*) la figure de l'arriviste. Avec son capital initial de la parenté avec Mme de Beauséant, Rastignac est un des rares personnages qui réussissent. Lucien apparaît davantage comme un contre-exemple qui prend le chemin du journalisme pour se faire un nom, mais qui échoue, ne connaissant pas les règles non-écrites de la haute société.

Bien que le mot *arriviste* n'apparaisse qu'avec le roman d'Alcanter de Brahm (1893), Sorel et Rastignac dessinent déjà un modèle du désir de l'ascension sociale qui se répand sur d'autres littératures européennes. À la différence du parvenu, leur ambition peut les amener loin, ils ont finalement l'opportunité de gagner de la reconnaissance en tant que membres assimilés de la classe supérieure.

Le succès de l'arriviste dépend de sa capacité de plaire aux autres. Pour cette raison, il est un personnage idéal pour illustrer la notion de la *scène de première apparition*, ce moment crucial dans l'économie du récit qui influence la réception lectoriale. Nous proposons notamment l'analyse de l'apparition d'Eugène de Rastignac dans *Le Père Goriot*, en nous appuyant sur les recherches du psychologue Solomon Asch sur les premières impressions. En étudiant le caractère et l'ordre des informations reçues, ainsi que le contexte dans lequel nous avons l'impression de *voir* le protagoniste, nous décortiquons l'image de Rastignac. L'attitude positive ou négative envers le personnage, provoqué en partie par la rhétorique du narrateur, influence ainsi la perception de l'œuvre entière et constitue des circonstances aggravantes ou atténuantes du jugement de l'histoire.

MANIFESTATIONS SCIENTIFIQUES

Plusieurs communications sur Balzac ont été présentées cette année 2018-2019 dans différentes universités japonaises :

Hiroshi Matsumura, « La célébrité et le journalisme chez Balzac », Colloque *Le carcan de la célébrité : portrait des écrivains célèbres en France du XVIII*[e] *au XX*[e] *siècles*, Université Rikkyo, 24 novembre 2018.

Takayuki Kamada, « Genèse de la langue des personnages populaires dans *Le Cousin Pons* de Balzac », Journée d'étude *La littérature et la culture populaire au XIX*[e] *siècle*, Université de Shinshu, 2 décembre 2018.

Marin Okihisa, « Sur une monstruisation du personnage de la cousine Bette », *Cercle des études balzaciennes de Tokyo*, Université Sophia, 8 décembre 2018.

Takayuki Kamada, « Sur les documents génétiques "intermédiaires" chez Balzac » ; Takao Kashiwagi, « Balzac et la traduction », *Cercle des études balzaciennes d'Osaka*, Université Kindai, 22 décembre 2018.

Hiroshi Matsumura, « La célébrité et le journalisme dans *Illusions perdues* » ; Kyoko Murata, « *Les Chouans* de Balzac : Révolution, mode, *gender* », *Cercle des études balzaciennes d'Osaka*, Université Kindai, 22 mars 2019.

Takayasu Oya, « Piketty et Balzac (suite) » ; Kaoru Hakata, « L'hétérotopie chez Balzac », *Cercles des études balzaciennes de Tokyo et d'Osaka*, Université Seijo, 25 mai 2019.

Yuriko Ito, « Sur l'enseigne et la métaphore féline dans *La Maison du Chat-qui-pelote* » ; Marin Okihisa, « La métaphore animale dans *La Comédie humaine* de Balzac », Atelier de travail *Hommes, animaux et masques : la représentation des animaux dans la littérature médiévale et dans l'œuvre de Balzac*, Université Seijo, 26 mai 2019.

Yoshie Oshita, « À propos des représentations du *Faiseur* (*Mercadet*) », *Cercle des études balzaciennes d'Osaka*, Université Kindai, 31 août 2019.

Hajime Sawada, « Molière et Balzac », Journée d'études *Penser à Molière*, Université de jeunes filles Otsuma, 28 septembre 2019.

*

* *

En 2018-2019 le séminaire *Balzac en perspective(s)* de l'École Normale Supérieure de la rue d'Ulm (responsables : Thomas Conrad, Mireille Labouret, Michel Lichtlé, Nathalie Preiss) était consacré à *Balzac ou les infortunes de la vertu ?* Le programme était le suivant :

Vendredi 16 novembre 2018 : Thomas Pavel, "Vertu, devoir et bonté dans plusieurs récits et romans de Balzac (dont *Le Colonel Chabert*, *Illusions perdues*, *Mémoires de deux jeunes mariées*)".
Vendredi 14 décembre 2018 : Françoise Gaillard, "Balzac et les vertus politiques".
Vendredi 8 février 2019 : Philippe Dufour, "Démocratie et ploutocratie".
Vendredi 12 avril 2019 : Sylvie Thorel-Cailleteau, "Autopsie de la vertu. Autour du *Lys dans la vallée*".
Vendredi 24 mai 2019 : Vincent Jouve, "Limites et enjeux de la critique éthique".

*

* *

En 2018-2019, le séminaire du *Groupe international de recherches balzaciennes* de l'Université Paris-Diderot (Paris 7 : CERILAC) a eu pour sujet *Balzac et le comique*. Le programme était le suivant :

Vendredi 25 janvier 2019 : Jacques-David Ebguy (Paris 7), "Introduction au comique balzacien" ; Laélia Véron (Université d'Orléans), "Esprit, ludisme, ironie : des concepts 'comiques'".
Vendredi 22 mars 2019 : Sylvie Thorel (Université de Lille), "*Pierrette* : l'articulation réaliste de la mélancolie et du grotesque".
Vendredi 17 mai 2019 : Thomas Conrad (ÉNS Ulm), "Le sérieux du comique (*La Muse du département*, *Un début dans la vie*)".

Vendredi 14 juin 2019 (journée d'études, Maison de Balzac) : Thomas Briggs (Fort Worth), "L'incompréhensibilité drolatique chez Balzac : « Les gens d'esprit rient entre eux »" ; Gloria Carneiro do Amaral (Université de Sao Paulo & Université presbytérienne Mackenzie), "César Birotteau, personnage comique et/ou pathétique ?" ; Jérémie Naïm (Université Paris 3), "Le potentiel comique de la representation dans *Les Comédiens sans le savoir*" ; Barbara M. Jacob (Université de Sao Paulo & Ruprecht-Karls-Universität Heidelberg), "Le mariage à ressort : le comique dans la *Physiologie du mariage*" ; Dany Kopoev (Paris), "Femmes 'moquées' dans *La Comédie humaine* : quelques scénarios" ; Christelle Girard (Paris 7), "Comique et sublime de la femme dans *La Comédie humaine* : évolutions et enjeux".

*

* *

Les 29 mars & 15 novembre 2019 s'est tenue à la bibliothèque universitaire de Tours (mars) puis au Centre international universitaire pour la recherche Dupanloup (novembre) une Journée d'études organisée par les Universités de Tours (ICD : Philippe Dufour) & d'Orléans (POLEN : Aude Déruelle) : *Balzac lecteur.* Le programme était le suivant :

29 mars :

Michael Tilby : "Au-delà de la bibliomanie : le jeu multiple de l'allusion littéraire chez Balzac".

Valentine Colton : "La fréquence, la localisation et la chronologie des lectures balzaciennes : une approche numérique".

Christelle Girard : "Balzac et le roman noir".

Nanine Charbonnel : "Balzac avec Rousseau".

Juliette Grange : "Ésotérisme et sciences, sources de l'inspiration balzacienne dans les *Études philosophiques*".

Anne-Marie Baron : "Balzac lecteur de Louis-Claude de Saint-Martin".

15 novembre :
Alex Lascar : "Balzac lecteur des romanciers français de son temps, du *Feuilleton littéraire* (1824) à la *Revue parisienne* (1840)".
Laélia Véron : "Quand Balzac lit et écrit le Sainte-Beuve".
Céline Duverne : "Balzac lecteur de lord Byron".
Tim Farrant : "Balzac, lecteur et émule de Scott".
Émilie Ortiga : "Balzac lecteur de Shakespeare".
Michel Rapoport : "Les lectures anglo-américaines de Balzac, matrice de romans ?".

*
* *

Le 13 mai 2019 s'est tenue à la Fondation Primoli une journée d'études organisée par l'Université Roma Tre sous la responsabilité de Luca Pietromarchi & Agnese Silvestri consacrée à *La Cousine Bette*. Le programme était le suivant :

Francesco Fiorentino (Université de Bari) : "La France de Louis-Philippe et le charme de Valérie".
Ilaria Vidotto (Université Grenoble-Alpes) : "Du baron Hulot au baron de Charlus, en passant par Samuel Beckett. Étude croisée de deux 'frères par excès'".
Andrea Schellino (Institut catholique de Paris & ITEM) : "Valérie Marneffe ou la palme de la perversité".
Agnese Silvestri (Université de Salerne) : "Lisbeth ou les limites de la vengeance populaire".

La journée s'est achevée par une présentation de *The Balzac Review / Revue Balzac* par Francesco Spandri (Université Roma Tre), Éric Bordas (École Normale Supérieure de Lyon) & Andrea Del Lungo (Universités de Roma La Sapienza & Lille).

*

* *

Le 45e congrès annuel de *Nineteenth-Century French Studies* s'est tenu les 31 octobre-2 novembre 2019 à l'Université d'état de Floride à Sarasota (avec le John & Mable Ringling Museum of Art), il avait pour sujet : *Enchantment/ Disenchantment* ; les communications sur Balzac annoncées étaient les suivantes :

Allan H. Pasco (University of Kansas) : "Balzac's Love and Despair in *Abandoned Woman* Typology".

Beth Gerwin (University of Lethbridge) : "Illusions Lost and Found : the Place of Androgyny in Balzac".

Armine Kotin Mortimer (University of Illinois, Urbana-Champaign) : "How Balzac Trumps Death : Not !"

Andrew Watts (University of Birmingham) : "Adapting Balzac for Television : Literariness and Authorial Identity on the Small Screen".

Andrea Del Lungo (Sorbonne Université) : "Les objets de vision magique et leurs défaillances (Étienne de Jouy, Delphine de Girardin, Honoré de Balzac)".

Thomas Welles Briggs : "Balzac's *Ursule Mirouët* as a Realist Fairy Tale or How to Use Mysticism to Decrypt a Financial and Legal Novel".

Christopher Thomas Robison (Brown University) : "Panthers and Pantheism : Balzac's Mystical Biology".

Jaymes Anne Roher (Randolph College) : "Magnetic Conversion : Vision and Revision in Balzac's *Ursule Mirouët*".

Bruno Penteado (Hastings College) : "Balzac et la bêtise du corps".

Geoffrey Baker (Yale-NUS College) : "Age of Enchantment : (Im)Maturity and (In)Credulity in Balzac's *La Peau de chagrin*".

Biliana Kassabova (Gimnasio femenino, Colombia) : "Doux commerce revisited : The Case of Balzac's *Eugénie Grandet*".

Paul Joseph Young (Georgetown University) : "Un soupçon de rouge, une culotte à demi juste, and les plus belles mœurs du monde : Balzac's Enchanted Eighteenth Century".

Kirsten Kane (University of North Carolina at Chapel Hill) : "Berlioz and Balzac : Monstruosity, the Idée fixe, and the Underworld in the *Symphonie fantastique* and *Ferragus*".

Deborah Ann Harter (Rice University) : "Artful Fictions : Balzac, Flaubert and the Science of the True".

*

* *

Le 1er novembre 2019 à l'Université de Lausanne dans le cadre de la Journée d'études de l'École doctorale de littérature française de la Conférence universitaire de Suisse occidentale *Un auteur = un style ?*, Éric Bordas (École Normale Supérieure de Lyon) a présenté une communication intitulée « Du style de Balzac au style balzacien. Langue, imaginaire, idéologie ».

*

* *

Le 8 novembre 2019 une séance "Balzac" fut proposée en Sorbonne dans le cadre du séminaire d'études sur le XIXe siècle des Universités de Paris III & Sorbonne Université sous le titre : *Un dictionnaire Balzac : choix et méthodes*. Le programme était le suivant :

Éric Bordas (École Normale Supérieure de Lyon) : "Le *Dictionnaire Balzac* : Introduction et présentation".
Pierre Glaudes (Sorbonne Université) : "Balzac et la religion".
Boris Lyon-Caen (Sorbonne Université) : "Aller à l'essentiel".
Andrea Del Lungo (Sorbonne Université) : "Balzac et la modernité".

Rubrique coordonnée
par Éric BORDAS

RÉSUMÉS/*ABSTRACTS*

Aude DÉRUELLE, « Introduction »

Entrée essentielle dans le roman balzacien, le corps est ce point d'articulation entre une *poétique du personnage*, qui mêle le pictural et le physiologique, voire le physiognomonique, une *écriture du détail*, où se déploie une lecture herméneutique des signes et des symptômes, en une forme de « pathologie de la vie sociale », un *discours scientifique* (une vision anatomique et volontiers clinique), et une *philosophie matérialiste* inavouée où se mesurent les tensions propres à Balzac.
Mots-clés : corps, détail, matérialisme, physiologie, portrait.

Aude DÉRUELLE, *"Introduction"*

An essential entry point into the Balzacian novel, the body is the point of articulation between a poetics of character, *which mixes the pictorial and the physiological, even the physiognomical; a* writing of detail, *where a hermeneutic reading of signs and symptoms unfolds in a form of "pathology of social life"; a* scientific discourse *(an anatomical and willfully clinical vision); and an unavowed* materialist philosophy *where the tensions peculiar to Balzac are measured.*
Keywords: body, detail, materialism, physiology, portrait.

Bertrand MARQUER, « Corps impondérables. Balzac, Taine, Zola »

Cet article revient sur le rôle des « corps » ou « fluides impondérables » dans le système balzacien, pour le mettre en relation avec l'importance que le romancier accorde au mouvement dans son herméneutique du corps. Une telle mise en relation permet d'interroger la lourdeur que Taine critiquait dans l'incarnation pratiquée par Balzac, mais aussi de confronter sa conception du corps à celle que lui prête Zola. Émergent alors deux visions radicalement différentes de la physiologie.
Mots-clés : corps, fluide, physiologie, Hippolyte Taine, Émile Zola.

Bertrand MARQUER, *"Imponderable bodies. Balzac, Taine, Zola"*

This article takes a look back at the role of "bodies" or "imponderable fluids" in the Balzacian system in order to relate it to the importance that the novelist accords to movement in his hermeneutics of the body. Such a connection makes it possible to question the heaviness that Taine criticized in Balzac's practice of embodiment, but also to confront his conception of the body with that of Zola. Two radically different visions of physiology thus emerge.

Keywords: body, fluid, physiology, Hippolyte Taine, Émile Zola.

Laélia VÉRON, « Quand le corps parle. Communication paraverbale et non verbale dans *La Comédie humaine* »

Cet article s'interroge sur le langage du corps dans la communication romanesque balzacienne, verbale mais aussi paraverbale / non verbale. Il s'agit d'analyser ce langage dans une perspective multisémiotique – le langage du corps pouvant être en discordance ou concordance avec le langage verbal – mais aussi sociale : le corps, lié à l'*hexis* et à la classe des personnages est à la fois un instrument et un révélateur social. Qu'il soit contrôlé ou qu'il fasse signe malgré lui, le corps parle.

Mots-clés : corps, communication, sémiotique, langage, social.

Laélia VÉRON, *"When the body speaks. Paraverbal and nonverbal communication in* La Comédie humaine*"*

This article examines body language in romanesque communication in Balzac, of the verbal as well as paraverbal and nonverbal varieties. The aim is to analyze this language from a multisemiotic perspective—body language can be in discordance or concordance with verbal language—, but also from a social perspective—the body, linked to hexis *and the class of characters, is both an instrument and a social revealer. Whether controlled or signaling in spite of itself, the body speaks.*

Keywords: body, communication, semiotics, language, social.

Céline DUVERNE, « *Ut pictura physiognomonia*. Poétique et poésie du portrait féminin »

Moment privilégié où se cristallise la réflexion sur la pratique romanesque, le portrait balzacien se construit dans une articulation entre l'horizon des Beaux-Arts – poésie et peinture – et le vocabulaire physiognomonique de l'étude.

Ces frictions nourrissent le passage de relais vers un idéal d'expressivité du corps qui, tout en rompant avec les canons néoclassiques du beau, importent dans le roman en prose une poésie nouvelle.

Mots-clés : portrait, poésie, peinture, physiognomonie, esthétique.

Céline DUVERNE, "Ut pictura physiognomonia. *Poetics and poetry of the female portrait*"

The Balzacian portrait is a privileged moment when reflection on romanesque practice crystallizes. It is constructed in an articulation between the horizon of the fine arts—poetry and painting—and the physiognomonic vocabulary of the study. These frictions foster the transition toward an ideal of expressivity of the body that, while breaking with the neoclassical canons of beauty, imports a new poetry into the prose novel.

Keywords: portrait, poetry, painting, physiognomy, aesthetics.

Élisabeth PLAS, « Perception et construction des corps animaux chez Balzac. *Comédie humaine* et Scènes animales »

L'analogie posée dans l'« Avant-propos » entre « Espèces sociales » et « Espèces zoologiques » a des conséquences décisives sur la conception balzacienne des corps, à la fois humains et animaux. Cet article interroge la visibilité et la matérialité des corps animaux dans l'œuvre de Balzac, romans réalistes et apologues anthropomorphiques confondus, pour voir s'ils font l'objet d'une perception, d'une lecture ou d'une interprétation particulières.

Mots-clés : analogie, animal, anthropomorphisme, naturalisme, dualisme.

Élisabeth PLAS, "*Perception and construction of animal bodies in Balzac.* Comédie humaine *and animal Scènes*"

The analogy made in the "Avant-propos" *between "social species" and "zoological species" has decisive consequences for the Balzacian conception of bodies, both human and animal. This article examines the visibility and materiality of animal bodies in Balzac's work, both his realist novels and his anthropomorphic apologues, to see if they are subject to any particular perception, reading, or interpretation.*

Keywords: analogy, animal, anthropomorphism, naturalism, dualism.

Jean-Marie ROULIN, « "Horloges vivantes". Le corps et le temps dans *Sarrasine* »

Dans *Sarrasine*, les corps ont pour fonction de figurer le temps, dans ses ruptures et ses continuités, comme coupure ou succession. Construisant les corps comme des oxymores temporels, Balzac y développe une réflexion sur la revenance. Il explore ainsi une menace pesant sur le nouveau régime d'historicité qui se met en place entre la fin du XVIIIe et le début du XIXe siècle, à savoir la hantise d'un retour du passé dans une vision du temps dominée par l'idée d'un progrès continu.

Mots-clés : corps, historicité, *Sarrasine*, revenance, temps.

Jean-Marie ROULIN, "*'Living clocks'. The body and time in* Sarrasine"

In Sarrasine, *the function of bodies is to represent time, in its ruptures and continuities, as a break or succession. Constructing bodies as temporal oxymorons, Balzac develops a reflection on revenance. He thus explores a threat to the new regime of historicity that was established between the end of the eighteenth and the beginning of the nineteenth centuries, namely the fear of a return of the past in a vision of time dominated by the idea of continuous progress.*

Keywords: body, historicity, Sarrasine, *revenance, time.*

Madeleine WOLF, « Balzac's *Belles-Noiseuses*. Troublemaking Bodies in *Le Chef-d'œuvre inconnu* »

Cet article examine le corps féminin dans *Le Chef-d'œuvre inconnu* en fonction du titre du tableau, *La Belle-Noiseuse*, que Balzac a ajouté en 1837 mais a supprimé dans la version finale de 1847. Affirmant qu'il n'y a pas une *Belle-Noiseuse* mais deux, l'article montre que le titre exprime le rôle des femmes comme *noiseuses* dans le texte. Leurs corps indomptables contrarient le génie de Frenhofer et l'intrigue de Balzac, tout en fournissant une nouvelle théorie de la créativité fondée sur le conflit.

Mots-clés : *Le Chef-d'œuvre inconnu*, *La Belle-Noiseuse*, *noise*, corps féminin, créativité.

This paper examines the female body in Le Chef-d'œuvre inconnu *in relation to the title of Frenhofer's painting,* La Belle-Noiseuse, *which Balzac added in 1837 but then removed from the final 1847 publication. Arguing that there is not one* Belle-Noiseuse *but two, the paper claims that this title reflects the role of women as troublemakers in the text. Their unruly, troublemaking bodies thwart Frenhofer's genius, frustrate the narrative, and provide a new theory of creativity based on conflict.*

Keywords: Le Chef-d'œuvre inconnu, La Belle-Noiseuse, *trouble, female body, creativity.*

Marie-Christine Garneau de L'Isle-Adam, « Petite ou grosse vérole ? *Le Curé de village*, un roman balzacien ambigu »

L'analyse des symptômes de multiples personnages ayant une maladie cutanée ou une tare congénitale et de leur caractère morbide montre que *Le Curé de village*, roman jugé édifiant, est un roman ambigu : s'y reflète le glissement d'un discours moral vers un discours médical sur la petite ou grosse vérole à une époque où la recherche était encore tâtonnante et où toute une littérature s'empare du sujet par des voies détournées.
Mots-clés : vérole, syphilis, médecine, maladie, morale.

Marie-Christine Garneau de L'Isle-Adam, *"Smallpox or the great pox?* Le Curé de village, *an ambiguous Balzacian novel"*

An analysis of the symptoms of multiple characters with a skin disease or a congenital defect and of their morbid nature shows that Le Curé de village, *a novel considered edifying in nature, is an ambiguous novel: it reflects the shift from a moral to a medical discourse on smallpox or the great pox at a time when research was still feeling its way and when a whole literature took up the subject through indirect routes.*
Keywords: pox, syphilis, medicine, disease, morality.

Florence Terrasse-Riou, « Eugénie et Louise. Paroles brodées, paroles gelées »

L'*Inner Life* de Louise Bourgeois est une lecture d'*Eugénie Grandet*. Ce tableau dissocie le corps des discours environnants extériorisés, représentés sous formes de bulles détachées. Il illustre la violence des situations de transmission intrafamiliales et la brutalité des discours sociaux. Louise Bourgeois montre ainsi que ces tensions, omniprésentes dans *La Comédie humaine*, loin d'être lieux communs blessants, déchirent et meurtrissent la chair des corps.
Mots-clés : Louise Bourgeois, peinture, portrait, maternité, virginité.

Florence Terrasse-Riou, *"Eugénie and Louise. Embroidered words, frozen words"*

Louise Bourgeois' Inner Life *is a reading of* Eugénie Grandet. *This painting dissociates the body from the externalized surrounding discourses, represented as detached bubbles. It illustrates the violence of intrafamilial situations of transmission and the brutality of social discourses. Louise Bourgeois thus shows that these tensions, omnipresent in* La Comédie humaine, *far from being hurtful commonplaces, tear and bruise the flesh of bodies.*
Keywords: Louise Bourgeois, painting, portrait, maternity, virginity.

Lauren BENTOLILA-FANON, « Le poison dans *Le Cousin Pons* »

Réalisé à la marge de l'intrigue principale du *Cousin Pons*, l'empoisonnement de Cibot par Rémonencq apparaît de prime abord comme une concession faite au romanesque ainsi qu'aux préoccupations contemporaines. Pourtant, cet assassinat peut se lire comme l'allégorie des exactions impunies commises tout au long du roman par cupidité, Balzac vitupérant ainsi la dissociation de la justice et de la morale dans une société où les plus violentes spoliations se perpétuent dans les limites de la légalité.

Mots-clés : littérature, sémiologie, criminologie, toxicologie, sciences pénales.

Lauren BENTOLILA-FANON, *"Poison in* Le Cousin Pons*"*

Peripheral to the main plot of Le Cousin Pons, *Rémonencq's poisoning of Cibot appears at first glance to be a concession to the romanesque as well as to contemporary concerns. However, this murder can be read as an allegory of the unpunished abuses committed throughout the novel out of greed. Balzac thus reviles the dissociation of justice and morality in a society where the most violent spoliations are perpetuated within the limits of legality.*

Keywords: literature, semiology, criminology, toxicology, penal science.

Morgane CADIEU, « The Muddy Parvenu. Reading the Urban Signs of Social Mobility »

En dialogue avec l'histoire culturelle de la boue, cet article explore l'usage littéral et figuré de cette matière dans les portraits littéraires de parvenus. Chez Balzac, Flaubert, Mirbeau, Stendhal et Zola, la boue n'est pas la trace d'un enracinement mais le signe d'un changement de classe. De Balzac à Vallès, la boue passe de marqueur social à métaphore du savoir, ouvrant ainsi la voie au personnage de « transfuge crotté » dans la littérature contemporaine (Ernaux, Louis).

Mots-clés : boue, classe sociale, mobilité, Paris, intertextualité.

In dialogue with the cultural history of mud, this article explores the literal and figurative use of this substance in literary portraits of socially mobile characters. In the works of Balzac, Flaubert, Mirbeau, Stendhal, and Zola, mud is not the mark of rootedness but the sign of a change of class. From Balzac to Vallès, mud shifts from being a social marker to a metaphor for knowledge, thus opening the way for the character of the "muddy parvenu" in contemporary literature (Ernaux, Louis).

Keywords: mud, social class, mobility, Paris, intertextuality.

Achevé d'imprimer par Corlet Numéric,
Z.A. Charles Tellier, Condé-en-Normandie (Calvados), en juillet 2020
N° d'impression : 166813 - dépôt légal : juillet 2020
Imprimé en France

Bulletin d'abonnement revue 2020

Revue Balzac

1 numéro par an

M., Mme :

Adresse :

Code postal : Ville :

Pays :

Téléphone : Fax :

Courriel :

Prix TTC abonnement France, frais de port inclus		Prix HT abonnement étranger, frais de port inclus	
Particulier	Institution	Particulier	Institution
28 €	37 €	36 €	43 €

Cet abonnement concerne les parutions papier du 1er janvier 2020 au 31 décembre 2020.

Les numéros parus avant le 1er janvier 2020 sont disponibles à l'unité (hors abonnement) sur notre site web.

Modalités de règlement (en euros) :

- Par carte bancaire sur notre site web : www.classiques-garnier.com
- Par virement bancaire sur le compte :
  Banque : Société Générale – BIC : SOGEFRPP
  IBAN : FR 76 3000 3018 7700 0208 3910 870
  RIB : 30003 01877 00020839108 70
- Par chèque à l'ordre de Classiques Garnier

Classiques Garnier
6, rue de la Sorbonne – 75005 Paris – France
Fax : + 33 1 43 54 00 44
Courriel : revues@classiques-garnier.com

mis à jour le 22/10/2019

Abonnez-vous sur notre site web :
www.classiques-garnier.com